Matthias Blazek

Die Anfänge des Celler Landgestüts und des Celler Zuchthauses

sowie weiterer Einrichtungen im Kurfürstentum und Königreich Hannover 1692–1866

STUDIEN ZUR NIEDERSÄCHSISCHEN LANDESGESCHICHTE

1 *Günter Gebhardt*
Militärwesen, Verkehr und Wirtschaft in der Mitte des Kurfürstentums und Königreichs Hannover 1692-1866
ISBN 978-3-8382-0184-9

2 *Matthias Blazek*
Die Anfänge des Celler Landgestüts und des Celler Zuchthauses sowie weiterer Einrichtungen im Kurfürstentum und Königreich Hannover 1692-1866
ISBN 978-3-8382-0247-1

3 *Matthias Blazek*
Die Grafschaft Schaumburg 1647-1977
ISBN 978-3-8382-0257-0

Matthias Blazek

DIE ANFÄNGE DES CELLER LANDGESTÜTS UND DES CELLER ZUCHTHAUSES

sowie weiterer Einrichtungen im Kurfürstentum und Königreich Hannover 1692–1866

ibidem-Verlag
Stuttgart

Bibliografische Information der Deutschen Nationalbibliothek
Die Deutsche Nationalbibliothek verzeichnet diese Publikation in der Deutschen Nationalbibliografie; detaillierte bibliografische Daten sind im Internet über http://dnb.d-nb.de abrufbar.

Bibliographic information published by the Deutsche Nationalbibliothek
Die Deutsche Nationalbibliothek lists this publication in the Deutsche Nationalbibliografie; detailed bibliographic data are available in the Internet at http://dnb.d-nb.de.

Umschlaggestaltung, Bildbearbeitung und Satz: Matthias Blazek

Abbildung auf dem Umschlag: Bilder auf dem Umschlag: Meilenstein, der ehemals bei Ehlershausen an der Chaussee von Hannover nach Celle stand, Durchlass an der früheren Bundesstraße 3 (heutige Kreisstraße 84) in Adelheidsdorf aus dem Jahre 1786, Aufforderung zum Wegebau aufgrund einer königlichen Verordnung vom 4. August 1797. Fotos und Repros (3): Matthias Blazek.

∞

Gedruckt auf alterungsbeständigem, säurefreien Papier
Printed on acid-free paper

ISBN-13: 978-3-8382-0247-1

Printed in Germany

Geleitwort

Liebe Leserinnen und Leser,

Bundeskanzler Willy Brandt (1913–1992) sagte einmal: „Die Geschichte kennt kein letztes Wort."

In dem vorliegenden Buch von **Matthias Blazek** macht es ganz einfach Spaß, sich mit einem Stück „Gestern" unserer Heimat zu beschäftigen.

Umgangssprachlich wurde das Kurfürstentum Braunschweig-Lüneburg auch Kurfürstentum Hannover oder kurz Kurhannover genannt. In vielen Details belegt und beschreibt der Autor das Militärwesen sowie die Entwicklung von Verkehr und Wirtschaft in der Mitte dieses territorialen Gefüges im Zeitraum 1692 bis 1866, als das Königreich Hannover preußische Provinz wurde.

Das Buch ist ein Sammelsurium an Einzelthemen, chronologisch und wertfrei recherchiert. Es ist bereits der zweite Band in einer Reihe zu Studien zur niedersächsischen Landesgeschichte.

Das Fürstenhaus in Celle spielt in dem Buch nicht die Hauptrolle. Wen aber die Geschichte von Celles ältestem Gestüt, die Anfänge des Celler Landgestüts oder „die Celler Katastrophe von 1757" interessieren, wer sein Wissen über die Kriminalgerichtsbarkeit im Cellischen sowie ein Stück Entwicklung Militärgeschichte erweitern möchte, sollte auf alle Fälle zu diesem Buch greifen. Hier gibt es keine Nachhilfe – aber die Möglichkeit, sein persönliches heimatkundliches Interesse aufzufrischen und ursprüngliches Wissen zu erweitern.

Rolf Meyer

Rolf Meyer
Mitglied des niedersächsischen Landtags

Gliederung

Das Militärwesen

01

Die Geschichte von Celles ältestem Gestüt

Östlich von dem jetzigen Adelheidsdorf, „eine Meile gegen Süden von Celle belegen“, befand sich das weite Wiesengelände der Behre. Dort richtete, wie alte Bauakten ausweisen, der von 1648-1665 regierende Celler Herzog Christian Ludwig (1622-1665) vor 1660 ein herzogliches Privatgestüt für Pferde ein. Vorher war schon eine Scheune vorhanden gewesen, die zur Aufbewahrung der Heuernte von den in der Nähe liegenden großen herrschaftlichen Wiesen diente. Diese wurde im Auftrag des Herzogs zu einem Stall umgebaut.

Die Stuterei Behre gilt als Vorläuferin des Celler Landgestüts.

In der Behre waren alle natürlichen Bedingungen für die Haltung von Pferde vorhanden. Hier fanden sie im feuchten Eichen-Hainbuchenwald die beste Weide, Knospen und Laub von den Bäumen, die sie besonders schätzten: Esche, Bergahorn, Eiche, Hainbuche und Haselnuss. Genügend Gras zur Weide war vorhanden, wenn es im Wietzenbruch auch oft harte und scharfe Gräser waren.

In einer am 28. August 1660 beim Landgericht auf der Nienburg behandelten Strafsache wurde der „gewesene pferdehirte in der Behren Heinrich Eggelmann“ erwähnt. Dieser wurde am Abend des 19. Juni 1660 vom Pachtinhaber und Wirt zur Müggenburg, Niclaus Stoltzenberg, „mitt dem beill oder bahr platt zweymahl vber den Rücken geschlagen“, weil er der Frau Wirtin „für ein Stubichen bier schuldig geblieben“, sie ermahnt und den Pachtinhaber angeschuldigt hätte. Hierfür wurde „Meister Stoltzenberg“ mit 1 Taler 3 Gutegroschen belangt.

Im Jahre 1711 wurden in der Behre 40 Sollinger Pferde gehalten. Der vorerwähnte Stall wurde 1712 einer größeren Reparatur unterzogen und noch ein Anbau daran gebaut. Außerdem waren 1712 Heuscheunen und Wärterwohnung sowie ein Fohlengehäge dort vorhanden.

Wie einem „Plan von den herrschaftlichen Gebäuden zur Bähren“ aus dem Jahre 1748 zu entnehmen ist, gehörten damals zur Behre ein Stallgebäude, „die Wohnung vor den Fohlenwärter daselbst“ (erbaut 1725), zwei Heuscheunen, ein Backhaus, Schweineboxen, ein Brunnen und ein Garten.

Ein umfassender Überblick über die Geschichte Burgdorfs und des Amtes sowie eine eingehende und prägnante Beschreibung des Zustandes, wie er sich Mitte des 18. Jahrhunderts darstellte, liegt uns im „Origo des Amts Burgtorf, dazu gehöriger Vorwercker und Dörfer, auch deren Pertinentien an Garten, Aeckern, Zehenden ...“ vor. Dieser Bericht wurde um 1750 durch den Amtmann Georg Christoph Heinsius, der von 1739 bis 1774 in Burgdorf amtierte, im Umfang von 215 handgeschriebenen Seiten verfasst.[1]

---

[1] Nds. HptStA Hann. 74 Burgdorf I Nr. 60.

Ganz am Schluss dieses Werkes führte der Verfasser über das Dienstwesen aus. Die Amtsuntertanen hatten auch die Gräben bei der Behre zu räumen:

Die Dienste über Amts=Nothurft und auf Befehl, wenn das Dienstgeld angeschlagen wird aber nicht aufkomt.

Sind Krieger=reisen,
Die Commisharien zur Contributions=Beschreibung zu fahren.
Beamte zur Abrechnung und Geld=Lieferungen zu fahren.
Gestohlen Holtz zu fahren.
Müggenburger Bohlen=Damm zu beßern.
Die Graben bey der Behre an Herrschaftlichen Wiesen zu räumen.

Die Dienste werden beurtheilet nach den Special=Verwendungen, nach denen Verzeichnißen und Beschreibungen, nach denen Dienstregistern und Amts=Lager=Buche.

An Dienst=Gelde, komt ein Jahr gegen das ander gerechnet, etwan auf — 450 Thlr:

Im Jahre 1755 lebten in der nach Nienhagen eingepfarrten Behre 10 Einwohner, die Familie des Königlichen Fohlenwärters Hinrich Melchior Viercken. Aus den Kirchenbüchern der evangelischen Kirchengemeinde Nienhagen geht hervor, dass am 15. Mai 1755 „Daniel Wilhelm Havemann, Königl. Fohlenwärter zur Hoya, mit Jungfer Anna Maria Viercken, Hinrich Melchior Viercken, Königl. Fohlenwerters zur Behren, eheleiblichen Tochter“ „copuliret“ (vermählt) wurde. Anna Maria Viercken hatte in den 1750er Jahren einige Male als Gevatterin gedient, so für Anna Magdalena Kücken (* 23.04.1751), Anna Margaretha Meier (* 04.09.1751) und Ilsa Maria Götting (* 16.02.1755). Ebenso verhielt es sich mit ihren Geschwistern Johann Melchior jun. (1747 Gevatter – übrigens neben Anna Ilsa Hauer von der Müggenburg und anderen – von Anna Margaretha Honemann „zur Papenhorst“ sowie 1748 von Catharina Magdalena Sanders) und Catharina Maria (1749 Gevatterin von Maria Elisabeth Ebeling sowie 1759 von Maria Eleonora Götting). Letztere, Catharina Maria, wurde am 2. Oktober 1760 mit Johann Hinrich Conrad Flentje, einem Gastwirt zu Herrenhausen, getraut.

Ein weiterer Geschwisterteil wird Marie Chatharine gewesen sein, die mit dem Müggenburger Vorwerkspächter Franz Philipp Reichmeyer verheiratet war und ab 1794 als Witwe die Pacht der Müggenburg alleine weiterführte. Die Gattin des Fohlenwärters Hinrich Melchior Viercken starb im Frühjahr 1772, einige Jahre nach ihrem Mann.

In den „Hannoverischen Anzeigen“ vom 4. Februar 1765 verlautete, dass in der Behre am 9. Februar Brenn- und Nutzholz auf dem Stamm meistbietend verkauft werden sollte. Treffpunkt war beim Füllenwärter Viercken.

Am 21. Februar 1766 hieß es in den „Hannoverischen Anzeigen“, dass in der Behre, diesseits Müggenburg, am 1. März Eichen und Buchen als Brenn- und Nutzholz verkauft werden sollten. Sammelpunkt war bei der Wohnung des Fohlenwärters.

Aus der zweiten Hälfte des 18. Jahrhunderts sind nur wenige in Celle vollzogene Exekutionen überliefert. Einige Frauen wurden zu Beginn des Jahres 1766 wegen nicht näher bezeichneten Diebstahls gefangen genommen. Man rechnete mit der Verurteilung dieses Personenkreises zum Strang. Ob letztendlich allen dieses Schicksal zuteil wurde, ist fraglich, am Ende wurde nur eine Frau namens Perthau namentlich genannt. Als Vorbereitung wurde von den Handwerkern der Stadt und der Vorstädte am 2. April 1766 ein neues Hochgericht auf dem Wildgarten errichtet; dazu wurde „spezifiziertes" Eichenholz aus der Behre und Tannenholz aus dem alten Hau der Sprache geholt.[2]

In den „Hannoverischen Anzeigen" vom 28. November 1766 verlautete, dass in der Behre Eichen und Buchen zu Brenn- und Nutzholz verkauft werden sollten. Hierzu sollten sich die Interessenten am 5. Dezember vor des herrschaftlichen Fohlenwärters Wohnung in der Behre sammeln.

Ab 1. Mai 1767 erhielt Ernst August Brandes (* 28.02.1741, † Behre 17.06.1790), der zuvor in Radbruch bei Lüneburg angestellt gewesen war, Dienst als Gestütwärter zur Behre. In dieser Funktion hatte er die Aufsicht über das weidende Vieh, auch über das herrschaftliche Große oder Müggenburger Moor und die zahlreichen Wasserläufe.

Die Behre war etwa 340 Morgen groß.

Über den Umgang mit dem herrschaftlichen Rottzehnten in der zweiten Hälfte des 18. Jahrhunderts erhalten wir hinreichend Informationen aus den „Hannoverischen Anzeigen" der Jahre 1754 bis 1802. Hier und da hören wir auch von dem „Färkenzehnten" und von Weidediebstählen. Der herrschaftliche Rottzehnte bei der Behre findet in der Zeitung am 4. Juli 1768 Erwähnung. Er sollte am 15. Juli auf der Amtsstube zu Celle meistbietend verpachtet werden.

Im Jahre 1769 scheint eine Verkleinerung des Gestüts vorgenommen worden zu sein, da damals zwei Heuscheunen verkauft wurden. In den „Hannoverischen Anzeigen" vom 31. März 1769 erfahren wir, dass die beiden herrschaftlichen Heuscheunen in der Behre am 26. April auf Abbruch verkauft werden sollten. Zum Abtransport wurden Spanndienste aufgerufen.

Die eine Scheune kaufte der Oberstallmeister Levin Friedrich von Marenholz für 53 ½ Taler, die zweite Hans Heinrich Rehwinkel in Westercelle.

Mit dem Gestüt zur Behre wurden folgende herrschaftliche Wiesen vereinigt, „welche aber (ausgehend von 1794) seit mehreren Jahren verpachtet sind, bis auf die Nachweide, welche dem Gestüt vom 1ten September bis Maytag vorbehalten ist". Das waren die gleich aneinander liegenden Breitenwinkels-, Drei- und Zweiplächte-Wiese und die Diestel-Wiese. Am 23. September 1769 trug Amtshofmeister J. H. Schmidt in einer *Specification* die Umfrage der in der Burgvogtei Celle befindlichen herrschaftlichen Wiesen zusammen. Demnach hatte die Diestel-Wiese einen Umfang von 1800 Schritt (3600 Fuß), und die anderen drei Wiesen hatten zusammen einen Umfang von 2786 (5572 Fuß). Diese Wiesen waren von der Herrschaft zu unterhalten.

[2] Nds. HptStA Hann. 74 Celle Nr. 57.

Die Abzugsgräben von Müggenburg ließen das Amt Burgdorf und die Burgvogtei Celle (den Müggenburger Hauptabzugsgraben) „durch pflichtige Einwohner so oft es nöthig ist, auch noch jetzt nach einstweilen aufgehobenem Natural-Dienst in Landfolge besorgen". Alle inwendigen Scheide- und Abwässerungsgräben der drei aneinander liegenden Wiesen ließen die Burgvogtei und die Amtsvogtei Winsen in Landfolge wie folgt gemeinschaftlich aufräumen:

Laut Burgvoigteilicher Registratur vom 19ten Juny 1765 und beigefügter Handzeichnung haben die Winsensche Unterthanen den 17ten und 18ten Juny 1765 den Scheide-Graben zwischen der Breitenwinkels- auch Zwei- und Dreiplächten-Wiese ..., ferner den Scheidegraben der Zwei- und Dreiplächten-Wiese ... und endlich die beiden Queergräben der Dreiplächten-Wiese ... in Landfolge der Burgvoigteilichen Unterthanen über den Queergraben der Zweiplächten-Wiese ... würklich aufgeräumet.

Die obere oder Breitenwinkels-Wiese hatte inwendig keine Abwässerungsgräben, ihr südlicher Winkel als der fruchtbarste Teil litt daher sehr bei anhaltender Nässe und war mit Moos und Wasserkräutern überzogen.

Die Diestel-Wiese nahm aus dem so genannten Sack die von Burgdorf herabfließende alte Aue auf, welche in einem breiten Kanal der Länge nach durch diese Wiese floss. Außer dem Kanal hatte die Wiese keine inwendigen Abzugsgräben. Von den in der angrenzenden Behre weidenden Westerceller Schweinen wurde die Diestel-Wiese fast beständig überlaufen, wodurch beim Grasmähen mehrfacher Schaden entstand.

Auf ein großvogteiliches Postkriptum vom 13. November 1770 hin beauftragte die Burgvogtei Celle noch am selben Tag den Ingenieur Capitain Lieutenant Johann Jacob Schneider in Hameln mit der Anfertigung von einem „accuraten geometrischen Riß" von der Behre. Der Kapitän-Lieutenant sollte dieses und die Vermessung der „vor Zelle belegenen Teich-Wiesen nach Morgenzahl ... in der Maaße beschleunigen, daß die Riße gegen Weihnachten fertig seyn und mit dem sodann abgehenden Quartal-Courier nach London eingesandt werden können".

In den „Hannoverischen Anzeigen" vom 6. April 1772 wurde bekannt gemacht, dass diejenigen, die Forderungen an den weiland Füllenwärter Viercken und dessen verstorbene Witwe, geborene Oehlmann, zu haben glaubten, sich am 24. April auf der Burgvogtei Celle einzufinden hatten.

Am 21. August 1772 wurde mitgeteilt, dass der verstorbene Füllenwärter Viercken eine Wiese, und zwar bei der herrschaftlichen Edelhorstwiese, hinterlassen habe. Der Verkaufstermin war auf den 14. September festgesetzt. Das Angebot belief sich auf 540 Reichstaler im Laufe des zweiten Termins (14. Oktober) und auf 605 Reichstaler im Laufe des Termins am 16. November.

Am 23. November des Jahres wurde mitgeteilt, dass die Wiese Viercken gerichtlich verkauft sei. Etwaige Ansprüche sollten am 18. Dezember auf der Burgvogtei erhoben werden.

Im Jahre 1772 begannen Planungen, die bisher zur Aufzucht von Fohlen des Marstalls genutzten Gebäude und Weiden zur Maultierzucht herzurichten. Der

Koldinger Amtmann Hermann Wedemeyer untersuchte die Anlagen und fand umfangreiche Verbesserungen notwendig. Für die Reparatur der Gebäude waren 1554 Taler nötig, und man musste die verunkrauteten Weiden umbrechen. Auch musste man die Gräben, Zäune und Wasserstellen erneuern.

Wedemeyers „Prinzipien" zufolge waren 54 Stück Vieh (darunter unter anderem zehn Pferdestuten und sechs Eselinnen „zu Anziehung junger Eselbeschäler") zur Zucht bestimmt. Davon sollten 43 Stück Pferde, Maultiere und Esel geweidet werden. Die jährlichen Unterhaltskosten für das Vieh schätzte Wedemeyer mit 1737 Talern.

Nach der Vermessung der Behre durch Capitain Lieutenant Schneider auf 347 hannoversche Morgen (1 hannoverscher Morgen = 0,026 Ar) kamen auf jedes Pferd und Maultier sechs Morgen und auf jedes Stück Hornvieh drei Morgen. Das vermessene Gelände teilte sich auf in den Eichen-Hainbuchenwald sowie die fünf großen Wiesen Zwei- und Dreiplächte-Wiese, Diestel-Wiese, Klosterwiese und Elderhorstwiese.

Nachdem die Voraussetzungen geschaffen waren, gab das königliche Haus „grünes Licht" für die neue Bestimmung der Behre, wie aus einem späteren Vorbericht der Gestütsrechnung hervorgeht: „Dieses Maulthiergestüt von der Pferdezucht abgesondert anzulegen, haben Sr. jetzt regierenden Königl. Majestät Georg der dritte unterm 5. Merz 1773 in Gnaden bewilliget, und zwar nach denen im July 1772 unter Einverständniß mit dem Hofmarstall Departement von dem committirt gewesenen Oberamtmann Wedemeier zu Coldingen festgesetzten Principiis."

Nachdem die Gebäude unter der Regie des Celler Baumeisters Johann Georg Pfister repariert waren und man die Weiden verbessert hatte, wurden 1774 die zur Zucht nötigen Tiere aus dem Gestüt Radbruch bei Lüneburg in sechs Tagesmärschen nach der Behre überführt.[3]

Das „Füllengehege" war nunmehr zu einem Maultiergestüt umgeschaffen. Die Verwaltung versah der Gestütwärter Ernst August Brandes bis zu seinem Tod im Jahre 1790. Er bekam pro Jahr 179 Taler, davon 91 Taler Kostgeld und 59 Taler Kleidergeld. Dazu kamen in natura Hafer, Heu und freie Weide für acht Kühe, freie Wohnung und Feuerung. Brandes waren die Beiknechte Johann Wieckenberg und Johann Eggers unterstellt. Diese bekamen jährlich je 65 Taler Kostgeld und 10 Taler Fouragegeld [fourrage = Futter], dazu freie Wohnung. Bei Bedarf beschäftigte man Tagelöhner.

Die jährlichen Geldabrechnungen von 1774 bis 1797 belegen Ausgaben von 2000 bis 2400 Talern, die ausnahmslos von der Königlichen Rentkammer beglichen wurden. Die Abrechnungen der Naturalien bewegten sich um 200 Taler und waren ausgeglichen. Der Verkauf von Mist brachte dabei 10 Taler. Die Einnahmen bezeichnete man als glatte, die Ausgaben als raue Fourage.

---

[3] Johann Georg Pfister (1703-1778) zeichnete 1768 als Hofbaumeister in Celle die Grundrisse der einzelnen Stockwerke des Celler Schlosses und gab bei allen Räumen ihre Verwendung beziehungsweise ihre ehemalige Verwendung zur Zeit des letzten Herzogs an.

Die Eselbeschäler kamen aus Radbruch bei Lüneburg. Esel dienten zur Züchtung des Maultieres, das wegen seiner Genügsamkeit, Ausdauer und Schnelligkeit geschätzt wurde. In einem Schreiben des Geheimen Regierungsrats und Kammerpräsidenten Albrecht Friedrich von Lenthe an den Hof-, Korn- und Amtschreiber Franz Julius Könemann in Celle vom 16. November 1774 wurde beiläufig erwähnt, dass auf dem landesherrschaftlichen Maultiergestüt zur Behre Pferde, Maultiere und italienische Esel untergebracht waren.

1774 sind die Namen der Pferdestuten bekannt: die Dienstfertige, die Mutwillige, die Standhafte, die Versilberte, die Zunehmende, die Vermischte, die Unverhoffte, die Ausgeahrte und die Verehlichte. Von den Eselhengsten kennt man die Namen de Chapelle, Lautenist und Violinist, bei den Eselinnen die Zinkenbläsersche, Regale, Faustina und zwei Unbekannte.

Einer burgvogteilichen Nachschrift vom 9. Juli 1774 zufolge hatte Amtshofmeister Schmidt, dem die Aufsicht über die in der Behre befindlichen Wiesen oblag, vorgegeben, dass die Befriedigung derselben von dem Otzer und Ramlinger Hirten Amts Burgdorf und den Nienhäger Hirten Amts Eicklingen nach Heuernte „ruiniert“ und des Nachts bei dem Hüten des Viehes zerstört würden, „worauf von hier aus wegen der Entlegenheit niemand achten kann“. Es wurde gebeten, die Hirten „bei künftiger Betreffung“ auf das Ernstlichste zu bestrafen.

Nach einem Burgvoigteilichen Bericht an hohe Königliche Cammer vom 20ten November 1774 und darinn angezogenen unterm 16ten November 1764 protocollirte Zeugenaussage des sehr betragten Westerzeller Geschwornen Stöckmann, müssen die Amt Eicklingschen Unterthanen die Peripherie-Gräben an der Ost- und einen Theil der Nordseite von einem Schlagbaum zum andern, die Burgvoigteilichen Unterthanen aber an dem übrigen Theil der Nord- auch an der West- und Südseite gleichfalls von einem Schlagbaum zum andern und zwar in Landfolge aufräumen. Ferner werde die Mannszahl der dazu Verpflichteten nach der Anzahl der Unterthanen jeden Amts bestimmt. Unter denen auf 200 Mann anzuschlagenden Burgvoigteilichen Unterthanen fanden sich auch nur wenige Adeliche, so von Landfolgen frei seyn wollten.

In einem Bericht vom 2. Januar 1775 versuchte die Amtsvogtei Burgwedel „unter allerlei Ausflüchten“, die dortigen Untertanen vom Landfolgedienst der Aufräumung der inwendigen Abwässerungsgräben, wie es in einem großvogteilichen Rescript des Jahres 1672 gefordert worden war, zu befreien. Bei der Vermessung der Behre durch Capitainlieutenant Schneider im Jahre 1775 zeigte Gestütwärter Brandes an, dass, abgesehen vom Hauptbehrengraben, die Aufräumung aller inwendigen Gräben den burgvogteilichen Untertanen allein zur Last fiele. Einer „Beschreibung des herrschaftlichen Maulthiergestüts zur Behre“ aus dem Jahre 1794 (aufgenommen im Monath Juni, July und August) zufolge waren, weil sich die benachbarten Vogteien Burgwedel und Eicklingen und das Amt Burgdorf aufzuräumen weigerten und die burgvogteilichen Untertanen diese Arbeit alleine nicht bewerkstelligen konnten, die inwendigen Neben- und Abwässerungsgräben von 1775 bis 1794 nicht aufgeräumt worden.

Auch eine Ausrodung des für die Weide nachteiligen Buschwerks fand der Beschreibung zufolge in den Jahren nicht statt. „Ein großer Theil Weide in der westlichen Abtheilung war mit denen sich sehr seitwerts ausbreitenden Wacholderstauden noch dieses Frühjahr bedecket, sie sind zwar auf Anordnung des zeitigen Gestütinspectors guthentheils in Tagelohn weggehauen worden, aber die darunter in Menge aufgeschlagenen Hülsen, Brombeerstauden, Sprätzern, und das allenthalben unter den Eichbäumen überhand nehmende Farrenkraut, das in der öftlichen Abtheilung bis zu 6 Fuß hoch aufgeschlagen ist, und allen Graswuchs erstickt, veranlassen bei Sachkennern die Besorgniß, daß sich dieses Uebel immer weiter ausbreiten und die Weide jährlich um einen beträchtlichen Theil verringern werde."

In seinem Gutachten vom 26. Januar 1775 schrieb Capitain Lieutenant Schneider, „die Behre wasserfest zu machen ist der Boden nicht darnach und würde auch beständig an dem Teiche etwas zu repariren seyn, zumalen bei großem Wasser und wenn es zugleich windig". Bei seinen Untersuchungen fand der Ingenieur den Grundbaum der Stauschleuse anderthalb Fuß höher gelegt als das Beet des aus der Aue hergeleiteten äußeren Behrencanals. Er zeigte an, dass diese Schleuse das Wasser bei trockener Witterung zurückwiese und nicht eher in die Behre lassen würde, bis die Aue sehr hoch anliefe. Von einer Vertiefung der Schleuse wird man damals abgesehen haben, weil sich der Capitainlieutenant mit dem Gestütwärter Brandes dahingehend einigte, „daß eine neue anderthalb Fuß niedriger gelegte Schleuse doch nur blos den Entzweck zum Grunde haben könne, die großen Fluthen so von der Aue abgiengen, nicht durch die Behre fließen und um den obgedachten Aufstau ... so oft es nöthig ist, hineinzulassen."

Der Bestand von 54 geplanten Tieren in der Behre wurde nie erreicht; er schwankte zwischen 32 und 45 Stück. Als Beispiel sei der Bestand von 1775 genannt: zehn Pferdestuten, sechs Eselhengste, fünf Eselinnen und elf Maultierfohlen. Man verbrauchte im Durchschnitt wöchentlich fünf Malter Hafer (= etwa 625 Kilogramm), 24 Zentner Heu und 56 Bunde Stroh. Das Korn erhielt man vom Königlichen Kornboden in Celle und aus dem Amt Meinersen, Heu und Stroh kaufte man bei nahe liegenden Landwirten.

Die Inventaraufnahme jenes Jahres (1775) verzeichnet folgenden Bestand: 1 Futtertrage, 3 Mistkarren, 6 Stalleimer, 4 Mistforken, 4 Stallforken, 2 Heuforken, 1 Himtenmaß[4], 1 Metze[5], 5 Stallleuchten, 2 Mistschaufeln, 2 Kornschaufeln, 4 Mollen, 5 Brenneisen, 15 Lederhalfter, dazu Gerten, Kannen, Stricke, Scheren und Striegel.

Im Jahre 1776 sollte die Diestel-Wiese, die künftig von den herrschaftlichen Maultieren betrieben werden sollte, stärker befriedigt werden, damit die Tiere nicht leicht ausbrechen konnten. Ein großvogteiliches Postskriptum vom 29. August 1775 hatte diesbezüglich besagt, dass die Befriedigung der Diestel-Wiese „nur erst vor das gegenwärtige Jahr einiger Maaßen und nach Nothdurft, und zwar mit den wenigsten Kosten ausgebessert werden" könnte. Der von

---

[4] Der Himten = Hohlmaß für Trockengut, insbesondere Getreide.

[5] Metze = Getreidemaß.

Amtshofmeister Schmidt am 17. August 1775 aufgestellte und 1776 zu Grunde gelegte Materialien- und Kostenanschlag hatte sich auf 15 Reichstaler 10 Mariengroschen 4 Pf belaufen. Veranschlagt waren unter anderem 78 Eichenpfähle à 8 Fuß, 112 Tannenlatten à 24 Fuß und 4 Ketten mit Krampen.

Dass die von Natur aus größtenteils sehr ergiebige, mit weißem, rotem und gelbem Klee überzogene Weide in der Behre durch das darauf Tag und Nacht weidende Vieh immer mehr verbessert wurde, sahen Sachkenner „als ein wahres Kleinod in hiesigen magern Sandgegenden".

Die am stärksten von „unnützen Gesträuch" bewachsenen Weideflächen in der Behre wurden zur Forst abgesondert, doch die meisten der 1777 dort ausgesäten Eicheln erreichten kaum die Höhe von ein bis zwei Fuß und waren „nur als Wrack zu betrachten".

Von 1788 an wurden die vier herrschaftlichen Wiesen (etwa 117 Morgen) auf sechs Jahre für jährliche 365 Taler verpachtet. Das Maultiergestüt und das Deputatvieh hatten darin vom 1. September an den ganzen Herbst und im Frühjahr bis zum 1. Mai die Nach- und Vornweide. Wegen schlechter Witterung waren die Pächter oft behindert, das Grummet vor dem 1. September wegzuschaffen. „Auch daher verlieret die eigentlich düngen sollende Herbstweide und die Erndten sind seit mehreren Jahren fast um den dritten Theil an Heu abgeschlagen."

In den „Hannoverischen Anzeigen" vom 5. Januar 1789 wurde bekannt gemacht, dass an der Diestel-Wiese unweit der Behre am 10. Januar 300 Faden aufgeschlagenes Ellernholz verkauft werden sollten.

In den „Hannoverischen Anzeigen" vom 18. Juni 1790 wurde als Verkaufstermin Montag, der 12. Juli, bekannt gemacht. Zum Verkauf standen 5 Esel, 2 Eselinnen, 1 Hengstfüllen, die Esel und Eselinnen von italienischer Abstammung, an. Gestütverwalter Brandes werde Auskunft geben.

Der war aber soeben verstorben. Am 25. Juni 1790 druckte die Zeitung die Todesanzeige ab. Ernst August Brandes war am 17. Juni 1790 nach langem Blutauswurf im 50. Lebensjahr und nach 23 Ehejahren mit Catharine Sophie Brandes, geb. Berner, verstorben. Er hinterließ sieben unversorgte Kinder.

Am 20. Juni 1790 ist Ernst August Brandes in Nienhagen begraben worden.

Nach dem Tod des Gestütwärters Brandes wurde der Pferdearzt Johann Conrad Bruno Thuten Gestütverwalter des herrschaftlichen Gestüts. Dieser empfing jährlich 80 Taler Lohn, 130 Taler Kostgeld und 66 Taler Livreegeld sowie die üblichen Naturalien.

In den „Hannoverischen Anzeigen" vom 18. April 1791 wurde bekannt gemacht, dass auf dem Maultiergestüt am 27. April Hornvieh, eine Stute, Ackergeräte, Zeugrolle und Hobelbank verkauft werden sollten.

In einem Bericht des Amtschreibers und Gestütinspektors Fortmann aus Celle an die Königlich Churfürstliche Kammer vom 24. März 1793 wurde die Höhe des Gehalts des Pferdearztes M.G. Haacke behandelt. Haacke, Pferdearzt beim Landgestüt seit 1769, war am 16. November 1774 nach Einrichtung des Maultiergestüts mit der Verarztung der Pferde, Maultiere und Italienischen Esel in der

Behre gegen eine Aufwandsentschädigung von 18 Mariengroschen wöchentlich und jährlich 9 Mariengroschen (im zweiten Jahr 15 Mariengroschen) für Medizin je Stück Vieh beauftragt worden. Später, als ihm zudem auch die tägliche Aufsicht über alle, das ganze Jahr über eine Viertelstunde von Celle stehenden jungen Pferde des Landgestüts anvertraut wurde, erhielt Haacke künftig einen zufriedenstellenden Betrag von 26 Reichstalern jährlich.[6]

Aus der Gestütsbeschreibung des Jahres 1794 geht hervor, dass die Burgvogtei Celle die Gerichtsbarkeit sowohl im Bezirk des Behrengehäges, als auch in allen dazugehörenden eingeschlossenen Wiesen und Weiden hatte. Die Nutzung der Mast im Behrengehäge gehörte der Dorfschaft Westercelle, die zur Verhütung des schädlichen Wühlens ihre Schweine einzäunen musste. Auch trieben die Gestüt- und Stadtbedienten ihre Schweine frei mit in die Mast. Die Jagd aber gehörte „der allergnädigsten Herrschaft allein".

An herrschaftlichen Pferden und Maultieren wurden die Wiesen von 10 bis 15 Stuten und 30 Füllen, 2-jährigen und 3-jährigen Maultieren betrieben. Der Gestütverwalter hatte 8 Kühe ohne Kälber und die beiden Gestütknechte 4 Kühe ohne Kälber an Deputatvieh auf der Weide frei.

In einer Verhandlung vom 9. Mai 1794 wurde ein Ersparungsvorschlag behandelt, „statt der bisherigen hölzernen Befriedigung, die sehr kostbar wird, das Gehäge mit einer lebendigen Hecke und einem Wassergraben einzuschließen, der jedoch beinahe die Breite von einer ganzen, und die Tiefe von einer halben Ruthe erhalten müßte ..."

Der Gestütsrechnung vom 1. Mai 1796 bis 1. Mai 1797 wurde ein aufschlussreicher Vorbericht beigefügt, aus dem die Grundlagen für die Gründung eines Maultiergestüts in der Behre im Jahre 1774 zu ersehen sind (siehe oben).

In den „Hannoverischen Anzeigen" vom 1. Juli 1796 verlautete, dass die Burgvogtei Celle herrschaftliche Wiesen zur Behre (30. Juni) verpachtete: Diestelwiesen, Zweipfleckte und Breitenwinkelswiese auf das Jahr 1796.

Johann Conrad Bruno Thuten geriet 1797 auf die schiefe Bahn. Nach einer „Criminal-Untersuchung" durch das Oberhofmarstallamt wurde er wegen Vernachlässigung seiner Arbeit, Trunkenheit und Veruntreuung von Geldern zu zwei Jahren Zuchthaus verurteilt, aber gnadenhalber in Unehren entlassen.

Am 18. Februar 1797 wurde der Gestütverwalter Thuten vom Dienst suspendiert. Einem Gutachten von Dr. Frankenfeld zufolge ergab sich zu dem Zeitpunkt ein Mangel an der für die Tiere in der Behre gelieferten Fourage von 1 Himten 1 1/12 Metzen Hafer und 193 Zentner 26 1/2 Metzen Heu. „In Betracht seiner nicht so glänzenden Vermögens-Umstände" ließ „hohes Collegium" im Königlich Churfürstlichen Gerichtschulzen-Amt einem Schreiben vom 17. April 1799 zufolge dennoch „Gnade für Recht ergehen" und zeigte sich bereit, „von dieser ihm obliegenden Erstattung gänzlich zu abstrahieren, wenn er nicht allein dies als eine bloße Gnade Königl. Cammer anerkennen, sondern auch seiner Seits der von mehreren Jahren gemachten, obwohl ohnlängst gänzlich aufgegan-

6 Nds. HptStA Hann. 74 Celle Nr. 1140.

genen Forderung von 41 Mttr 2 Hbt 2/3 Mz Hafer nochmals zum Ueberfluß sich feierlichst begeben, und daneben erklären wolle, daß er aus der von ihm geführten Administration des Maulthier-Gestüts zur Bähre so wenig an hohe Königl. Cammer als dem Hofmarstall-Departement die geringsten Ansprüche weiter mache."

Der Hannoversche Staatskalender auf das 1797. Jahr nannte Thuten letztmalig:

Königlich= Churfürstlicher Marstall.

(...)

Beym Maulthier=Gestüt zur Behre.

Herr Johann Conrad Bruno Thuten, Gestütwärter
2 Knechte

Vom 7. Oktober 1797 bis 3. Februar 1798 war J. Friecke als Winterknecht bei dem Maultiergestüt beschäftigt. Sein „Wochengeld" betrug 1 Reichstaler. Der im November 1797 eingestellte Gestütknecht Ludwig Scheller bezog ein Monatsgehalt von 10 Reichstalern 12 Mariengroschen. Scheller war für ein halbes Jahr Interimsgestütverwalter.

In den „Hannoverischen Anzeigen" vom 19. Februar 1798 wurde bekannt gemacht, dass auf dem königlichen Maultiergestüt am 6. März 11 Kühe, Schweine, Federvieh, alter Kutatwagen, Blockackerwagen, zwei Holzschlitten, Möbel (Tische, Stühle, Bettstellen), Milch- und andere Gerätschaften und ein neuer eiserner Windofen „mit porcellainem Aufsatz" meistbietend verkauft werden sollten.

Am 1. Mai 1798 stellte der „königliche Futterknecht" Scheller Bestandsverzeichnisse über sämtliches Inventar der Behre und ihres Viehbestandes von 1797 und 1798 auf. Beispielsweise waren an „Feuerlöschungsinstrumenten und Geräthschaften" vorhanden:

- *1 Feuer Sprütze auf den gehörigen Wagen, wobey 80 Fuß ledern Schlangen*
- *2 Feuer Löscher rothvermahlet*
- *2 Feuer Hacken rothvermahlet*
- *12 Ledern Eimer*
- *einen Geräthschaftskasten auf der Sprütze*
  darin sind 1 Hammer, 1 Zange, 1 Schwamm zur Reinigung der Sprütze,
  6 Stricke zum Aufbinden der Schlangen
- *3 Voder Schwengel zu dem benannten Wagen*
- *2 Schlammhacken zu Reinigung der Graben.*

Im Stall befanden sich unter anderem:

- *1 Futterwagen rothvermahlet, mit Eisenbeschlag*
- *1 Futterküste so verschlossen werden kann*
- *1 Futterkaste das Futter einzuschütten*
- *3 Mistkarren die Räder mit Eisen beschlagen*
- *4 Stall Eimer mit Eisernbändern*
- *4 Mist Forcken*
- *1 Mist Hacken*
- *4 Stall Forcken*
- *2 Heu Forcken usw.*

An Vieh waren vier Eselhengste, eine Eselstute und ein Eselfohlen und vier 3-jährige, sechs 2-jährige und sieben 1-jährige Maultiere vorhanden. Im Mai 1797 waren es noch elf 3-jährige Maultiere und insgesamt 28 Stück Vieh. Bis auf die Eselhengste und -stuten kamen alle Tiere in die Weide.

An Gebäuden fanden sich damals zur Behre vor: Wohnung des Gestütsverwalters 54 oder 84' lang und 36' breit, Schweine- und Holzstall 34' lang und 22' breit, Backhaus 32' lang und 15' breit, Bauten im Querflügel 98' lang und 33' breit, Anbau beim Kuhstall 18' lang und 10' breit, Langerstall mit zwei Knechte-Wohnungen 150' lang und 27' breit, Anbau für die Eselhengste 50' lang und 12' breit, der Sprungstall 25' lang und 21' breit, die Heuscheune 60' lang und 30' breit.

Am 14. Juni 1798 zog Levin Diederich Friederich Anton Brandes (* Behre 24.07.1768, † Eystrup 10.12.1845), vormals seit 8. November 1791 zweiter und seit 21.10.1796 erster Pferdearzt am königlichen Marstall in Hannover, als Interimsgestütverwalter nach der Behre. Am 31. August 1798 wurde er als Gestütverwalter vereidigt.

In den „Hannoverischen Anzeigen" vom 7. September 1798 verlautete hierzu, dass Gestütverwalter Thuten beim königlichen Maultiergestüt durch Rechtsspruch des Dienstes entsetzt worden sei. Marstall-Pferdearzt Brandes wurde an gleicher Stelle als Nachfolger genannt.

Einem Schreiben von Johann Ludwig Reichsgraf von Wallmoden-Gimborn vom Oberhofmarstall-Departement in Hannover (* 27.04.1736, † 10.10.1811, schaffte aus eigenen Mitteln die Parkanlagen zwischen Hannover und dem „Großen Garten" in Herrenhausen) an den Herrn Geheimen Regierungsrat vom 29. Oktober 1798 zufolge überschritten die Gemeinden Westercelle und Bennebostel im Herbst 1798 ihre Mastberechtigung in der Behre. Es gehörte zu den rezessmäßigen Gerechtsamen der beiden Gemeinden, „daß sie die Eich- und Buch Mast mit geringeten Schweinen im Behrengehäge" hatten. Wenn nun Mast vorhanden war, zeigte die Gemeinde dem Gestütverwalter der Behre an, dass sie einzutreiben wünschte. Für solche Fälle lagen dem Gestütverwalter vom Oberhofmarstall-Departement ausgestellte Erlaubnisscheine vor, die zwei Bedingungen enthielten:

1) daß da, wo keine Eichbäume sind, folglich keine Mast sich finden kann, die Schweine bloß überweg getrieben, aber nicht gehütet werden, um daß sie zum Wühlen im Anger Zeit erhalten, und 2) daß ihre Schweine stets geringet seyn müssen, daß also der Hirte darauf zu sehen habe, daß, wenn ein Schwein den Ring verliehre, ein neuer durchgezogen werde, weil man sonst ungeringete Schweine, als der Ordnung und der Erlaubniß zuwider, zu pfänden und ans Amt zu liefern, genöthiget seyn werde.

Zur Erdmast waren die Gemeinden nicht berechtigt. Durch die Ringe sollten die Schweine am Verwüsten des Grasangers gehindert werden. Dennoch passierte es oft, dass die Ringe verloren gingen und die Schweine irreparable Flurschäden hinterließen.

Diese Bewilligung unterschrieben die Gemeindegeschworenen, wodurch sie Vorschrift für den Gemeinde-Hirten wurde.

Als im Herbst 1798 die Bedingungen von den Gemeindegeschworenen von Westercelle und Bennebostel gelesen wurden, „haben sie zur Antwort gegeben: ‚Wasser und Gras sey auch Mast' ..." und hüteten ihre Schweine ohne Erlaubnisschein.

In seinem Schreiben ersuchte das Oberhofmarstall-Departement „Euer Excellences und Hochwohlgebornen", dass „die Einwohner von Westerzelle und Bennenbostel, in Rücksicht ihrer Behreschen Mastgerechtsame in ihre Grenzen zurückgeführet werden".

Ebenso wie die Behre hatte zu der Zeit übrigens auch der im Jahre 1736 erbaute so genannte „Tragethierstall" für Maultiere in Hannover am Anfang der Herrenhäuser Allee dem Oberhofmarstall-Departement unterstanden.

In den „Hannoverischen Anzeigen" vom 5. April 1799 verlautete über das königliche Maultiergestüt zu Behre, dass am 19. April 1799 eine Anzahl Rindviehweiden zu verpachten seien. Die Nachhut mit Schafen im Herbst sei vom 14. Oktober an bis Weihnachten möglich, solange es die Witterung gestatte, im Ganzen. Die Anzeige in den „Hannoverischen Anzeigen" vom 15. April war gleich lautend, nur ging es jetzt auch um die Vergabe der Handarbeiten bei der Heugewinnung der vier Gestütwiesen, Wiesenweite an den Mindestfordernden unter Vorbehalt der Genehmigung des Königlichen Oberhofmarstall-Departements.

Am 1. Mai 1799 wurde Levin Diederich Friederich Anton Brandes Gestütverwalter in Memsen bei Hoya, und am 23. Mai zog er mit seiner Gemahlin Dorotea Louise (geb. Plinchen, aus Langenhagen) und seiner Tochter Sophie Catriene – dem ersten von sieben Kindern – nach Hoya.

An seine Stelle trat beim Maultiergestüt der bisher in Neuhaus im Solling tätig gewesene Gestütmeister Johann August Callin.[7] Von 1799 bis 1808 versah Callin seinen Dienst in der Behre. Laut Bericht des Marstallkommissars Petersen hatte dieser das Gestüt Neuhaus schlecht geführt und wurde sozusagen auf das Altenteil gesetzt. Callin bekam jährlich 300 Taler in bar und 180 Taler in Naturalien, beantragte dann Zuschüsse für sein Fuhrwerk.

In den oben erwähnten Gestüten Neuhaus und Memsen wurden im 18. Jahrhundert neben den Rappen noch Isabellen, in letzterem auch Pferde der berühmten so genannten „Weißgeborenen Rasse" gezüchtet.[8]

---

7 Als Bereiter am Königlichen und Churfürstlichen Marstall zu Hannover nennt Johann August Callin der Staatskalender auf das Jahr 1774 (denkbar: Ausbildung). Darüber taucht übrigens Friedrich Gottlieb Callin als Ober-Bereiter auf.

8 Der Marstall des Kurfürsten von Hannover wurde durch einen zweiten Marstall in der Sommerresidenz Herrenhausen mit Platz für 60 Pferde, das Gestüt Neuhaus und das Gestüt Memsen ergänzt, und Clemens August Fürstbischof von Münster ließ mehrere Marställe in den bevorzugten Parforcejagdgebieten errichten. (Parras, Silke, Der Marstall des Schlosses Anholt (16. bis 18. Jahrhundert), Quellen und Materialien zur Geschichte der Pferdehaltung im Münsterland, Inaugural-Dissertation, Hannover 2006, S. 126, 199, 215 f.,

Der Familienname Callin war bereits in den „Hannoverischen Anzeigen" vom 18. Mai 1798 aufgetaucht. Da verlautete, dass die gestorbene Margarete Dorotee Leyler eine geborene Callin gewesen sei.

Am 18. November 1799 hieß es in den „Hannoverischen Anzeigen", dass in Müggenburg am 3. Dezember der neue Garten der verstorbenen Gestütwärterin Witwe Brandes an der Behre, in Befriedigung liegend, verkauft werden sollte. Vor- und Nachgras sollten 9 Fuder Heu ergeben.

Im Jahre 1799 wurden die zum Maultiergestüt gehörenden Inventarien, Natural-Vorräte und die Registratur an das Oberhofmarstall-Departement abgeliefert.

Aus Einsparungsgründen verlegte man nun (1800) die Tiere von der Behre zum Gestüt nach Memsen bei Hoya. Die Gebäude und Weiden von der Behre wurden zum größten Teil an bis zu 40 Pächter vergeben (auch Weiden an den Gestütmeister Callin), zum kleineren Teil weiter von der Marstallverwaltung genutzt. Nachdem die Tiere zum Gestüt Memsen gewechselt waren, wurden Teile des Geländes vom Marstall nur noch zum Aufziehen von Fohlen und zum Gesunden und Trainieren einzelner Pferde genutzt.

In den „Hannöverischen Anzeigen" vom 1. Mai 1801 verlautete, dass am 11. Mai die Verpachtung mehrer Rindviehweiden vorgenommen werden sollte. Die Bedingungen könne man beim Gestütmeister Callin erfragen.

In den „Hannöverischen Anzeigen" vom 28. August 1801 wurde mitgeteilt, dass von einer Wiese des herrschaftlichen Maultiergestüts Behre in der Nacht vom 14. auf den 15. August ein Fuder Heu gestohlen worden sei.

In den „Hannöverischen Anzeigen" vom 12. April 1802 wurde bekannt gemacht, dass am 23. April die meistbietende Verpachtung mehrerer Sommerweiden für Ochsen und güstes Vieh und das Vorgras der Breitenwinkelswiese stattfinden werde. Die Bedingungen könne man beim Gestütmeister Callin erfragen.

Am 12. April 1808 schrieb Gestütmeister Callin:

Ew. Hochedelgebohren ersuche ich hiedurch gehorsamst, den Westerzellern zu befehlen, daß sie, sobald das Wasser wieder abgeflossen ist, die Behreschen Weiden schlichten mögen, die so sehr durch ihre Schweine, welche nicht geringelt waren, ruinirt sind. Es ist nunmehro die höchste Zeit, weil das Gras anfängt zu wachsen.

Zu der Zeit lebten in der Behre 14 Menschen, davon entfielen auf Gestütmeister Callin 10 und auf den Gestütknecht Wiekenberg 4 Seelen.

Das Maultiergestüt scheint von der französischen Fremdherrschaft der Jahre 1803 bis 1813 nicht merklich berührt worden zu sein. Das Vorwerk Müggenburg hingegen hatte dem französischen Herzog von Danzig (Marschall Lefebvre) alle seine Einkünfte zu überlassen, was erst 1813 abgestellt wurde. In Clemens Cassels „Geschichte der Stadt Celle" steht geschrieben, das Gestüt sei in

---

http://deposit.ddb.de/cgi-bin/dokserv?idn=980872812&dok_var=d1&dok_ext=pdf& filename=980872812.pdf.)

den Kriegsunruhen jener Zeit eingegangen. Dem Folgenden ist zu entnehmen, dass es noch weit länger bestand.

Von 1808 bis 1837 verwalteten nacheinander die pensionierten Reitknechte Horst, Sander und Wrede die ein- und ausgehenden Gelder, dann bis zur Aufgabe des Geländes 1840 der Stallschreiber Delion. Die Berichte gingen zum Oberhofmarstalldepartement.

Im „Zelleschen Anzeiger nebst Beiträgen" vom 1., 15. und 18. April 1818 wurde ein Kauftermin bekannt gemacht:

Am 20sten April 1818, soll die bei der Behre belegene, den Erben der weiland Frau Gestüt=Verwalterinn (sic!) *Brandes zu Misburg gehörige Hege=Wiese öffentlich meistbietend unter den im Termine bekannt zu machenden Bedingungen an Ort und Stelle verkauft werden.*

Kaufliebhaber wollen sich gedachten Tages, Vormittags 11 Uhr bei dem Gestüthause in der Behre einfinden.

Zelle, den 28sten März 1818.

Im Jahre 1821 lebten in der Behre in drei Wohngebäuden neun Personen.[9] Bei der Einwohner- und Gebäudezählung am 1. Juli 1833 waren es wieder 13 Einwohner. Übrigens lebten zu dem Zeitpunkt im benachbarten Adelheidsdorf 60 (32 weiblich und 28 männlich) und auf der Müggenburg 14 Einwohner. Von den 13 Einwohnern der Behre kamen auf den Aufseher Horst sieben, auf den Holzaufseher („Holzvogt") Hans Heinrich Heidmann drei und auf den Gestütknecht Heinrich Wrede drei Personen.

Im „Zelleschen Anzeiger nebst Beiträgen" vom 20. Dezember 1823 finden wir verschiedene, von der Königlich Großbritannisch-Hannoverschen Burgvogtei Celle angesetzte Verkaufstermine. Es ging um den öffentlich meistbietenden Verkauf von Holz in den herrschaftlichen, in der Burgvogtei Celle befindlichen Forsten. Darunter war der Termin 27. Dezember, 9.00 Uhr, als „unterdrückte Eichheister in Haufen in der Behre" zum Verkauf anstanden.

Im „Zelleschen Anzeiger nebst Beiträgen" vom 17. und 28. April 1824 heißt es:

Zur Behre bei Zelle werden am 30sten April Vormittags nach 10 Uhr öffentlich meistbietend verpachtet werden:

1) Weiden im Gehäge für Pferde und Rindvieh.
2) Das Vor- und Nachgras auf den zum Gehäge gehörenden 4 Herrschaftlichen Wiesen.

Die Verpachtungs-Bedingungen werden im Termine bekannt gemacht werden.

Hannover, den 29sten März 1824.

Aus dem Königlichen Ober-Hof-Marstalls-Departement.

9 Helmke, Friedrich, Lehrer in Höfer, Verzeichnis der Gemeinden und Ergebnisse der Volkszählungen, in: Der Speicher, Celle 1930, S. 604 f.

Ähnlich verlautete im „Zelleschen Anzeiger nebst Beiträgen“ vom 16. April 1825:

Zur Behre bei der Müggenburg sind am 4ten Mai Vormittags 10 Uhr öffentlich meistbietend zu verpachten:

Pferde= und Rindviehweide im Gehäge der Behre und einiges Vor= und Nachgras der Wiesen.

Die Bedingungen werden im Termine bekannt gemacht.

Hannover, den 31sten März 1825.

Aus dem Königlichen Ober=Hofmarstalls=Departement

Bekanntmachung.

Zur Behre bei der Müggenburg sind am 4ten Mai Vormittags 10 Uhr öffentlich meistbietend zu verpachten:

Pferde= und Rindviehweiden im Gehäge der Behre und einiges Vor= und Nachgras der Wiesen.

Die Bedingungen werden im Termine bekannt gemacht.

Hannover, den 31sten März 1825.

Aus dem Königlichen Ober=Hofmarstalls=Departement

Abb. 1: Zellescher Anzeiger vom 16. April 1825. Repro: Blazek

Auf der Grundlage von Protokollen vom 30. Mai, 9. Juni, 28. September und 20. Oktober 1835 fand im Jahre 1835 ein „Rezeß über die von Seiten der Dorfschaften Westercelle und Bennebostel in Antrag gebrachte General-Teilung mit den Dörfern Nienhagen, Otze, Rammlingen und dem herrschaftlichen Vorwerke Müggenburg“ statt. Von dieser Teilungsangelegenheit war die Behre nur insofern betroffen, als dass das Teilungsobjekt, welches eine Fläche von 1525 Morgen 72 Quadratmeter Moor, Anger und Heidboden umfasste, die gesamte Behre umschloss:

§ 3 ... Die Teilungslinie beginnt bei dem an der nördlichen Seite der Behre sich findenden Schlagbaume, läuft dann östlich an dem Graben um die Behre herum, wo der aus der Behre kommende Bach über den in die taube Behre führenden Weg fließt und folgt dann die Grenze von da ab dem Laufe dieses Baches bis an die Aue.

Die beiläufig genannte taube Behre (früher: „tobe Behre“) war das Gebiet zwischen der Behre und der (alten) Aue. Sie muss einen großen Eichenbestand gehabt haben, weil die Gemeinde Westercelle dem Protokoll vom 9. Juni 1835 zufolge auf denselben nicht verzichten wollte, obwohl ihr die Forstherrschaft „sowohl in dem mit weichem als in dem mit hartem Holze bestandenen Teile der Forst“ zustand.

Am 1. Juli 1836 wurde in der Burgvogtei Celle eine weitere Einwohner- und Gebäudezählung durchgeführt. Nach der von Hausvogt Christian Heinrich Lüders aufgestellten Hauptliste lebten in der Behre in drei Gebäuden zwölf Einwohner. Auf den Aufseher Horst kamen fünf, Holzaufseher Heidmann vier und Gestütknecht Wrede drei Personen.

In den Jahren 1837/1838 sollten der Domänenfiskus wegen des Vorwerks Müggenburg und des Forsthofes zu Dannhorst und das Oberhofmarstall-Departement wegen der Bewohner des Gestüts zu Behre an den Neubaukosten der Kirche zu Nienhagen beteiligt werden. Das „Concurrenz Verhältniß“ der einzelnen Verpflichteten, zu denen auch sämtliche Hauswirte und Häuslinge aus Nienhagen und Papenhorst, das von Campesche Gut und der Gräflich v. Knyphausensche Freihof zählten, richtete sich nach der jeweiligen Seelenzahl. Hierzu teilte die Kirchenkommission von Nienhagen am 7. Oktober 1837 Folgendes mit: „Nach bekannten Grundsätzen des Kirchenrechtes sind sämtliche Eingepfarrte eines Kirchspiels verpflichtet, zu den Baukosten der geistlichen Gebäude beizutragen."

Wegen des beabsichtigten Neubaues verlangte die Burgvogtei Celle am 9. Oktober 1837 eine Übersicht über die Einwohner des Vorwerks Müggenburg, des Zoll- und Weghauses und der Behre. Der daraufhin von Hausvogt Lüders am 1. November 1837 zusammengetragenen Aufstellung zufolge lebten auf dem Vorwerk 15, in dem Chausseehaus zwei und in der Behre nur noch fünf Personen. „Unter 14 Jahre sind in diesen Orten überall keine Personen vorhanden."

Zu diesem Zeitpunkt wird der Aufseher Horst verstorben oder mit seiner Familie verzogen sein, weil der Gestütknecht Wrede und Holzaufseher Heidmann in der folgenden Einwohnerzählung noch als Bewohner der Behre aufgeführt wurden.

Aufschluss über die Gewohnheiten der Menschen von damals mag der folgende Sachverhalt vermitteln. Am 17. Oktober 1838 wurde der Vorwerkspächter Heinrich Meyer bei der Burgvogtei vorstellig „und gab auf Befragen Folgendes zu vernehmen:

ihm sey von einer Verpflichtung des Domanii zu den Kosten des Baues und der Unterhaltung der Kirche in Nienhagen zu concurriren, nichts bekannt. Seit 19 Jahren wohne er als Pächter in Müggenburg, habe aber niemals zu den Kosten der fraglichen Art einen Beitrag geleistet. Er besitze einen Stuhl in der Kirche zu Nienhagen, welchen er bey seinem Pachtcontract mit 1 rT 16 ggr habe einkaufen müssen. Sein Vorgänger habe diesen Stuhl ebenfalls innegehabt." Am 14. Juli 1838 teilte Amtsassessor Ostermeyer der Amtsvogtei Eicklingen in einem Schreiben mit, „daß das Vorwerk Müggenburg in der Kirche zu Nienhagen jetzt einen Kirchenstuhl für drei Personen besitzt und solcher auch für die Zukunft genügen wird".

Der Einwohner- und Gebäudezählung vom 1. Juli 1839 zufolge lebten in der Behre 10 Einwohner in zwei Wohngebäuden. Auf den inzwischen pensionierten Gestütknecht Wrede kamen fünf und auf den Holzaufseher Heidmann ebenfalls fünf Einwohner. Wrede lebte inzwischen im Wärterhaus. Sein vormaliges Wohngebäude, eine der früheren Heuscheunen, wird mit dem Umzug der Familie Horst abgerissen worden sein.

Ab dem Zeitpunkt verzichtete man auf das Maultiergestüt zur Behre. Im Jahre 1839 wurden die Gestüte Memsen und Behre aufgehoben, dafür 1844 ein neues Gestüt in Herrenhausen eingerichtet. 1840 wurde die herrschaftliche Behre dem Domanio zurückgegeben.

Am 14. November 1840 wurde Johann Heinrich Ebeling aus Nienhagen von der Burgvogtei Celle als Aufseher der Behre bestellt und eidlich verpflichtet. „Sodann zeigen wir an, daß der Pensionair Wrede und der Holzvoigt Heitmann die

Wohnung zur Behre geräumt haben. Wrede ist nach Hänigsen, Amts Meinersen, gezogen.“ Die Gemeinde Nienhagen hatte sich am 11. November 1840 bereit erklärt, „den Häusling Heinrich Ebeling nebst Familie jederzeit in der Gemeinde wieder aufzunehmen“.

Der Begriff Weideaufseher war bis dato noch nicht gebräuchlich gewesen, sodass Ebeling künftig als Gestütwärter bezeichnet wurde.

Bei der Einwohner- und Gebäudezählung vom 1. Juli 1842 (durchgeführt vom Amtsgeschworenen Stöckmann) lebte in der Behre die sechsköpfige Familie Ebeling in einem Wohngebäude. Mittlerweile wird auch die zweite ehemalige Heuscheune abgerissen oder gar abtransportiert worden sein.[10]

Einer Bekanntmachung des Königlich-Hannoverschen Ministeriums des Innern vom 10. Juni 1843, „die Anlegung der Eisenbahnen von Harburg über Lüneburg und Uelzen nach Celle, von Celle und von Hildesheim bis an die Hannover-Braunschweigische Eisenbahn bei Lehrte betreffend“, zufolge sollte die Bahnstrecke Lehrte-Celle „von Celle nach der Bähre durch das Otzer-Bruch, Obershagen und Weferlingsen östlich lassend, zwischen Sorgensen und Dachtmissen auf Burgdorf, an Steinwedel vorbei nach dem Eisenbahnhofe bei Lehrte geführt werden“. Dass die Strecke nach der Behre führen sollte, war etwas übertrieben. Bei ihrer Fertigstellung am 13. September 1845 verlief die Teilstrecke weiter westlich, Adelheidsdorf östlich lassend.

Im Jahre 1845 lebte in der Behre Gestütwärter Ebeling nebst Gemahlin und fünf Kindern (davon vier Mädchen).

In den Jahren 1845/56 wurde der so genannte Müggenburger oder Behre-Canal gebaut. Er diente zur Entwässerung der Niederungen bei der Müggenburg und der Behre. Der von der Westerceller und Bennebosteler Gemeinheit angelegte Kanal mündete in den Fuhsekanal, wohin er unter anderem das Rieselwasser der Bohlwiesen abführte und eine Rückstauung in die Müggenburger und Behre-Wiesen verhinderte.

In den „Celleschen Anzeigen“ vom 8. Juli 1848 kündigte der Gemeindegeschworene Hasselmann den Verkauf der Gräserei in der Westerceller Behre an:

Am nächsten Montage, den 10. Julius, Nachmittags 2 Uhr, soll die Gräserei in der Westerceller Behre, etwa 20 bis 30 Kabel, unter den alsdann eröffnet werdenden Bedingungen, zur diesjährigen Aberntung meistbietend verkauft werden.

Kauflustige wollen sich zur bestimmten Zeit bei der Schweinehütte in der Behre einfinden. Westercelle, den 3. Julius 1848.

Hasselmann,

Gemeinde=Geschworener

Am gleichen Tag wurden vormittags gegen Barzahlung Gold- und Silbersachen, Leinen und Leinenzeug, Betten, Kleidungsstücke, Bücher, Bilder, Möbel „und

[10] Vgl. Gedicke, Jürgen, Nienhagen, Band I, S. 77.

allerlei Haus- und Küchengeräte" öffentlich meistbietend auf dem herrschaftlichen Vorwerk Müggenburg, dessen bisheriger Haushalt vom 1. Mai an niedergelegt wurde, verkauft.

Im Jahre 1848 zählte die Behre sieben Einwohner. In diesem Jahr wurde das einzelne Haus letztmalig extra gezählt. Künftig wurde es der Kolonie Adelheidsdorf zugerechnet, welche in dem Jahr (1848) 109 Einwohner zählte.

Am 1. Mai 1850 rief die Königliche Burgvogtei „Pachtliebhaber" auf, sich zur öffentlich meistbietenden Verpachtung der herrschaftlichen Wiesen in der Behre am 10. Mai 1850 bei der Aufseherwohnung zur Behre einzufinden. (Cellesche Anzeigen vom 4. Mai 1850)

Über die nächsten Jahre liegen nur spärlich Informationen vor. Das Sterberegister nennt:

Marie Henriette Luise Thies, geb. Ebeling, * Behre 24.12.1850, † 09.01.1934 in Nienhagen als Witwe
Heinrich Wilhelm Carl Grote, * 24.08.1863 Behre/Adelheidsdorf, † Nienhagen 16.12.1947
Marie Caroline Auguste Krüger, geb. Grote, * Behre 24.09.1867, † Nienhagen 30.05.1944

Am 23. Juni 1864 stand die Grasnutzung auf der Koppel des Kötners Heinrich Schmidt in der Behre zum kabelweisen Verkauf an.

Im Protokoll der Versammlung des Westerceller Gemeindeausschusses vom 16. Dezember 1864 wurde über die „abständigen Eichen" in der Behre debattiert: „Nach eröffneter Sitzung wurde zunächst der Tagesordnung gemäß darüber verhandelt, ob die abständigen Eichen in der Behre diesen Winter verkauft werden sollten? Nach längerer Besprechung der Sache, wurde beschlossen: daß das sämmtlich abständige Eichenholz in der Donen-Behre im Laufe dieses Winters öffentlich meistbietend verkauft werden."

In den Jahren 1934 bis 1939 entstand in unmittelbarer Nachbarschaft zur Behre entlang der Provinzialchaussee Hannover-Celle-Harburg-Hamburg (spätere Bundesstraße 3) eine Siedlung, die heute den Namen „Nienhorst" trägt und als solcher Ortsteil der Gemeinde Nienhagen ist. Die Behre wurde 1966 abgerissen. Am 29. November 1966 wurde der Schutt der Behre für Wegebau abgeräumt.

Literatur

Matthias Blazek: „Das Maultiergestüt zur Behre (1774-1800) – Die Geschichte von Celles ältestem Gestüt". In: 50 Jahre Reit- und Fahrverein St. Georg Burgdorf e.V. 1959–2009. Burgdorf 2009, ISBN 978-3-00-027790-0
Matthias Blazek und Wolfgang Evers: „Die Geschichte von Celles ältestem Gestüt – Östlich von Adelheidsdorf befand sich das weite Wiesengelände der Behre", Sachsenspiegel 28-31, Cellesche Zeitung vom 12., 19. und 26. Juli und 2. August 1997
Matthias Blazek: „Johann Heinrich Ebeling 1840 eidlich verpflichtet / ‚Gestütswärter' aus Nienhagen bis 1860 Aufseher – Die Behre in der zweiten Hälfte des 19. Jahrhunderts / „Eine Meile gegen Süden von Celle gelegen", Sachsenspiegel 50, Cellesche Zeitung vom 1. Deuzember 2003
Günter Gebhardt: „Das Maultiergestüt Behre bei Celle", Aufsatz in: Alt-Hannoverscher Volkskalender 2004, S. 61 f.

Quellen

Archiv der Adelheidsdorfer Chronisten Karton 3:
Blatt 3544-3555 Stammbuch für die Familie Brandes
6178-6254 Maultiergestüt 1793, 1797-1800, 1808
6255-6285 Zuschuss der Behre zu Kirchbau 1837 und 1838
6286-6316 Entwässerungen 1845-1863
6317-6350 Vergütung von Ebeling und Deppe ab 1889
6351-6401 Unterhaltung der Gebäude in der Behre 1894 ff.
1413-1427 Genossenschaftsforsten Westercelle 1875-1878
5285-5298 Pläne der herrschaftlichen Gebäude 1748
2778-2811 Rezesssachen 1835 und 1836
5428-5443 Verbesserung der herrschaftlichen Wiesen ab 1769
3426-3427 „Alte Krüge an alten Straßen: Die Müggenburg"
3433 „Die Behre und die Müggenburg" (Georg Breling)
Archiv der Adelheidsdorfer Chronisten Karton 1:
Blatt 5845-5891 Einwohner- und Gebäudezählungen 1833-1845
Hannoverische Anzeigen des Zeitraums 1765-1802
Kirchenbücher der Gemeinde Nienhagen (1747-1814)
Niedersächsisches Landesarchiv -Hauptstaatsarchiv in Hannover- Hann. 74 Celle Nr. 1140, Hann. 74 Celle Nr. 537, Karten 32 a/Nienhagen 3 k (Beschreibung von 1794)
Stadtarchiv Celle 24Q 39 (1864, 1870)
Artur Müller-Davidi: Geschichte des Dorfes Westercelle, Celle 1981, S. 57
Clemens Cassel: Geschichte der Stadt Celle, mit besonderer Berücksichtigung des Geistes- und Kulturlebens der Bewohner, Band 2, Celle 1934, S. 28
Agneta Naber: Haltung und Fütterung der Pferde in den Gestüten des hannoverschen Königshauses, Hannover 1990, Tierärztliche Hochschule, Dissertation (Hinweise zu den Gestüten Memsen und Neuhaus), S. 24 f.
Cellesche Zeitung vom 20. März 1906, 23. April 1955
Bekundungen von Magdalene Meldau und Hermann Höper (†) (Juni 1991)

Das Stammbuch der Gestütverwalterfamilie Brandes, angefertigt 1808:

Familienstammbücher, die vor 1900 angefertigt wurden, finden sich im Celleschen im dörflichen Bereich nur selten. Eins liegt uns von der Familie Brandes vor, die im 18. Jahrhundert auf dem Maultiergestüt zur Behre lebte.

Gestütverwalter Levin Diederich Friederich Anton Brandes verfasste das Stammbuch seiner Familie am 30. November 1808, nachdem bereits sechs seiner insgesamt sieben Nachkommen das Licht der Welt erblickt hatten und er selbst seit nahezu zehn Jahren als Gestütverwalter in Memsen bei Hoya angestellt war. Damals war der „patentierte" Pferdearzt 40 Jahre alt.

Besonderes Interesse verdient das Brandes'sche Stammbuch insbesondere aus zwei Aspekten: Wir erfahren ausführlich über die familiären und gesellschaftlichen Verhältnisse eines öffentlich Bedienten im ländlichen Bereich, und wir erhalten nebenbei Zeugnis von dem Gestütwärter zur Behre der Jahre 1767 bis 1790, Ernst August Brandes.

Wir erhalten Berührungspunkte mit der damaligen Kindersterblichkeit und mit der Namensgebung im Wandel der Zeit. Wir hören von Brandes' Bruder Johann

Ludwig Diederich (geb. 1784), der nach England auszog, um Soldat zu werden, in Spanien Offizier wurde und schließlich in Bayonne nahe der Iberischen Halbinsel im Zuge der Ereignisse des 21. Juni 1813 fiel.

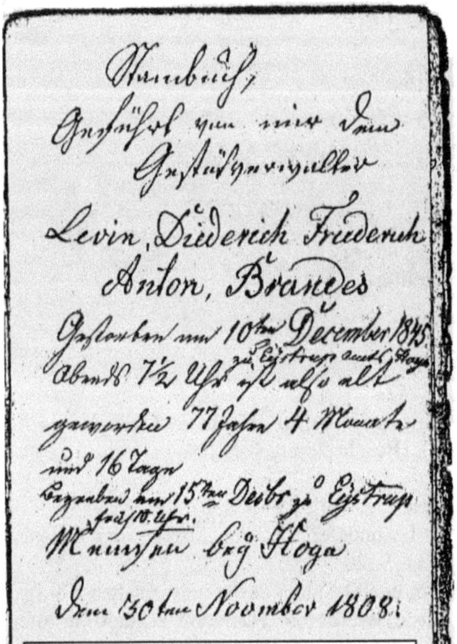

Abb. 2: Titelseite des Stammbuchs. Repro: Blazek

Werfen wir also einen Blick hinein in dieses zeitgeschichtliche Dokument:

Stambuch,

geführt von mir dem Gestütverwalter

Levin Diederich Friederich Anton Brandes.

*[*Nachtrag mit ähnlicher Handschrift: *Gestorben am 10ten December 1845, abends 7 1/2 Uhr zu Eystrup Amts Hoya ist also alt geworden 77 Jahre 4 Monate und 16 Tage. Begraben am 15ten Decbr zu Eystrup früh 10 Uhr.]*

Memsen bey Hoya,

dem 30ten November 1808.

<u>*Pagina 1.*</u>

Ich Levin Diederich Friederich Anton Brandes:

bin gebohren, auf dem Maulthier Gestüte Behre, bey Celle, den 24ten Juli 1768. und bin den 8ten November 1791. als zweiter Pferde Artz (sic!), *bey dem Königlichen Marstall zu Hannover Beeidiget, und den 21ten Octobr. 1796. erhilt ich daß Patent, als Erster Pferde Artz,*

den 14ten Juni 1798. bin ich nach der Behre gezogen als Intrimsgestütverwalter, und den 31ten Aug. 1798. bin ich als Gestütverwalter Beeidiget, den 1ten May 1799. bin ich Gestütverwalter, zu Memsen geworden, und den 23ten May 1799. kam ich zur Hoya an,

<u>*Pag: 2.*</u>

Und am 7ten May 1797. habe ich mich verehliget mit Dorotea Louise Plincken aus Langenhagen, an der Trieft. Sie ist gebohren den 10ten Oct: 1768.

[nachgetragen:] *Gestorben zu Diensthop am 18. März 2 Uhr Morgens 1862. und begraben am . März 1862. zu Dörverden.*

<u>*Pag: 3.*</u>

1) Den 19ten Jannewah 1798. Freitag ahbend um halb 12 uhr, ist mir daß Erste Kind gebohren, eine Tochter. Sie ist den 3ten Febr: in der Schloß=Kirche zu Hannover, vom Ashesor Gericke, getauft, mit Namen Sophie Catriene Louise, die Gevattern sind meine Mutter, und meine Schwieger Mutter, Catriene Elisabet Plincken, gebohrne Eicken aus Langenhagen.

Pag: 4.

2) Den 30ten Juni 1800. Montag Mittag 12 1/2 uhr ist mir ein Sohn gebohren, u. den 8ten Juli getauft, von den Supperintendent Koch in Hoya, mit Namen Johann Ernst Ludwig.

Die Gevattern sind der Gestütmeister Havemann, u. der Gestütverwalter Schultze, zu Memsen,

den 1ten Oct. 1813. ist Johann Ernst Ludwig Brandes, in die Lehre bey Mos: Jordan auf die Apotheke in Hoya gekommen, und als Apotheker in Harbstedt den 5ten März gestorben, und daselbst am 10. März 1834 Begraben, Gbr:

Pag: 5.

3) Den 14ten May 1802. Freitag Morgen 8 3/4 Uhr ist daß 3te Kind gebohren, eine Tochter, und demselben Tag ahbens 6 3/4 Uhr gestorben, und begraben den 17ten des Ahbens, zu Hoyerhagen Amts Hoya:

w: Kinder von Levin Friedrich u. H.C. Lindemann: [Ergänzungsnachtrag zum vierten Kind des Gestütwärters (Pagina 6)]

1. Caroline Dorette Louise geb. den 5. Septbr. 1834.
2. Dorette Louise Sophie geb. den 27. Febr. 1836.
3. Adolphine geb. den 4. Decbr. 1837.
4. Friedrich Carl Adolph geb. den 1. März 1839.
gestorben d. 6. Febr. 1843.
5. Auguste Adelh. Louise geb. d. 22. Juli 1840.
6. Carl Wilhelm Jacob geb. d. 2. Febr. 1842.
gest. den 18. Juni 1843.
7. Friedr. Adolph Carl geb. d. 29. April 1843.
gestorben den . Januar 1844.

Pag: 6.

4) Den 1ten May 1803. Sontag Morgen 10 3/4 Uhr ist mir daß 4te Kind gebohren

ein Sohn, und den 15ten May getauft von den Superintendenten Koch in Hoya, mit Namen, Levin Friederich, ich wahr selbst gevatter

vereheligt mit Henriette Christiane geb. Lindemann am 22. Octbr. 1833.

Am 5. Septr. 1834 ist ihr erstes Kind morgens 1/2 Uhr gebohren, eine Tochter, und am 22. Octbr. zu Harpstedt getauft, von dem Post=primarius Meineke, mit Namen Caroline Dorette Louise.

Gevattern sind meine Frau Dorothea Louise geb. Plincke und die Fr. Stallmeisterin Caroline Wilhelmine Detmering und die Fr. Konductorin Anna Dorette Elonore Rothe beide aus Hannover.

Carl hat das Kind über die Taufe gehalten.

2. Dorette Louise Sophie geb 27. Febr. 1836.

Pag: 7.

5) Den 17ten April 1805. Mittw: Morgens 9 1/2 Uhr ist mir daß 5te Kind gebohren eine Tochter, Sophie Friedericke, getauft den 28ten Aprill in Hoya, meine Schwiegerin Sophia Margretta Plincken ist gevatterin gewesen, daß Kind ist gestorben den 4ten November 1808. des Morgens 9 Uhr. und Begraben den 7ten Nvbr. zur Hoya auf dem Kirchhof vor dem Thore.

Pag: 8.

6) Den 27ten Febr. 1807. Freitag ahbend 9 3/4 uhr ist mir daß 6te Kind gebohren Ein Sohn, und am 10ten März von den Superit. Koch in Hoya getauft mit Namen, Heinerich Carl, ich wahr selber gevatter,

[nachgetragen:] *Gestorben zu Eystrup den 25ten May 1880. und begraben zu Eystrup den 28. May Nachmittags 3 Uhr.*

Pag: 9.

7) Den 10ten Juni 1810. Sontag Morgens 7 3/4 uhr, ist mir daß 7te Kind gebohren Ein Sohn, und den 1ten Juli im Hause zu Hoya getauft von dem Pastor Dannemann, daß Kind hat den Nahmen August Adolph, erhalten, die Gevattern sind der Zolverwalter Adolph Crudup und der Kaufmann August Wirth in Hoya.

[nachgetragen:] *Gestorben am 28ten December 1877. zu Glaewen 2 1/4 Uhr Nachmittags. Begraben zu Perleberg.*

Pag: 10.

[unbeschriebene Seite]

Pag: 11.

Mein Vater, Weiland gestütwärter auf dem Maulthier gestüt zur Behre Ernst August Brandes ist gebohren den 28ten Febr: 1741. und hatte den Dienst zur Behre erhalten den 1ten May 1767. er ist gestorben zur Behre, den 17ten Juni 1790. und begraben den 20ten Juni zu Nienhagen Amtsvogtei Eicklingen.

er hatte sich verEhliget mit Catriene Sophia Börnern, gebohren zu Hannover, den 20ten Juli 1744. Sie haben zu Sammen 7 Kinder gehabt. als,

1) Levin Diederich Friederich Anton, gebohren zur Behre d. 24ten Juli 1768. [Nachtrag zum Sterbedatum]

2) Louise Sophia Doretea, gebohren den 20ten Aprill 1770, gestorben den 27ten Septb. 1808.

Sie wahr verEhliget mit dem Hof=Bauschmidt Otten sein Sohn Wilhelm Otte, in Hannover.

3) Elenora Catrina Doretea, gebohren den 27ten Jann. 1773. und gestorben den 11ten Sept. 1807. Sie wahr verEhliget mit dem Zollschreiber J. H. Lindemann in Hannover,

4) Johann Franz Christian, Jäger auf dem Königlichen Jäger Hofe in Hannover, gebohren den 29ten Juli 1773. gestorben d. 22. Decbr. 1835.

als Gehägereuter zu Kirchrode, war vereheligt mit Elise Charlotte Meyer geb: 17. Decbr: 1785. [nachgetragen:] *gestorben 14. May 1862. zu Hannover.*

5) Friederich Ernst Carll, gebohren den 19ten Aug. 1777. Förster in Misburg bey Hannover, gestorben den Febr. 1822.

Pag: 13.

6) Johanna Sophia Marlena Christiane Elenora, gebohren zur Behre den 24ten Novembr: 1780. verehligte Maschloh in Hannover, später verehlicht mit dem Major von Loesch im Königl. holländischen Diensten.

7) Johann Ludewig Diederich, gebohren den 19ten May 1784. zur Behre, hatte die Oeconomie gelernt, ging nach England, wurde in Spanien Officier, und wurde bey Bajonne in Frankreich todt geschossen,

Pag: 14.

Meine Mutter Catarine Sophie Brandes gebohrne Bernern ist gebohren zu Hannover den 20ten Juli 1744. und gestorben den 6ten May 1817. morgens 7 uhr zu Misburg bey Hannover.

Pag: 15.

Mein Onkel, Johann Friedrich Plincke ist gebohren zu Langenhagen den 27ten Jann: 1744. gestorben den 16ten Jann: 1819.

Mein Schwieger Vater Jobst Ludewig Plincke ist gebohren den 5ten Aprill 1742. und gestorben den 19ten Sept. 1781.

Meine Schwieger Mutter Catriene Elisabet Plincken gebohrne Eicken, ist gebohren den 28ten May 1748. zu Langenhagen.

Pag: 16.

Dessen Kinder sind 9.

1) Jobst Hind: Fried: Plincke

gebohren den 15ten Sept: 1767.

2) Meine Frau Louise Doretea

gebohren den 19ten Oct. 1768.

[nachgetragen:] *gestorben den 18. März 1862. zu Diensthop begraben zu Dörverden.*

3) Doretea Maria Magdalena,

gebohren den 3ten Sept. 1770.

verEhligte Töch

Pag: 17.

4) Sophia Doretea Elenor, gebohren den 27ten Juli 1772. verEhligte an Georg Christian Dellinghausen zu Burgdorf. er ist gebohren zu Koppenbrügge.

5. Marie Elis: geb. d. 5ten Dec. 1773. gestorben den 19ten Juli 1795.

6. Cat: Elis: gebohren den 27ten Sept: 1775. gestorben den 11ten Jann. 1776.

7. Catr: Friedericke geboh: 27ten Ap: 1777. gestorben den ^{ten} 1802.

8. Sophia Margreta, gebohr. den 2ten Ap. 1779. gestorb: den 27ten Febr: 1808.

9. Joachim Heinrich Conrath gebohren d. 14ten Apprill 1781.

Pag: 18.

[Seiten 18-20 von Levin Friederich später nachgetragen]

Meine Frau Henriette Christiane geb. Lindemann, gebohren zu Hannover d. 10. July 1807, ist am 25. October 1852 Morgens 1 Uhr zu Diensthop verstorben und zu Dörverden am 28. October 1862 begraben.

Meine älteste Tochter Caroline Dorothea Louise ist am 7. August 1862 zu Bremerhafen gestorben und begraben zu Leehe am 11. August 1862.

Sie wahr am . 1 1855 verehelicht mit dem Kaufmann Wilhelm Renken zu Bremerhafen.

Kinder von Lina Renken.

1) Friedrich geb. 4. April 1857.
2) Dorette geb. 28. July 1858.
3) Adolphine geb. 1860.
getauft am 10. July 1860.
4) Wilhelm geb. 25. Juni 1862.
getauft am 11. August 1862.

[neue Seite]

Meine 3te Tochter Adolphine Friederike Johanne geb. am 4. Decbr. 1837. ist verehelicht am 20. May 1862 mit dem Kaufmann Johann Köster zu Bremerhafen.

Kinder.

1) Sophie geb. 28. März 1863.

[neue Seite]

Meine 4te Tochter Auguste Adelheid Louise geb. am 22. Julius 1840. ist verehelicht mit dem Kaufmann Heinrich Frerich Harms zu Bremerhafen am ^{ten} 1860.

Kinder

1) Emmeline geb. 26. Aug. 1861.
2) Wilhelm geb. 15. März 1863.
3) Doris geb. 2. März 1864.
4) Friedrich geb. 30. May 1865.
5) Adolph geb. 7. Jannr. 1872.

02
Die ersten 50 Jahre des Celler Landgestüts

Will man sich über die Heimatgeschichte informieren, lohnt sich der Blick in die Archive der Zeitungen. Da kommt es allerdings einem Zufall gleich, wenn man in der Celleschen Zeitung vom 1. September 1921 einen Bericht über die ersten 50 Jahre des 1735 gegründeten Celler Landgestüts findet.

Nach Emil Berthold wurde das *hannoversche Landgestüt Celle* durch eine Verfügung des Königs Georg II. von England und Kurfürsten von Hannover (lebte 1683-1760) vom 27. Juli 1735 mit einem Bestand von zwölf holsteinischen Hengsten ins Leben gerufen.[11] Im Jahre 1735 erteilte kurfürstliche Rentkammer zu Hannover dem pferdekundigen königlich Großbritannischen und kurfürstlich Braunschweig-Lüneburgischen Oberjäger George Roger Brown zu Celle den Auftrag, neben den herrschaftlichen Gestüten ein Landgestüt einzurichten.[12] Brown, aus England stammend und beim Jagd-Departement angestellt, war dann von 1735 bis 1748 Gestütsleiter. Er starb 1749.

Während das drei Jahre zuvor errichtete Trakehnen in Ostpreußen noch als Hofgestüt mit der Aufgabe der Ergänzung des königlichen Marstalls in Berlin gegründet war, hatte Celle sogleich für die bäuerliche Zucht des Landes zu sorgen.[13] 1736 beauftragte König Georg II. den Oberjäger Brown, zwölf Beschäler in Holstein anzukaufen, welche alsdann in der Wesermarsch von der Stadt Nienburg abwärts auf fünf Stationen aufgestellt wurden und nur Stuten decken durften, welche die Regierung durch eine Kommission aussuchen ließ.[14]

Der König begründete zehn Jahre nach Gründung des Landgestüts auch die Hengstparade. 36 Landbeschäler aus Celle wurden vom ersten „Landstallmeister“ Brown auf Geheiß des Königs im Fußmarsch nach Hannover gebracht und dort dem König präsentiert.

In den Jahren 1751 bis 1755 schenkte Georg II. dem Landgestüt sieben englische Hengste. Infolge eines schweren Gewitters brannte am frühen Morgen des 6. Mai 1774 das herrschaftliche Hengststallgebäude des Landgestüts in Celle nieder.[15]

---

11 Berthold, Emil, „Das Königliche Hannoversche Landgestüt Celle und die hannoversche Landespferdezucht“, in: Deutsche Landwirtschaftliche Presse, Berlin 1902, S. 2.

12 Guthe, Hermann, Die Lande Braunschweig und Hannover, mit Rücksicht auf die Nachbargebiete geographisch dargestellt, Hannover, Klindtworth's Verlag, 1867, S. 582.

13 Niedersächsisches Jahrbuch für Landesgeschichte, Band 53, hrsg. von der Historischen Kommission für Niedersachsen und Bremen, Verlag August Lax, Hildesheim 1981, S. 226.

14 Jähns, Max, Ross und Reiter – Leben und Sprache, Glauben und Geschichte der Deutschen – Eine kulturhistorische Monographie, Band 1, Leipzig 1873, S. 264. Vgl. Stapenhorst, Hans, 200 Jahre Landgestüt Celle 1735-1935, in: Deutsche Sankt Georg Sportzeitung, 35. Jg., 1935, S. 8, sowie zur Vorgeschichte Festschrift zur 50jährigen Jubelfeier des Provinzial-Landwirtschafts-Vereins zu Bremervörde (Regierungsbezirk Stade), Stade 1885, S. 422.

15 Ausführlich: Blazek, Matthias, Das Löschwesen im Bereich des ehemaligen Fürstentums Lüneburg von den Anfängen bis 1900, Adelheidsdorf 2006, S. 147 f.

Der Zeitungsabdruck von 1921 liefert einige weitere Hinweise (der heutigen Rechtschreibung angepasst):

Aus dem Stadt- und Landkreise.
Die ersten 50 Jahre Celler Landgestüt (1736-85).

Im Anschluss an die gewaltige Ausdehnung des Celler Landgestütsbetriebes im letzten Jahre, in dem von 469 Hengsten auf den verschiedenen Stationen 33 222 Stuten gedeckt wurden, hat es ein historisches Interesse, einen Rückblick auf die bescheidenen Anfänge des Landgestüts zu werfen, das im Jahre 1736 mit 14 Beschälern und mit 460 gedeckten Stuten begann.

Aus genauen Listen für die Jahre 1736 bis 1785 (also für das erste halbe Jahrhundert des Gestüts) geht im Einzelnen hervor, wie die Entwicklungslinie sich gestaltet hat. Im Allgemeinen ging sie zwar von Jahr zu Jahr in allmählicher Steigung nach oben. Aber nicht immer. Dann und wann gab es auch Rückschläge von verschiedener Stärke. Im 7-jährigen Kriege z. B. (1756-63) ging es mit dem Gestüt stark bergab, allein eine völlige Schließung des Betriebes ist selbst in dieser Notzeit vermieden worden.

In den ersten 50 Jahren bedeutet das Jahr 1781 einen Gipfelpunkt; die Hengstzucht stieg in ihm bis auf 87, was damals sehr viel war, und 2797 Füllen wurden von Mutterstuten des Landes in diesem Jahre geboren. Ein solches Ergebnis hatte bisher noch niemals die Tätigkeit der Beschäler erreicht. Im ersten halben Jahrhundert kamen auf die Gestütshengste auf allen Stationen im Ganzen [Zahl unleserlich] Füllen, deren Handelswert man auf 2 Millionen Taler einschätzte, damals eine kaum vorstellbare Summe.

Jeder Deckakt kostete in den ersten Jahrzehnten einen Himten Hafer, etwa 40 bis 50 Pfund (Springhafer genannt), und für die Geburt eines Füllens war jedesmal ein Taler zu zahlen. Daraus erzielte das Celler Gestüt in dem genannten Zeitraum 123620 Taler, zu denen der Staat noch 337000 Taler beisteuern musste, um die Betriebskosten zu decken.

Das Celler Gestüt stand zuerst unter dem Oberstallmeister Croix de Freychapelle, dem zwei Stallmeister, ein Bereiter, ein Stallsekretär und eine kleine Zahl von Stallknechten, wie es damals hieß, untergeordnet waren. Freychapelle war gleichzeitig Leiter des Gestüts in Hannover. Nach und nach wuchs auch das Personal mit der Zunahme der Beschäler.

Die Celler Gestütsverwaltung war immer bemüht, das Beste zu leisten, um hinter der Pferdezucht namentlich der größeren deutschen Staaten nicht zurück zu bleiben. Und damals hatte sie auch den erwünschten Erfolg. Das hannoversche Pferd wurde neben dem preußischen, bayrischen, hessischen und oldenburgischen im Inlande und Auslande immer gern gekauft, da es kräftig und ausdauernd war und auch gut aussah.

Jetzt verfügt das Celler Gestüt über eine Hengstzahl, die es mit in die vorderste Reihe der preußischen Gestüte stellt. (O. S. [= Oskar Schweiger])

Literatur

Michael Römling: PASSION – 275 Jahre Pferde, Zucht und Kultur, Chronik zum 275. Jubiläum, Celle 2010

03

Die Celler Katastrophe von 1757

Im Siebenjährigen Krieg (1756-1763), auch Dritter Schlesischer Krieg genannt, kämpften mit Preußen und Großbritannien/Kurhannover einerseits sowie Österreich, Frankreich und Russland andererseits alle europäischen Großmächte ihrer Zeit. An den Auseinandersetzungen waren weitere (mittlere und kleine) Staaten beteiligt. Der Krieg wurde in Mitteleuropa, Portugal, Nordamerika, Indien, der Karibik sowie auf den Weltmeeren ausgefochten. Für Großbritannien und Frankreich ging es hierbei auch um die Herrschaft in Nordamerika und Indien.[16]

In den Jahren 1757/58 hielten 3000 Franzosen unter Herzog Louis François Armand (1696-1788), Herzog von Richelieu, Celle besetzt. Am 14. Dezember 1757 gegen Morgen erschien Prinz Ferdinand von Braunschweig (1721-1792), der Kommandeur der Vereinigten Heere, unvermutet vor der Stadt und griff das Hehlentor an. Er ließ, wie es in dem Bericht der Stadt-Chronik heißt, „Kanonen gegen dieselbe spielen".

Marschall von Richelieu befahl sogleich, die Allerbrücke in Brand zu setzen. „Ein furchtbarer Donnerknall" erhob sich, und da sich die hannoverschen Jäger in die Häuser der Hehlenvorstadt geworfen hatten und die Franzosen vom Walle herunterschossen, ließ der Marschall die Häuser am linken Allerufer in Brand stecken, um ein weiteres Vordringen der Hannoveraner zu verhindern. So wurden zunächst das Haus des Pförtners und Torschreibers, dann das des Garnisonpredigers und Garnisonküsters, danach das Haus des Gärtners Doßen, anschließend das St.-Annenhospital, die daneben gelegene Garnison- oder St.-Annenkirche und das schöne Waisenhaus ein Raub der Flammen. Dann nahmen sich die Brandstifter die Straße „Fritzenwiese" vor, wo sie ein Haus nach dem anderen in Brand steckten, indem sie brennende Fackeln und Stroh unter dic Bctten der Wohnungen warfen. Ihre Absicht war, auf diese Weise alle 44 Häuser in Asche zu legen, neun davon blieben jedoch erhalten. Obendrein wurden noch vier Häuser auf dem so genannten Gurhof, links am Eingang zur Klein Hehlener Straße, abgebrannt, und schließlich richteten die Franzosen ihr Kanonenfeuer noch gegen die Allerbrücke, welche bald zusammenstürzte und in hellen Flammen aufging.

Von insgesamt 40 eingeäscherten Privathäusern ist heute die Rede. Das Kirchen- und Pfarrarchiv fiel, wie das Garnisonkirchenbuch mitteilt, ebenfalls den Flammen zum Opfer. Auch kamen viele Plünderungen in den Vorstädten und der Stadt vor. Der Angriff wurde abgeschlagen.

Am folgenden Tag verbrannten die Franzosen alle Schiffe auf der Aller bis nach Winsen, größtenteils bremischen Schiffern gehörend, um den Hannoveranern Übergangsmittel über den Fluss zu entziehen. Die aus Butter, Käse, Öl, Heringen und Tran bestehende Ladung hatten sie vorher herausgenommen und für eine Kleinigkeit verkauft.

---

[16] Zitiert nach Wikipedia – die freie Enzyklopädie.

Wenn man hört, dass 50 kurz vorher aus Bremen angekommene Schiffe der Vernichtung preisgegeben waren, kann man sich in etwa einen Begriff von dem Flammenmeer auf der sonst friedlichen Aller machen. Um den Schaden noch zu vergrößern, wurden einige dieser Schiffe erst nahe an die Speicher herangeschleppt und dann zusammen mit den Speichern angezündet, von denen auch verschiedene in Flammen aufgingen.

Der Schaden an verbrannten Gütern wurde allein auf 300 000 Mark geschätzt.[17]

1767 war die „Fritzenwiese" noch nicht wieder bebaut.

Ein Bericht der Königlichen und Churfürstlichen Burgvogtei Celle an die löbliche Lüneburgische Landschaft vom 27. April 1762 befasst sich noch einmal mit dem großen Brand vom Jahre 1757:

Daß nachbenannten Einwohnern vor dem Hehlen Thore hieselbst, die unter beygefügten Numeris in der Luneburgischen Brand Cashe assecurirte Gebäude, als

Johann Moritz Heine

N^ro 7. ein Gähr Haus — *150 rT*

Mstr. Jacob Friedrich Emmermann

N^ro 8. ein Wohn Hau (sic!) *200 rT*
– A. Noch ein Wohnhaus 150 " — *350 rT*

Mstr. Johann Ernst Kolbe

N^ro 12. ein Gähr Haus — *150 rT*

von den Feinden in anno 1757. in die Asche geleget worden, und sothane Gebäude bis auf den Grund abgebrandt, ohne daß etwas davon stehen geblieben, solches wird auf Verlangen von uns, nachdem wir dieserhalb einige glaubwürdige Zeugen an Eydes statt abgehöret, hiemit attestiret. Celle den 27ten Apr. 1762.[18]

Es scheint dann aber noch ein Nachspiel in den Nachbardörfern gegeben zu haben, denn in einem Termin am 29. März 1766, in dem es um die noch ausstehende Auszahlung von Brandkassengeldern ging, wurde auf der Amtsstube der Burgvogtei in Celle zu Protokoll gegeben, dass die Franzosen in großer Anzahl zwischen Weihnachten 1757 und Neujahr 1758 aus dem Roland zurückmarschiert und über die Altenceller Brücke in das Dorf Altencelle einrückt seien. Allein zwei Kompanien hätten sich damals bei dem 34 Jahre alten Heinecke Feldmann eingenistet. Die Franzosen hätten fast auf allen Höfen an verschiede-

---

[17] Spangenberg, Ernst, Historisch-topographisch-statistische Beschreibung der Stadt Celle im Königreiche Hannover, Celle 1826, Nachdruck von 1979, S. 57 f., Cellesche Zeitung vom 6. Mai 1914, 9. Mai 1914. In einem Bericht verlautet, dass innerhalb von 8 Stunden 71 Gebäude der Fritzenwiese eingeäschert worden seien. (Müller, Heinz, Das Finanzwesen der Stadt Celle im achtzehnten Jahrhundert, Frankfurt am Main 1932, S. 81).

[18] Nds. HptStA Hann. 74 Nr. 1278: Acta, die an löbl. Landschaft abgestattete Berichte, wegen abgebrandter in der Brand-Assecuration-Societät (1757-1789). Wortgleich mit: Blazek, Das Löschwesen ..., wie oben, S.139 f.

nen Orten zu ihrer Erwärmung Feuer angelegt, wodurch die Scheune auf Henning Ützmanns Hof, worin dessen Bruder, Hans Hinrich Ützmann damals Wirt gewesen sei, „vermuthlich in Brand gerathen seyn müße“.

Der Eingesessene Johann Christian Decke, ebenfalls zur Sache befragt, jetzt 35 Jahre alt, gab zu Protokoll: „Hennig Ützmanns Scheure sei bei diesem Vorfalle von dem Feuer ergriffen worden und habe er, wie er die Flamme davon aufschlagen sehen, zum Löschen hinzu eilen wollen, jedoch zurück bleiben müßen, weil die Feinde seinen Schaafstall umzuhauen angefangen.“[19]

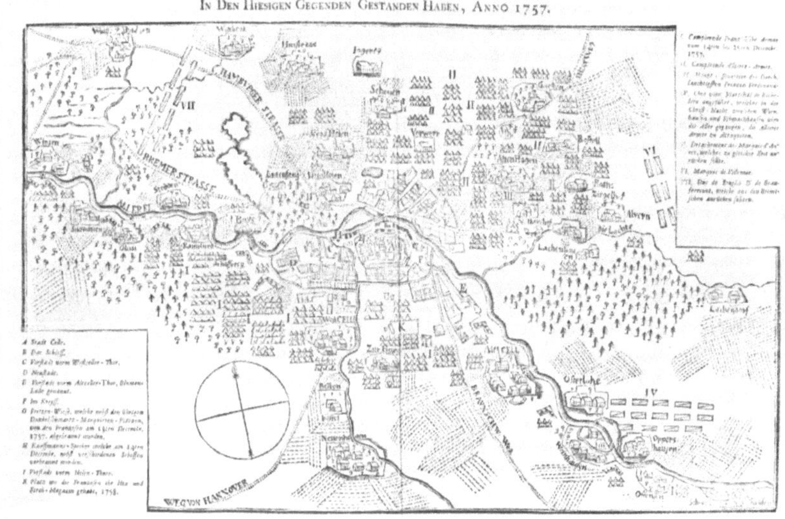

Abb. 3: Karte von der Stadt Celle und ihrer Umgebung, „wie die alliirte und französische Armee in den hiesigen Gegenden gestanden haben“, aus dem Jahre 1757. Repro: Blazek

Unter den drei Gibraltar-Regimentern, die 1782 die berühmte Belagerung der Festung mitmachten, war das Regiment, das von 1748 bis 1757 in Celle gelegen hatte.[20]

Zur Belagerung von Gibraltar im Jahr 1782 verlautet 1847 im „Militair-Wochenblatt“.[21]

In dieser Belagerung macht bekanntlich die am 14ten September des genannten Jahres erfolgte Verbrennung der vom Ritter d'Arcon erbauten schwimmenden Batterieen durch die Engländer Epoche. In dem militairischen Nachlaß des Herzog Ferdinand von Braunschweig findet sich der nachstehende, unbezweifelt von einem Hannöverschen Offizier der Besazzung herrührende, Bericht über dieses merkwürdige Ereigniß.

---

19 Nds. HptStA Hann. 74 Nr. 1278: Acta, die an die löbl. Landschaft abgestattete Berichte ...

20 Schmieglitz-Otten, Juliane; Bertram, Mijndert, 700 Jahre junges Celle, Celle 1992, S. 85.

21 Entnommen aus: Militair-Wochenblatt, 31. Jahrgang 1847, Berlin, bei Ernst Siegfried Mittler, S. 237.

Gibraltar den 21. Octobr. 1782.
pr. den 24. Jan. 1783.

Der Hauptplan des Feindes ist wohl ohnstreitig dieser gewesen: Mit den 10 famosen Schiffen, welche man hier Cork=Schiffe nennt, welches aber eigentlich kasemattirte fließende Breche-Batterieen wären, (insgesammt mit 187 Kanonen versehen, so 26pfündige Kugeln schossen), wollte man eine Breche machen, zwischen Prince of Oranges und Montagues Bastion. Zu gleicher Zeit wollte man die Land=Batterie eröffnen, und eine Breche in North=Bastion machen, und den Wall flanquiren, und unsere Batterieen demontiren. Von diesem heftigen Feuer durch die Menge des schweren Geschützes, so sie gegen uns zu bringen gedachten, verblendet, versprach man sich, gar bald Breche zu machen, und Konfusion zwischen uns anzurichten; diese sollte durch unzählige Bomben, so man vom Lande und Wasser unter uns zu werfen gedachte, und durch das Feuer der offenen fließenden Batterieen und vielen Kanonen=Böte, so sämmtlich 26Pfünder führten, auf das Lager vergrößert werden; und alsdann wollte man gleich in den vielen platten, mit förmlichen Batterieen gegen das kleine Gewehr versehenen Boten, und in allen Buten der ganzen kombinirten Flotte (welche zu gleicher Zeit unter Seegel gehen, und über die anderen weg, so viel Kugeln in die Stadt, werfen sollten, als sie nur könnten) so viel Truppen an's Land werfen, daß sie die Breche mit Gewißheit ersteigen und uns nehmen wollten; der Duc de Crillon soll selbst gesagt haben: Die Geschichte sollte über 7 Tage nicht dauern. Allein der Himmel hatte ein anderes beschlossen. (...)*

Literatur

Geschichte der Feldzüge des Herzogs Ferdinand von Braunschweig, nachgelassenes Manuskript von Christian Heinrich Philipp Edler von Westphalen, herausgegeben von Ferdinand v. Westphalen, Band II, Berlin 1859

Sven Externbrink: Friedrich der Große, Maria Theresia und das Alte Reich – Deutschlandbild und Diplomatie Frankreichs im Siebenjährigen Krieg, Akademie Verlag, Berlin 2006

Die drei Kriegsjahre 1756, 1757, 1758 in Deutschland – Aus dem Nachlasse Johann Ferdinand Huschberg's, „gewesenen Baierischen Offiziers, Regierungsrathes und Archivars", mit Ergänzungen herausgegeben von Heinrich Wuttke, Leipzig 1856

Juliane Schmieglitz-Otten, Mijndert Bertram: 700 Jahre junges Celle, Celle 1992

Helmut Riege (Hrsg.): Klopstock Briefe 1759–1766, Band 2: Apparat/Kommentar (Friedrich Gottlieb Klopstock – Werke und Briefe: Historisch-kritische Ausgabe), de Gruyter, Berlin und New York 2004

04
Die Franzosen lebten in der Region jahrelang in Saus und Braus

Die Jahre 1803 bis 1813 waren für Deutschland die Jahre der französischen Fremdherrschaft. In diesen Jahren, in denen Hannover verschiedenen Herren nacheinander untertan war, hat das Land schwerste Last ertragen und harte Abgaben an Geld, Vieh und Lebensmitteln leisten müssen.

„Wenige Jahre nach der Französischen Revolution setzte noch einmal eine Zeit schlimmsten Druckes für die Lüneburgischen Lande ein, als Deutschland sich anschickte, die Früchte dieses Umsturzes mitzuernten." (Pröve) Schon während der Koalitionskriege in den 90er Jahren stiegen die Steuern merklich in die Höhe. Es mussten die Kosten für die „Observationsarmee zum Schutze des nördlichen Deutschlands" aufgebracht werden. Die Französische Revolution hatte ja nach dem ersten großen Jubel bald vielfache Ablehnung erfahren. Wie man sie beurteilte, erfahren wir aus einem Schreiben, das ein Freund des Gerichtsverwalters in Wathlingen 1793 an diesen richtete:

Es möge den Franzosen nimmer gelingen, ihre bösen Absichten (Deutschland zu erobern) zu erreichen; denn es ist doch wahrhaftig nicht ausgemacht, ob das Gute, das man aus diesem unseligen Kram herleiten will, nicht durch soviel überwiegendes Böse, das dadurch in der Welt entstehen muß, vernichtet wird.

Der Briefschreiber gab gewiss der Meinung vieler Ausdruck, und er hatte ja mit seiner Ahnung des Bösen auch Recht: Zehn Jahre später begann für Hannover eine Epoche, in der Deutschlands Nachbarstaat Frankreich unserer Heimat seinen Stempel aufdrückte.

Die Jahre 1803 bis 1813 waren für Deutschland die Jahre der französischen Fremdherrschaft. In diesen Jahren, in denen Hannover verschiedenen Herren nacheinander untertan war, hat das Land schwerste Last ertragen und harte Abgaben an Geld, Vieh und Lebensmitteln leisten müssen. Geschaffen wurde das Königreich Westfalen (Westphalen), zu dessen König Napoleon I. seinen jüngsten Bruder, Jérôme, am 18. August 1807 erhob, mit Kassel als königlicher Residenz.

Ganz Europa wurde zu Beginn des 19. Jahrhunderts in Aufregung und in Bewegung erhalten. Im Mai 1803 kam eine große Bestürzung über das Hannoverland. Die Franzosen standen mit 6000 Mann in Holland und wollten in das Kurfürstentum Hannover einbrechen, weil ein Bruch mit England unvermeidlich war. Dadurch wurde ein allgemeines Aufgebot gegeben: Alles, was waffenfähig war, sollte bereit sein, dem Feind entgegenzugehen. Es wurde alles genau registriert.

Mit dem Tage, als Hannovers Kurfürst die englische Königskrone annahm, war das Schicksal dieses niedersächsischen Landes eng verknüpft mit dem Englands. Nur zu oft entluden sich die politischen Wetterwolken, die über England aufgestiegen waren, dann über Hannover.

Im März des Jahres 1802 hatten England und Frankreich zu Amiens nach einem langen Krieg Frieden geschlossen, da verdüsterte sich im Jahre 1803 der Horizont von neuem. Malta war das Streitobjekt. Napoleon wagte aber die Insel der Briten nicht anzugreifen. Er wollte sich an Hannover, dem Erblande des englischen Königs, schadlos halten.

Kuriere jagten am 10. Mai 1803 durch die Stadttore Hannovers herein. „Die Franzosen sind im Anmarsch", so lautete die Schreckensnachricht, die bald die ganze Stadt erfüllte. In jener Zeit, als bedeutsame Kunde noch nicht auf elektrischen Drähten in Blitzesschnelle von Ort zu Ort sprang, als Boten sie auf schweißigen Pferderücken über schlechte Straßen, durch Moor und Heide tragen mussten, war wildesten Gerüchten ein fruchtbarer Boden bereitet. Nicht nur neuigkeitshungrige Bürgersleute lebten von ihnen, sondern sie pochten auch an die Türen hochmögender Herren. So blieb es auch in Hannover nicht bei der ersten Schreckensnachricht, sondern unter ihren Ästen wucherten andere wie Unkraut empor: „General Mortier rückt, von Holland kommend, mit 50000 Mann gegen das Hannoverland an." – „Die Franzosen stehen nur noch zwei Tagesmärsche von der Grenze entfernt."

Diese Gerüchte schüchterten keineswegs die Hannoveraner ein, im Gegenteil, sie nährten ihre kriegerische Stimmung so, als wenn man Öl in die Flammen gießt. Man traute es sich zu, mit dem Heerhaufen des Korsen fertig zu werden. Man übte sich in der Handhabung der Waffen und fasste den kühnen Plan, dem Feind entgegen zu ziehen, sich am Vechter Damm in den Hinterhalt zu legen, die Franzosen in die Sümpfe zu locken und sie dort zu vernichten. Der Herzog Adolf Friedrich von Cambridge, des großbritannischen Königs jüngster Sohn, war Feuer und Flamme für die Kriegspläne der Bürger, während die Herren der Regierung eine andere Meinung vertraten. Der Höchstkommandierende, der Feldmarschall Johann Ludwig Graf Wallmoden-Gimborn (1736-1811), zügelte das Streitross des 28-jährigen Prinzen. Er wollte sich von dem jungen Königssohn nicht in ein Abenteuer ziehen oder sich von ihm gar die Lorbeeren entreißen lassen. Überdies war der Feldmarschall, wie berichtet wird, niemals von ganzem Herzen Soldat gewesen. Er, der ein unehelicher Soldat Georgs II. (und übrigens auch Schwiegervater des Freiherrn vom Stein) war, betätigte sich lieber als Militärschriftsteller, denn in der Theorie der Kriegführung besaß er beachtliche Kenntnisse. Er baute das hübsche, kleine Wallmoden-Palais im Georgengarten in Hannover, in dem er viele Gemälde sammelte.

Die andere Hand, die an der Bremse des Streitwagens zog, war die des Ministers Christian Ludewig August von Arnswald. Krieg kostete Geld, und es war nicht seine Art, es so ohne weiteres aus dem Staatssäckel rollen und in Waffen, Monturen, Munition und Fourage verwandeln zu lassen. So kam es dahin, dass an dem Tag, als sich das hannoversche Heer bei Nienburg sammelte, die Franzosen bereits bei Osnabrück standen. In den 7200 Mann Infanterie, den 4000 Mann Reiterei und in den Kanonieren der 26 Geschütze lebte noch der alte hannoversche Heldengeist. Darum mochten wohl die hannoverschen Soldaten lange Gesichter gemacht haben, als aus Hannover im Feldlager die Weisung eintraf, „...

nicht zu schießen und von dem Bajonett wenig Gebrauch zu machen“. Der Feind war zu stark, und man wollte unnötiges Blutvergießen vermeiden.

Ein ungewisses Schicksal stand dem Kurfürstentum Hannover bevor. Sorgen lasteten auf den Schultern der Männer, die zu Hannover in der Regierung saßen. Sie hatten eines Tages vor ihrem König und Kurfürsten ihr Handeln zu verantworten.

In der Nacht vom 24. auf den 25. Mai 1803 überschritt die Armee des französischen Generals Edouard Mortier (1768-1835) die hannoversche Grenze.

Am 26. Mai wurde eine allgemeine Rekrutenaushebung vorgenommen. Die Hauswirte mussten sich mit Pferd und Wagen an einem bestimmten Ort melden und sich bereithalten, Kriegsfahrten zu machen. Die tapfere hannoversche Armee hielt den Druck der Franzosen aber nicht aus und musste sich zurückziehen.

Der Vertrag von Sulingen, den die Herren Geheimräte in Hannover mit dem General Mortier am 3. Juni 1803 auf der dortigen Superintendentur schlossen, durch den das Land den Franzosen übergeben wurde, bedeutete den Beginn einer Fremdherrschaft, die sich über zehn lange und schwere Jahre hinziehen sollte. Sofort zogen sich die hannoverschen Truppen hinter die Elbe ins Lauenburgische zurück. Ihnen folgte der Feind auf dem Fuße. Die wenigen Invaliden, die vom 2. Garnisonregiment zur Einhut in Celle zurückgeblieben waren, warfen am 5. Juni vor der Hauptwache auf der „Stechbahn“ ihre Waffen von sich und liefen davon.

Am 4. Juni war der französische General schon in Hannover, und am 6. Juni rückte um 14 Uhr die Vorhut des französischen Heeres unter General Montrichard ein.

Mortiers Manifest sorgte in Celle für Verwirrung, wie aus einem Schreiben vom 8. Juni 1803 hervorgeht:

P. M.

Gestern Abend nach 7 Uhr hat mir dhl Burgvoigt Klare angeschlossenes an ihn adreshirtes, von ihm eröfnetes aber an den Magistrat gerichtetes Schreiben des Capitaine-Adjudant à l'Etat-Major Ashelin persönlich eingereichet, – und es wurden bald darauf von dem hiesigen Buchhändler Schulze die von ihm gedruckten 1000 Exemplare des von dem hl. General en Chef Mortier erlassenen Manifestes ohne weitere Erklärung ins Haus gebracht –

Da der Magistrat an dem Abdrucke dieses Manifestes keinen Antheil hat, – der Inhalt desselben aber ieden rechtschaffenen Unterthan, – und noch mehr ieden, der mit dem Vaterlande durch besondere Pflichten noch näher verbunden ist, mit dem lebhaftesten Unwillen erfüllen muß, – so halte ich es für Pflicht, dem ganzen Collegio diese Angelegenheit zur Kenntniß zu bringen, – und in dieser Absicht noch heute eine Versamlung des Collegii zu veranlassen, auch zu derselben dhl. Burgvoigt Klare und dhl. Policey-Commissair v. Seelhorst mit zu zu ziehen. –

Der Zweck dieser Versamlung würde darin bestehen, um den Umstand in naher Gewisheit zu setzen, – auf welche Art der Abdruck des Manifestes verfügt sey, – und hiernächst dieienigen Maßregeln zu bestimmen, welche bey dieser wichtigen Angelegenheit für nöthig erachtet werden können, um den Magistrat gegen iede künftige Verantwortung zu sichern.

Zelle den 8ten Junii 1803

Der verdienstvolle Celler Stadtchronist Clemens Cassel (1850-1925) lieferte eine Chronologie der Ereignisse in der ehemaligen Residenzstadt. Danach stellte sich der Einzug der Franzosen wie folgt dar: Der erste Franzose, der die Stadt betrat, war Oberleutnant Coqueugive. Jede Stunde brachte neue Truppen, im Ganzen an diesem Tag wohl 3 000 Mann. General Montrichard forderte noch an dem besagten Tag 400 Pistolen (2 000 Taler Gold) an Abfindungsgeldern, die auch seinem Feldgehülfen Gerard bezahlt wurden, „worüber derselbe keine Quittung hat ausstellen wollen".

Den Vortruppen folgte in den Tagen um den 1. Juli herum das Hauptheer, das den hannoverschen General v. Wallmoden zum Abschluss des Vertrages von Artlenburg (5. Juli) zwang, infolgedessen das hannoversche Heer sich auflöste.

Von Neustadt am Rübenberge kommend, marschierten die Franzosen in Hannover ein.

Mortier fand bei seiner Rückkehr in die Landeshauptstadt die Geheimräte nicht mehr vor. Sie waren ins Ausland, nach Mecklenburg, entflohen.

Wer hatte denn am Ende in Hannover noch das Sagen gehabt? Das Königlich-Churfürstliche Staats- und Kabinettsministerium war laut dem Staatskalender auf das Jahr 1803 noch mit folgenden Ministern besetzt:

Staats- und Kabinettsminister Carl Rudolph August Graf von Kielmannsegge, zugleich Kammerpräsident
Staats- und Kabinettsminister Christian Ludewig August von Arnßwaldt, zugleich Konsistorialpräsident und erster Kurator der Universität Göttingen
Staats- und Kabinettsminister Ernst Ludwig Julius von Lenthe, „anjetzo in London"
Staats- und Kabinettsminister Claus von der Decken, auch zweiter Kurator der Universität Göttingen
Staatsminister Georg Friedrich August von der Wense, auch Oberappellationsgerichtspräsident zu Celle
Staatsminister Christian Ludewig Hake, auch Präses in den Bremen- und Verdenschen Landeskollegien und Gräfe des Landes Hadeln
Staatsminister Otto Ulrich Grote

Danach wurden zunächst die Geheimen Kabinettsräte genannt:

Dr. Wilhelm August Rudloff, auch Archivarius sowie Abt zu Bursfelde
Dr. Georg Heinrich Nieper, auch Dekanus des Stifts zu Hameln
Georg August Best, derzeit in London

Hiernach folgten die 18 Geheimen Kanzleisekretarien, von denen fünf im Jahre 1806 zu Hofräten ernannt wurden, wie handschriftliche Zusätze im Ansichtsexemplar im Benutzersaal des Niedersächsischen Landesarchivs ausweisen.

Mit allergnädigster Kayserlichen Freyheit

Staats- und Gelehrte Zei-tung des Hamburgischen unpartheyischen CORRESPONDENTEN.

Anno 1803. (Am Dienstage, den 14 Junii.) Num. 94.

Schreiben aus dem Hannöverschen, vom 9 Junii.

Folgendes ist nach dem Französischen Original und der Deutschen Uebersetzung die

Convention,

geschlossen zwischen den Herren Civil- und Militair-Deputirten der Hannöverschen Regierung und dem Generallieutenant Mortier, Oberbefehlshaber der Französischen Armee.

Art. 1.

Das Churfürstenthum Hannover und die darin befindlichen Festungen werden von der Französischen Armee besetzt.

Art. 2.

Die Hannöverschen Truppen ziehen sich hinter die Elbe zurück. Sie verpflichten sich bey ihrem Ehrenworte, so lange der Krieg zwischen Frankreich und England dauert, wider die Französische Armee und ihre Bundsgenossen weder die Waffen zu führen, noch irgend eine Feindseligkeit zu begehen. Sie werden dieses Eides nicht eher entbunden, als bis sie gegen eben so viel Generals, Officiers, Unterofficiers, Soldaten und Matrosen ausgewechselt worden, welche sich in Englischer Gefangenschaft befinden möchten.

Art. 3.

Kein Mann von den Hannöverschen Truppen kann den ihm angewiesenen Aufenthaltsort ohne Vorwissen des — Französischen — Obergenerals verlassen.

Art. 4.

Die Hannöversche Armee soll mit den Kriegs-Ehrenzeichen abziehen. Die Regimenter nehmen alle ihre Feldstücke mit.

Art. 5.

Die Artillerie, Pulver-, Waffen- und Munitions-Vorräthe aller Art sollen der Disposition der Französischen Armee übergeben werden.

CONVENTION

passée entre Messieurs les Deputés civils et militaires de la Regence d'Hanovre et le Lieutenant Général Mortier, Commandant en Chef de l'armée.

Art. 1.

L'Electorat d'Hanovre sera occupée par l'armée française, ainsi que les Forts qui en dependent.

Art. 2.

Les troupes Hanovriennes se retireront derrière l'Elbe. Elles s'engageront sur parole d'honneur à ne commettre aucune hostilité et à ne porter les armes contre l'armée française et ses alliés, aussi long-tems que durera la guerre entre la France et l'Angleterre. Elles ne seront relevées de ce serment qu'après avoir été échangées contre autant d'Officiers-Généraux, Officiers, Sous-Officiers, Soldats et Matelôts français que pourroit avoir à sa disposition l'Angleterre.

Art. 3.

Aucun individu des trouppes Hanovriennes pourra quitter l'emplacement, qui lui est designé, sans que le Général Commandant en Chef en soit prévenu.

Art. 4.

L'armée Hanovrienne se rétirera avec les honneurs de la guerre. Les Regimens emmeneront avec eux tous les pièces de campagne.

Art. 5.

L'artillerie, les poudres, les armes et munitions de toute espèce seront mis à la disposition de l'armée française.

Abb. 4: „Staats- und Gelehrte Zeitung des Hamburgischen unpartheyischen Correspondenten“ vom 14. Juni 1803. Repro: Blazek

Die Spitzen der hannoverschen Regierung hatten sich, als die französische Armee die hannoversche Grenze überschritt, nach Mecklenburg abgesetzt, von wo sie regelmäßig Lageberichte nach England schickten. General Mortier übernahm daher die Verwaltung des Landes und richtete einen Vollziehungsausschuss ein, der durch seine maßlosen Forderungen berüchtigt war. „So hart war das Land nicht einmal im Jahre 1757 mitgenommen“, urteilte Chronist Clemens Cassel.

Nach der durch den massiven militärischen Druck von Seiten Frankreichs erzwungenen Konvention von Artlenburg (5. Juli) löste sich das hannoversche Heer auf. Viele Angehörige desselben gerieten in Not, da weder Offiziere noch Gemeine Löhnung erhielten. Dies benutzten die Franzosen, um aus den Verabschiedeten und auch anderen Landesangehörigen ein besonderes Regiment, eine französisch-hannoversche Legion, zu bilden.

Als die Bedrückungen im Lande immer fühlbarer wurden, außerdem durch die schon bald eingeleitete Errichtung einer französisch-hannoverschen Legion in Hannover der Gedanke näher gerückt wurde, vielleicht einmal zwangsweise der französischen Fahne folgen zu müssen, da überwog bei vielen der Entschluss, das Land zu verlassen. War einerseits den Truppen kein Versprechen abgenommen worden, nicht mehr gegen Frankreich zu dienen, so entband andererseits eine Königliche Bekanntmachung – durch die englischen Gesandten an allen deutschen Höfen verbreitet – alle hannoverschen Untertanen ausdrücklich von der Verpflichtung, solchen Konventionen Folge zu leisten, welche vom König nicht bestätigt seien.

Aber nur einzelne von den hannoverschen Truppen vergaßen ihren Fahneneid und ließen sich von den Feinden anwerben. Die meisten schifften sich nach England ein, „um als Königlich Deutsche Legion an den Franzmännern die Scharte von 1803 auszuwetzen, die nicht sie, sondern die kleinmütige Regierung verschuldet hatte“ (Cassel).

Der französisch-hannoverschen Legion war kein ruhmvoller Weg beschieden. Die Absicht der Franzosen, hier die Offiziere und Soldaten der kurz zuvor aufgelösten hannoverschen Armee zu vereinigen, war nicht zu verwirklichen. Keines der späteren hannoverschen oder preußischen Regimenter übernahm ihre Tradition.[22]

„Es ist in hohem Grade ehrend für das Offizierkorps der aufgelösten Armee“, so Bernhard Schwertfeger, „daß nur 1 Leutnant und 2 Fähnriche, davon ein geborener Däne, in diese Legion eintraten“. Nach Fiessé, „Geschichte der Fremdtruppen Frankreichs“ (1860), wurde die hannoversche Legion in Stärke von 1 342 Mann errichtet und ihre Organisation am 13. April 1804 genehmigt. Sie bestand aus leichter Infanterie und Jägern zu Pferde und wurde am 9. August 1811 zu einer rein französischen Truppe. Die Infanterie trug rote Röcke mit blauen Kragen und Rabatten, die Jäger zu Pferde dunkelgrüne Röcke mit gelbem Kragen. Fiessé fügt hinzu: „Es wäre irrig zu glauben, daß diese Legion sich einzig aus hannoverschen Untertanen ergänzt hätte.“ In einem ihrer Bataillone zählte man 1811 unter 503 Mann

226	Österreicher,
53	Preußen,
129	Rheinbündler,
3	Spanier,
2	Neapolitaner,
7	Polen,
9	Schweizer,
14	Russen,
3	Schweden,
57	Holländer, Hanseaten, sowie Leute aus Dalmatien, Istrien, Friaul, den römischen Staaten und Genua.
503	Mann

„Diese Zusammenstellung ist ein Ehrenzeugnis für die hannoversche Bevölkerung.“ (Schwertfeger)

22 NN, „Französisch-hannoversche Legion – vor 150 Jahren“, Sachsenspiegel in der Celleschen Zeitung vom 31. Dezember 1953.

„In dieser Situation verließen Tausende von Angehörigen der aufgelösten kurfürstlichen Armee ihre Heimat, um in britische Dienste zu treten. Sie bildeten den Grundstock der dem nominellen Oberbefehl des Herzogs von Cambridge stehenden King's German Legion, die fortan auf fast allen Kriegsschauplätzen Europas – von Pommern bis Portugal, von Seeland bis Sizilien – gegen die Franzosen und deren Verbündete zum Einsatz kam. Namentlich in den mit äußerster Härte und Grausamkeit geführten Feldzügen auf der Iberischen Halbinsel zeichnete sie sich derart aus, dass ihren Offizieren der permanente Rang in der britischen Armee verliehen wurde – eine für einen Ausländerverband einzigartige Anerkennung."

Die Geschichte der am 19. Dezember 1803 gegründeten Königlich Deutschen Legion ist ausführlich dargestellt in zwei Buchbänden von Bernhard Schwertfeger, Königlich Sächsischer Hauptmann und Lehrer an der Kriegsschule in Hannover: Geschichte der Königlich Deutschen Legion 1803-1816, in zwei Bänden, Hannover und Leipzig 1907, 718 und 492 Seiten. Schwertfeger widmete sein Werk Seiner Majestät dem Kaiser Wilhelm II.

In den Celler Vorstädten wurden auf Geheiß des Obergenerals 1100 Pferde des ehemaligen hannoverschen Heeres untergebracht. Die Unterhaltungskosten hatte die Stadt zu tragen. Sie waren bedeutend, denn alles bis zu den geringsten Kleinigkeiten musste die Stadt bezahlen, sie musste auch 400 bis 500 Wärter besolden. Die Oberaufsicht über die Pferde lag in den Händen des Oberleutnants Evers. Da der Mann zu verstehen gab, dass es lediglich von ihm abhinge, die Kosten zu erleichtern oder zu steigern, dass er aber zu ersterem geneigt sei, falls man sich erkenntlich zeige, überwies ihm der Magistrat der Stadt Celle (Bürgermeister und Rat) ein Geschenk von 400 Talern Gold und seinem Adjutanten 40 Dukaten, ließ letzterem auf sein Betteln hin auch ein halbes Dutzend Hemden anfertigen, unterbreitete aber nachgehends, da Evers nichts für die Stadt tat, dem Marschall Berthier die Angelegenheit. Dieser nahm Evers das erpresste Geld wieder ab, aber nicht, um es zurückzugeben, sondern um es in die allgemeine Kriegskasse fließen zu lassen. Unter der Bezeichnung „Defrayierungsgelder" erhoben auch andere höhere Offiziere, wie der Oberst und Kommandant Goré, der Kriegskommissar Bergue und der Chef der so genannten hannoverschen Legion Strießler, erkleckliche Summen.

Den Generalen der durchmarschierenden Truppen muss jedoch nachgerühmt werden, dass sie gute Manneszucht gehalten haben. Bei der Überfüllung der Stadt mit Soldaten konnte es allerdings nicht ausbleiben, dass hier und da Gewalttätigkeiten mit unterliefen. Als stehende Truppen für Celle dürfen das 76. Infanterie-Regiment (unter Goré) und das 5. Husarenregiment betrachtet werden. Dieses Reiterregiment stellte ganz übertriebene Forderungen. Es verlangte und erhielt auch Puder in größeren Mengen, Tabak, Pomaden, Pfeifen und spanische Kreide. In den unruhigen Juni- und Julitagen wechselten die Stadtkommandanten des Öfteren (Oberst Dessair, Lecuyer, Oberst Goré), seit etwa Michaelis war es Brigadegeneral Marisy, dem das 76., 48. und 103. Infanterie-Regiment unterstand. Zeitweise vertrat ihn jedoch Oberst Goré.

Die Dörfer unserer Heimat begannen wieder, unter Besetzung, Einquartierungen und Kontributionen zu leiden. Die Franzosen nahmen in den Dörfern und Städten alle Kassen an sich, alle Abgaben und Steuern mussten künftig an sie gerichtet werden. In einer alten Akte heißt es: „Die Franzosen kosten unser Land täglich 11003 Thaler an barem Gelde." Im Lande waren 3000 Mann. In den 17 Monaten vom 1. Mai 1803 bis Anfang Oktober 1804 wurden allein aus der Amtsvogtei Beedenbostel im Celleschen 6887 Vorspannpferde angefordert.

Die Verpflegung der durch Celle durchziehenden Soldaten geschah anfänglich unmittelbar vom Magistrat der Stadt, der aus seinem Kornmagazin die Portionen für die Mannschaften und das Futter für die Pferde lieferte. Glücklicherweise waren bei Ankunft der Feinde größere Kornvorräte vorhanden. Schon am 19. Mai hatte der Magistrat in weiser Voraussicht 6000 Himten Roggen angekauft und auch kurz vor Ankunft der ungebetenen Gäste die auf dem herrschaftlichen Kornboden lagernden Vorräte erworben, um ihrer Wegnahme durch die Feinde zuvorzukommen.

Obwohl nun die französischen Soldaten ihren Lebensmittelbedarf geliefert erhielten, sodass den Quartiergebern nur die Zubereitung der Speisen oblag, sahen sich diese doch in die Notlage versetzt, wenn sie Ruhe haben wollten, ihren Einquartierten Mittags- und Abendbrot und zweimal Kaffee zu reichen. So war die Einquartierungslast eine drückende. Der Magistrat der Stadt Celle führte in einem Schreiben vom 8. Oktober an, dass es Bürger gebe, die die Einquartierung bereits 200 Taler gekostet habe. Um die schwere Last etwas zu erleichtern, ließ der Magistrat auf seine Kosten einige Gebäude der Vorburg zu Lagerstätten für durchziehende Truppen einrichten. Gegen 600 Mann fanden dort Unterkommen.

Durch Ausschreiben vom 20. Juli 1803 wurde eine allgemeine Kriegssteuer eingeführt. Sie betrug für die Celler Altstadt für das Halbjahr 2774 Taler. Andererseits hörte jedoch die Zahlung des Servisgeldes von Johannis ab auf. Zum Garnisonhospital war seitens der Stadt die auf der Vorburg am Stadtgraben gelegene ehemalige Kavalleriekaserne eingerichtet.

Bei Jahresschluss hatte die Stadt Celle bereits eine Kriegsschuldenlast von 26905 Talern Gold und 5462 Talern Kassenmünze.

In einem französischen Buch, betitelt „Der Hannoversche Staat", von Mangourit, findet sich folgende Beschreibung von Celle im Jahre 1803:

Nach einem Wege von 5 ½ Meilen von Hannover aus kommt man nach Zelle. Es ist ein reinlicher, mitten in Gärten liegender Ort, der aber Hannover nicht an die Seite gestellt werden kann. Sein baufälliges Schloß bietet selbst in seinem Gotizismus (?) nichts dar, was bemerkenswert wäre, man richtet es zu französischen Kasernen ein, u. es hat von Glück zu sagen, wenn einst die Anlegung eines Hospitals in demselben der Beweggrund werden kann, sein Alter zu ehren. Fürsten bewohnten es, ihr Herzogtum ist mit Hannover vereinigt worden und von diesem Augenblick an hat ihr Palast verlassen gestanden. Das Wasser in den Stadtgräben ist, ungeachtet es aus der Aller kommt, die sich in die Weser ergießt, stauend u. von üblem Geruch. Die alten Wälle haben sich durch frischen Rasen verjüngt u. Linden bilden einen Kranz um sie.

Zelle ist der Sitz des Ober-Appellationsgerichts, in welchem einer von den sieben Ministern des Geheimen Raths den Vorsitz führt u. das beinahe mit unserm Kassationsgerichte verglichen werden kann. Dieses höchste Tribunal, das in einer Weite von 10 (franz.) Meilen von dem Auge der Regierung niedergesetzt ist, befindet sich auch in einer hinlänglichen Entfernung von ihrem gewaltigen Arm, um die so notwendige Unabhängigkeit zu genießen. Der Minister v. d. Wense, der der Präsident desselben ist, ist in gewissen Fällen gehalten, an die Regierung Bericht zu erstatten. In der Wage, die dieser Oberrichter in der Hand hält, werden die Kniffe der Advokaten, die Bosheit der Beklagten, die Unterdrückungen der Reichen, die Prätensionen der Armen, das Recht, die Vernunft, die Menschheit gewogen, dieses Ober-Appellationsgericht steht in einem solchen Rufe, daß man in dem ganzen Norden seine Aussprüche mit dem Stempel der unbestechensten Gerechtigkeit bezeichnet findet. In Deutschland, wo die Neugierde durch den Anblick so vieler größerer u. kleinerer Fürsten längst übersättigt ist, wirft man, wenn ein Fürst durch einen Ort kommt, kaum einen Blick auf ihn, aber ein Mitglied des höchsten Gerichtshofes zu Zelle, das sich auf Reisen befindet, erregt Aufsehen. König Georg II sagte eines Tages zu Herrn v. Wrisberg, dem damaligen Gerichtspräsidenten: „Wie kommt es, daß ich alle meine Prozesse vor Ihrem Tribunal verliere?“ „Sir“, erwiderte der Minister, „weil Sie immer unrecht haben.“ „Ha“, versetzte der König, ich sehe, daß Sie als Magistratsperson mit mir sprechen, Herr v. Wrisberg.“

(Es ist interessant, dies Lob aus dem Munde eines Franzosen über unser Oberappellationsgericht, zwischen den Nachlaßarbeiten unseres Chronisten Clemens Cassel, zu finden. H. F.)

aufgespießt in: Der Sachsenspiegel, Nr. 7/1939, Cellesche Zeitung vom 1. Juli 1939 (Stadtarchiv Celle N6 66)

Aber auch im nächsten Jahr schien sich daran nichts zu ändern. Hoffmann von Fallersleben schrieb: „(...) Das Jahr 1804 war angebrochen, eine Änderung unserer Lage schien in weite Ferne gerückt, vorläufig blieb alles beim alten.“[23]

Die Einquartierungslast dieses Jahres sei, bezogen auf Celle, wie Clemens Cassel später berichtet, größer als die des Vorjahres gewesen. „Die französischen Militärpersonen ließen nämlich zum Teil ihre Frauen und Kinder nachkommen. Dadurch wurde die Zahl der unberufenen Mitesser größer.“ Auch die Neueinrichtungen beim Einrücken neuer Heerhaufen und ihre Unterbringung war immer mit großen Kosten verbunden, und die Burgvogtei, die vertraglich die Hälfte der Einquartierungsgelder leisten sollte, zahlte nichts, konnte auch nichts zahlen, da die Einkünfte beschlagnahmt waren.[24]

Am 1. Januar 1804 lagen in der Stadt 325 Legionäre zu Pferde und im Schloss 572 Mann, vorwiegend Legionäre zu Fuß. Ihre Zahl vermehrte sich aber von

---

[23] Fallersleben, Hoffmann von; Heinrich, August, Mein Leben, Ausgewählte Werke, Berlin o. J., abgedruckt in: Eyssen/Storch, Niedersächsisches Lesebuch, 2. Auflage, Hildesheim 1984, S. 288 f.

[24] Cassel, Clemens, Geschichte der Stadt Celle in zwei Bänden, mit besonderer Berücksichtigung des Geistes- und Kulturlebens der Bewohner, Band II, Celle 1934, S. 151.

Monat zu Monat. Oberst der Legion zu Fuß, deren Angehörige Rot und Blau trugen, war Strißler, der Oberst der berittenen Legionäre, die Grün und Gelb trugen, hieß Evers.

Sammelplatz dieser französisch-hannoverschen Legion sollte Celle sein. Um Raum dafür zu schaffen, war die frühere Garnison verlegt. Bereits mit dem 17. Oktober 1803 hatte die Bildung der Schar begonnen. Meist waren es aus den verschiedensten Ländern zusammengelaufene Männer, die sich durch das geringe Handgeld zum Beitritt verlocken ließen. Nur sehr wenige Landsleute traten ein, weil sie es für unter ihrer Würde hielten, darin zu dienen. Großes Aufsehen erregte es jedoch, dass unter den Übergetretenen auch der Träger eines in der vaterländischen Geschichte hoch gepriesenen Namens war, der Rittmeister Schenk von Winterstedt (1769-1827). Als Lehnsmann, Soldat und Schatzdeputierter hatte er dreimal der Landesregierung den Treueid geschworen. Er brach ihn, um Oberleutnant zu werden. In französischen Diensten brachte er es bis zum Oberstlieutenant und zum Offizier der Ehrenlegion. Er kämpfte französischer Seite in Spanien, Italien und Russland, und als er nach wieder hergestelltem Frieden und nach russischer Gefangenschaft 1814 in seine hannoversche Heimat zurückkehrte, büßte er durch lebenslängliches Gefängnis.[25]

Dass es auch Menschen gab, die sich bemühten, den schweren Druck der feindlichen Besetzung etwas zu mildern und für Augenblicke vergessen zu machen, zeigt sich am Beispiel Celles. Im Winter 1803/04 gab der Divisionsgeneral Jean-Baptiste Drouet, dessen Truppen in der Umgebung von Celle lagen, „glänzende Bälle“ auf dem Schloss, zu denen auch vornehme Bürger Einladungen erhielten. Ein Chronist schilderte die Vorgänge des Jahres mit folgenden Worten:[26]

„Wenige zwar von unseren Truppen, die mit vieler Treue ihrem Könige, dem sie geschworen, anhiengen, ließen sich bey dieser Legion engagiren; indeß fehlte es nicht an Vagabonden, selbst unter den Franzosen, die sich durch das geringe Handgeld verleiten ließen, Dienste unter der Legion zu nehmen. Aber eben weil sie Vagabonden waren, kannten sie keine Treue und Gewissenhaftigkeit. Sie desertirten daher in Menge und machten in dieser Absicht Komplots. Den mehresten gelang es; nur einer war so unglücklich ertappt zu werden. Ihm wurde sogleich der Proceß gemacht, der dahin ausfiel, daß er auf der Mühlmarsch solle erschossen werden. Sogleich des andern Tages ward das Urtheil vollzogen, der Delinquent, ein Katholik, wurde von einem Katholischen Prediger begleitet. Die ganze Garnison war auf der Mühlmarsch aufmarschirt. Zwölf Grenadiers hatten ihre Gewehre geladen. Sechse von denselben schossen zugleich auf den Delinquenten los, drey zielten auf den Kopf, drey auf das Herz. Der Delinquent fiel sogleich, worauf die übrigen sechse ihre Gewehre noch auf ihn abschossen. So ganz zerschossen im Blut liegend mußte die Garnison Mann für Mann vor dem todten Körper vorbeymarschiren, um desto tiefern Eindruck hin zu nehmen.

---

[25] Schenck, Carl Christian Ludewig, Mittheilungen aus dem Leben des französischen Oberstlieutenants Carl Christian Ludewig Schenck, Celle 1829, S. III.

[26] „Aus Celles Vergangenheit“, von Archidiakonus Gustav Rauterberg (Fortsetzung), abgedruckt in der Celleschen Zeitung vom 24. März 1892.

Aber der Eindruck dauerte nicht lange; denn schon ein paar Tage nachher desertirten bereits mehrere und alle Strafen fruchteten nicht.

Bei allem Druck, den unser Land und alle Einwohner desselben durch die französische Occupation schwer fühlen, muß man doch den Franzosen die Gerechtigkeit wiederfahren lassen, daß sie es an Höflichkeit und Gefälligkeit nicht fehlen lassen. Dahin gehören auch die Festivitäten, die die Officiers geben und wozu alle Honoratiores und die ersten in der Bürgerschaft eingeladen werden. Der General Drouet hat bereits viermahl einen glänzenden Ball auf dem Schlosse gegeben, wo man jedes mahl die Ordnung und Sittlichkeit gerühmt hat, die dabey überall beobachtet worden. So auch spielen die Officiers mit ihren Frauen auf dem Schloß-Theater öfters Comedie und lassen die Einwohner der Stadt unentgeltlich Antheil daran nehmen. Das letzte mahl haben sie sogar auf unsere Armen Rücksicht genommen."

Ab dem 19. Juni 1804 war Jean Baptiste Jules Bernadotte Befehlshaber. Er sollte zwar auf Napoleons Geheiß das Aussaugeverfahren fortsetzen, bemühte sich aber redlich, wiederholt durch Überweisungen von Geldern aus beschlagnahmten englischen Waren oder aus Strafverfügungen das Elend der mittleren und unteren Massen zu mildern. Dem Wohltäter bewies die Einwohnerschaft wiederholt ihren Dank dadurch, dass sie ihn stets mit Jubel begrüßte, wenn er in Celle zu Heeresmusterungen erschien.

Je mehr die Legion durch Anwerben wuchs, desto schwerere Geißel wurde sie der Stadt Celle. Misshandlungen ruhiger Hauswirte durch Einquartierte waren keine Seltenheit. Wehrten sie sich, so setzten sie sich der Gefahr aus, zu Stockschlägen verurteilt zu werden. Jedermann wünschte den Abzug der Quälgeister. Aber erst im Spätherbst 1804 zogen sie von dannen (893 Fußlegionäre vom 2. bis 6. Oktober, 569 Reiter vom 8. bis 10. Oktober, zunächst nach Lyon), später kämpften sie in Holland.

Vielleicht waren weitaus mehr Legionäre in der Stadt, denn Spangenberg schreibt bereits kurz nach der Zeit der Fremdherrschaft in seiner Stadtbeschreibung: „Sogar in ihren Mauern wurde 1804 die sogenannte französisch-hannoversche Legion gebildet, welche am 2. October desselben Jahrs, angeblich 3000 Mann stark, nach Holland abmarschirte."[27]

Nach dem Abzug der Legionäre war Celle 14 Tage lang frei von Einquartierung. Am 27. Oktober erhielt sie in den vier Kompanien (jede zu rund 100 Mann) des 2. Husarenregiments eine neue Besatzung. Die Mannschaften bezogen das Schloss, die Pferde standen zum großen Teil in der Stadt. Die Vorstädte wurden abermals mit Einlagerung verschont und für Durchmarschierende freigelassen. Platzkommandant war noch immer Brigadegeneral Marisy. Seine Vertreter waren Asselin und Goré. Ende Juni wurde Marisy nach Lüneburg versetzt. Sein Nachfolger war Brigadegeneral Picard.[28]

---

[27] Spangenberg, wie oben, S. 66.

[28] Als seine Gemahlin im Dezember ihr Wochenbett hielt, verehrte ihr der Magistrat Geschenke im Wert von 170 Talern (Cassel, a. a. O., S. 153).

Mit dem 1. Mai 1804 trat eine Mietersteuer ins Leben, deren Erträgnisse zum Herabmindern der außergewöhnlich hohen Einquartierungskosten der Hauswirte dienten. Die eingetretene Minderung der schweren Last wurde jedoch mehr als aufgehoben, als den Hausbesitzern auferlegt wurde, vom 4. Oktober ab den bei ihnen eingelegten Soldaten volle Beköstigung zu geben. Um eine annähernd gleiche Verteilung der Einquartierung zu ermöglichen, bildete der Magistrat der Stadt Celle Ende des Jahres die „Ausgleichskasse" und erließ auch neue Vorschriften bezüglich des Einlegerwesens. Nach ihrem Wert wurden die Häuser in Klassen eingeteilt, und zwar so, dass einige 1/4, 1/2, 3/4, 1, andere 1 1/2, 2, 3, 4, 5 und 6 Mann Einquartierung zu tragen hatten. Jeder Mann wurde zu sechs Mariengroschen eingeschätzt. Wer keinen vollen Mann zu beherbergen und zu beköstigen und doch einen solchen im Quartier hatte, bekam vom Verpflegungsamt den entsprechenden Geldzuschuss, welcher von denen beschafft wurde, die von der Naturaleinquartierung frei zu sein wünschten. Bald bildeten auch die Celler Vorstädte derartige Ausgleichskassen.

Durch den Mangel und die Teuerung aller Lebensbedürfnisse infolge mehrjähriger Missernten, durch die Kriegssteuern – sie beliefen sich für Celle 1804 auf 4730 Taler –, durch das Stillliegen der gewerblichen Tätigkeit, durch die Stockung des Geldumlaufs und die Beschwerden eines langen und harten Winters wurde die Not wesentlich fühlbarer.

Napoleons Krönung zum Kaiser der Franzosen beging die Stadt Celle eine Woche später, am 9. Dezember 1804, durch Erleuchten der Rathausfenster mit Lichten in Tonleuchtern. Von einer Beteiligung des Volkes verlautete nichts.

Ein Bericht über die Einquartierung eines französischen Offiziers, den der Wathlinger Pastor Karl Gottlieb Franke damals machte, verdeutlicht, was Einquartierungslasten bedeuteten:[29]

Berechnung der durch die Einquartierung dero französischen Offiziers vom 5. Husaren=Regiment mir verursachten Kosten, gerechnet vom Tage des Einmarsches, den 20. Juli 1803, bis zum 15. August, und vom 25. August bis 10. Oktober 1803:

Für Coffe mit Milch des Morgens a 5 Gr.: 2 Rtl., 18 Gr.
Für Frühstück mit Rum oder Branntwein a 6 Gr.: 3 Rtl.
Für Mittagessen mit 1 Bouteille Wein a 24 Gr.
Für Coffe des Nachmittags mit Rum oder Branntwein a 6 Gr.: 12 Rtl.
Für Abendessen mit 1 Bouteille Wein a 18 Gr.: 3 Rtl.
Für Bier: 2 Rtl.

Die Gesamtforderung an die Gemeinde (die Geistlichen waren von Kriegslasten frei) betrug 189 Reichstaler 34 Groschen.

Die Einquartierung drückte hier und da besonders hart, was wir zum Beispiel aus einer Eintragung im Kirchenbuch für die Gemeinde Groß Eicklingen ersehen, wo ein Mädchen von drei französischen Soldaten vergewaltigt worden ist.

[29] Entnommen aus: Pröve, Heinrich, Wathlingen – Geschichte eines niedersächsischen Dorfes, Celle 1925, S. 161 f.

Am 30. Juli 1805 wurde im Celler Rathaus beschlossen, eine höhere Töchterschule (das heutige Kaiserin-Auguste-Viktoria-Gymnasium) ins Leben zu rufen.

Der Celler Chronist berichtete über die politischen Ereignisse des Jahres 1805: „Die im Monath Junius von dem französischen Kayser Napoleon bewirkte Incorporation und Vereinigung der Republik Genua mit dem französischen Reiche, erregte bei den Europäischen Mächten eine große Sensation, und man konnte voraussehen, daß dieses Unternehmen des französischen Kaysers einen neuen Land-Krieg erregen dürfte. Dazu kam, daß der wahrhaft edelmüthige russische Kayser Alexander so gern die Befreyung des Churfürstentum Hannover bewirken wollte. Man merckte schon in der Mitte des Augusts-Monaths den nahen Krieg. Am Ende des Augusts brach auch die Armee in unserm Lande auf und nahm den Marsch über Göttingen durch das Hessische. Von unserer Garnison, dem 2. Husaren Regiment sahen wir den siebenden September schon die letzten. Die Last der Einquartirung hatte nun ein Ende."

Hoffmann von Fallersleben schrieb: „Im September (1805) schien es sich für uns besser zu gestalten: die Franzosen zogen ab, und am 28. Oktober rückten Preußen in Hannover ein, die hannoversche Regierung wurde hergestellt. Als aber am 2. Dezember die Schlacht von Austerlitz für Österreich verloren ging, da gestaltete sich plötzlich alles anders."[30]

Einige Wochen nach dem Beginn des neuen Jahres, am 27. Januar 1806, rückten preußische Truppen unter dem Grafen Schulenburg-Kehnert in Hannover ein.

Mit der Gründung des Rheinbundes (Confédération du Rhin) unter dem Protektorat des französischen Kaisers Napoleon I. durch 16 süd- und südwestdeutsche Staaten am 12. Juli 1806 in Paris war auch das Ende des „Heiligen Römischen Reiches Deutscher Nation" gekommen. Am 1. August des Jahres vollzogen die Rheinbundmitglieder ihren Austritt aus dem Reichsverband. Der Kaiser von Österreich, Franz I., legte unter Druck von Napoleon I. am 6. August die deutsche Kaiserkrone nieder und erklärte das Heilige Römische Reich Deutscher Nation für erloschen.[31] Wenige Wochen später brach das Unglück über Preußen herein. In der Doppelschlacht bei Jena und Auerstedt schlugen die Franzosen am 14. Oktober 1806 vernichtend das preußisch-sächsische Heer. Nachdem das Hannoverland wieder kurze Zeit „hannoveranisch" war, wurde es nun wieder französisch.

Am 9. November 1806 leitete General Edouard Mortier mit der Besetzung Hannovers die zweite französische Okkupationszeit ein. Über den neuerlichen Einzug Mortiers in Celle verlautete in dem Bericht eines Zeitzeugen:

Er kam am 13. November mit der Avantgarde in unser Zelle, und gieng am 14. weiter nach Lüneburg und über die Elbe. Am 17. kamen 10000 Mann nach, die den 18. weiter giengen, und von der Zeit an ist unser Land wieder in Frank-

---

[30] von Fallersleben, a. a. O., S. 288 f.

[31] Über die politischen Ereignisse des Jahres 1806, insbesondere die Gründung des Reichsbundes, siehe ausführlich: Berding, Helmut, „Von der Reform zum Widerstand", Aufsatz in: DAMALS – Das aktuelle Magazin für Geschichte und Kultur, 7/2000, Stuttgart 2000, S. 26 ff. (Titelthema der Ausgabe: „Napoleon Bonaparte – Herrscher über Europa").

reichs Gewalt; und Durchzüge in kleineren Abtheilungen fallen nun täglich vor. Keine drückendere Einquartirung hat wohl unser Zelle seit dem siebenjährigen Kriege nicht gehabt, als die am 13. und 17. November. Die Truppen kamen zwar des Abends und giengen den anderen Morgen weiter. Aber schon die große Menge verursachte den härtesten Druck, und die Soldaten machten die drückendsten Praetensionen; auch das beste Essen schien ihnen nicht genug zu sein, und da sie sonst mit wenigem zu sättigen waren, wenns nur etwas lecker war, so verlangten sie diesmal nicht nur leckere Speisen, sondern auch in solchen Quantitäten, daß es jedermann zur Verwunderung gereichte. Sie verlangten, daß ihnen auf den Morgen des Abzugs Bouillon bereitet, Fleisch und Gebratenes zum Mitnehmen zurecht gemacht würde, weshalb in den Häusern fast die ganze Nacht gekocht werden mußte. (...)[32]

Jetzt, da das Kurfürstentum Hannover restlos von den Franzosen besetzt war, wurden die kaiserlichen Kassen mit hannoverschen Geldern gefüllt, die Domänen des Landes für kaiserliche Krondomänen erklärt. Napoleon I. vergab sie an seine Günstlinge, nicht etwa aus Großmut, vielmehr aus sehr nüchternen Erwägungen, um nämlich seine Minister und Generale unauflöslich an sich zu ketten.

Am 21. November 1806 verkündete Napoleon I. in Berlin das Dekret über die Kontinentalsperre.[33]

Bei aller damaligen Not wurden im Jahre 1806 im Dorfkern von Steinförde viele Höfe durch einen großen Brand zerstört und danach wieder errichtet.

In der Schlacht bei Preußisch-Eylau am 7./8. Februar 1807 verloren noch einmal 50 000 Soldaten ihr Leben. Der Ausgang war unentschieden, wohingegen die Franzosen in Friedland am 14. Juni abermals siegten. Die meisten preußischen Festungen kapitulierten und wurden schmachvoll übergeben. Der preußische König Friedrich Wilhelm III. unterzeichnete am 9. Juli 1807 den Frieden zu Tilsit, in welchem er die Hälfte seiner Länder abtreten musste; außerdem musste er an den Feind 140 Millionen Franken Kriegskosten zahlen.[34]

Der preußische Staat, der Staat Friedrichs des Großen, war wie ein Kartenhaus zusammengebrochen.

Literatur

Matthias Blazek: Das Kurfürstentum Hannover und die Jahre der Fremdherrschaft 1803-1813, ibidem-Verlag, Stuttgart 2007, ISBN 3-89821-777-9

[32] Cellesche Zeitung vom 25. März 1892, 2. Blatt.

[33] Ausführlich: Gall, Lothar (wissenschaftliche Planung und Katalog); Bußmann, Jochen; Fehrenbach, Elisabeth; Hein, Dieter; Helbich, Ulrike; Koch, Rainer; Riegel, Jörg; Scholz, Peter; Zierau, Wolfgang, (NN:) „Von der ständischen zur bürgerlichen Welt“, Kapitel in: Fragen an die Geschichte – Ideen, Kräfte, Entscheidungen von 1800 bis zur Gegenwart, Historische Ausstellung im Reichstagsgebäude in Berlin, Katalog 18. Auflage, hrsg. vom Deutschen Bundestag, Bonn 1994, S. 42.

[34] NN (nach Pertz und L. Hahn), „Deutschlands Knechtung“, Aufsatz in: Zweites Lesebuch für Volksschulen von Heinrich Friedrich Flügge, 53. Auflage, Verlag von Carl Meyer, Hannover 1898, S. 396.

05

Militäranlagen in Hannover im 19. Jahrhundert

Die niedersächsische Landeshauptstadt Hannover wurde im 12. Jahrhundert gegründet und zählt zurzeit rund 521.000 Einwohner. Als Militärstandort spielt sie heute nur noch eine Rolle durch die verbliebenen Kasernenanlagen in Hannover-Bothfeld und den Sitz der 1. Panzerdivision an der Hans-Böckler-Allee.[35]

Mitten im Dreißigjährigen Krieg, 1636, hat der Landesherr, Herzog Georg von Braunschweig und Lüneburg (lebte 1582-1641), seine Residenz nach Hannover verlegt. Mit diesem Zeitpunkt wurde Hannover Garnisonstadt.[36]

In diesem Beitrag soll ein Blick auf die Militäranlagen des 19. Jahrhunderts geworfen werden.

Militäranlagen in Hannover haben stets außerhalb der städtischen Bebauung Platz gefunden. Auf einem Plan der Königlich Churfürstlichen Residenz-Stadt Hannover aus dem Jahr 1800 findet sich lediglich eine einzige „Caserne", die, weitab nordwestlich (in der Calenberger Neustadt) gelegen, direkt an den 1646 bis 1876 betriebenen Neustädter Kirchhof grenzte. Es handelt sich dabei um die Kaserne am Königsworther Platz, die im Jahre 1770 die Hannoversche Garde du Corps beherbergte und später die Königs-Ulanen. Im Innenbereich der Altstadt finden sich auf dem Plan, der nach dem Abriss der Befestigungsanlagen 1780 bis 1800 entstanden ist, lediglich die Garnisonkirche, ein Militärhospital und ein „Artillerie Schoppen".

Ein tüchtiger Musiker, der die Ventiltrompete mit Fertigkeit bläst, kann eine vortheilhafte Anstellung in der Königl. Hannöverschen Garde du Corps finden. Anträge unter Vorlegung desfallsiger Zeugnisse erbittet sich in frankirten Briefen

A. Krollmann,
Musikdirector der Garde du Corps in Hannover.

Abb. 5: Hinweis auf die Garde du Corps in Hannover. Allgemeine musikalische Zeitung, Nr. 29/Juli 1837, S. 479, Leipzig 1837

Drei Jahre später, 1803, kamen die Franzosen ins Land und lebten dort am Ende zehn Jahre lang in Saus und Braus.[37]

---

[35] Über die politische und wirtschaftliche Entwicklung Hannovers in den ersten Jahrhunderten vgl. Busch, Siegfried, Hannover, Wolfenbüttel und Celle – Stadtgründungen und Stadterweiterungen in drei welfischen Residenzen vom 16. bis zum 18. Jahrhundert, Quellen und Darstellungen zur Geschichte Niedersachsens, Band 75, Hildesheim 1969, S. 15 ff.

[36] Siedentopf, Paul, Beiträge zur geschichtlichen Entwicklung der Stadt der Stadt Hannover 1926, S. 16.

[37] Vgl. Busche, Henning; Imhoff, Holger, „Hannover in der französischen Okkupationszeit von 1807 bis 1813 - Zwischen Widerstand und Okkupation", in: Mussmann, Olaf (Hrsg.), Leben abseits der Front – Hannoverscher Alltag in kriegerischen Zeiten, Hannover 1992, S. 57 ff.

Nach den Jahren der Fremdherrschaft erfuhr Hannover einen regelrechten Bevölkerungsboom. Lebten 1811 erst 16816 Menschen in der Stadt, so waren es 1861 bereits 60120.[38]

Die Waterloosäule, eine 46,31 Meter hohe, in den Jahren von 1825 bis 1832 nach einem Entwurf des Architekten Georg Ludwig Friedrich Laves (1788-1864) errichtete Siegessäule, vermittelt bereits einen ersten Eindruck der zukünftigen militärischen Herrlichkeit. So heißt es in der „Zeitung für die elegante Welt" (Leipzig 1837) auf Seite 168: „Seit einigen Jahren hat sich die Gegend verändert. Aus der kleinen Esplanade ist ein weiter Waterlooplatz geworden, von fast endlosen Linden-Alleen umkränzt, auf dem sich die 140 Fuß hohe Waterloosäule mit ihrer Victoria erhebt, und wo an 20000 Soldaten sich aufstellen können."

Mit der Anlage des Waterlooplatzes Anfang des 19. Jahrhunderts entstand an seinen Seiten eine Reihe von Militärbauten. Eine ähnlich militärisch bedingte Entstehungsweise ist in Hannover beim Welfenplatz und dem Königsworther Platz der Fall. Unmittelbar am Waterlooplatz standen an der Nord-West-Seite die Infanteriekasernen 2 und 3, anfangs als Gardejäger- und Gardegrenadier-Kasernen bezeichnet. Gegenüber an der Süd-Ostseite lagen die Infanteriekaserne 1, die spätere Hindenburgkaserne und das Hauptzeughaus, das spätere Artilleriedepot. Seit der Entstehungszeit bis ins 20. Jahrhundert waren unmittelbar am Platz etwa 1100 Infanteristen stationiert. Im weiteren Umfeld des Platzes lagen etwa 25 Militäreinrichtungen, wie Lazarett, Arresthaus, Bekleidungskammer und repräsentative Dienstwohnungen von Offizieren und Kommandeuren.[39]

Der Geograph, Redakteur und Pädagoge Heinrich Daniel Andreas Sonne (1780-1832) schreibt 1834 in seiner Topographie des Königreichs Hannover (Seite 346): „Auch trägt das Militär zum Glänze der Stadt bei. Hier ist der Stab des Artillerie- und Ingenieur-Korps und das Stabsquartier des ersten oder Garde-Husaren-, des Garde-Jäger- und des Garde-Grenadier-Regiments. Das erste Bataillon Artillerie, das Stabsquartier des Landdragoner-Korps und der erste Distrikt der ersten Kompagnie der Landdragoner unter einem Rittmeister, Bureau Markt Nr. 501, die General-Stabs-Akademie Leine-Straße Nr. 868, die Artillerie- und Ingenieur-Schule bei dem Kalenberger-Thore und die Direktion des Officier-Witwen-Instituts, Schmiede-Straße Nr. 34. Der gewöhnliche Exerzier-Platz ist die Esplanade, wohin die schöne Feldmusik der Garde-Korps täglich eine große Zahl von Zuhörern lockt. Viele Offiziere beziehen noch den half-pay der englischen Legion; ein Vereinigungspunkt derselben ist die sogenannte Meß, eine gemeinschaftliche Speiseanstalt."

1857 begann der Bau von drei Kasernen an der Nordseite des 200 mal 300 Meter großen Welfenplatzes für Soldaten des Königreichs Hannover.

---

[38] Einwohnerentwicklung von Hannover, Wikipedia – die freie Enzyklopädie.

[39] Waterlooplatz, Wikipedia – die freie Enzyklopädie. Vgl. Gebhardt, Günter, Militärwesen, Wirtschaft und Verkehr in der Mitte des Kurfürstentums und Königreichs Hannover 1692-1866, Studien zur niedersächsischen Landesgeschichte, Band 1, Stuttgart 2010, S. 35 ff.

Nach der Annexion des Königreichs Hannover durch Preußen 1866 wurde eine Anlage am Königsworther Platz, die 1736 als landesherrlicher Maultierstall gedient hatte und wo nach dem Siebenjährigen Krieg (1756-1763) das Regiment „Garde du Corps" stationiert gewesen war, zur Ulanen-Kaserne, in der das Königs-Ulanen-Regiment Nr. 13 stationiert war. Bei den Luftangriffen auf Hannover während des Zweiten Weltkriegs wurde die Kasernenanlage zerstört.

Abb. 6: Portrait eines jungen Soldaten im 1. Hannoverschen Infanterie-Regiment 74, Hannover 1878

Eine genaue Übersicht über die Militärbauten Hannovers gegen Ende des 19. Jahrhunderts liefert der vom Architekten- und Ingenieur-Verein zu Hannover 1882 herausgegebene „Führer durch die Stadt und ihre Bauten".[40]

Neun Gebäude werden dort aktuell vorgestellt und mit ihrer genauen Lage in einem beigefügten Stadtplan versehen.

Königliches Zeughaus, Waterlooplatz 6, erbaut 1849 nach Entwürfen des Architekten Christoph Conrad Stremme (1806-1877) unter Leitung des Militär-Bauinspektors Ernst Ebeling (1804-1851)[41]: „Kastellartiger Sandstein- und

[40] Hannover – Führer durch die Stadt und ihre Bauten, Festschrift zur fünften General-Versammlung des Verbandes Deutscher Architekten- und Ingenieur-Vereine, hrsg. vom Architekten- und Ingenieur-Verein zu Hannover, redigiert von Theodor Unger (Architekt), Hannover 1882, S. 14 f.

[41] Über Ernst Ebeling lies ausführlich: Böttcher, Dirk; Mlynek, Klaus; Röhrbein, Waldemar R.; Thielen, Hugo, Hannoversches Biographisches Lexikon – Von den Anfängen bis in die Gegenwart, Hannover 2002, S. 102.

Putzbau in florentinischen Architekturformen mit Zinnen. Daneben ältere *Kasernen, Artilleriedepots* und *Kriegsschule* (bis 1866 Kadettenanstalt)."

Neue Hauptwache, Marktstr. 58, errichtet 1840-42 nach Entwürfen von Stadtbaumeister August Heinrich Andreae (1804-1846), erweitert von Architekt Ferdinand Wallbrecht (1841-1905) 1882: „Romanischer zweithoriger Bau in rothen Backsteinen mit Sandstein und Majoliken-Fries, jetzt zu Passage und Wohnungen umgebaut."

Königliches Militärkrankenhaus, Adolfstr. 8 und 9, begonnen 1846 unter Leitung des Militär-Bauinspektors Ernst Ebeling, ausgeführt 1852-1856 vom Geheimen Regierungsrat bei der Landdrostei in Hannover Hermann Hunaeus (1812-1893), erweitert durch letzteren 1859 und beschrieben in der Zeitschrift des Architekten- und Ingenieur-Vereins 1859, S. 21, 24 (mit Abbildungen): „Langgestreckter Backsteinbau, roth mit weißem Sandstein in romanischer Architektur, mit Krankenzimmern von 10, 5 und 4 Betten. Gegenüber das *Hülfskrankenhaus*, ursprünglich Bekleidungsmagazin."

Über das Militärkrankenhaus verlautet 1864 im Feuilleton der Berliner klinischen Wochenschrift (Auszug):

Das Militair-Krankenhaus in Hannover an der Stadtgränze, frei gelegen und hinreichend gross, um 200 und im Nothfalle auch 300 Kranke aufzunehmen, während in der zweiten Augusthälfte nur 95 Kranke sich hier fanden, dürfte unter den Militairhospitälern Deutsehlands mit in erste Linie zu stellen sein. (...) Unter den Casernen in Hannover zeichnet sich die Caserne des 6. Regiments gleich dem Militairhospital dadurch höchst vorteilhaft aus, dass hier allen hygienischen Anforderungen in einem seltenen Grade Genüge geschehen ist. Die Säle zur Aufnahme der Soldaten sind hell, freundlich, geräumig, trocken und nicht überlegt, wie dies leider in den Casernen anderer Staaten angetroffen wird, wo man den Tag über zwei Bettstellen mit Inhalt aufeinanderstellt, um den Fussboden reinigen zu können."

Königliche Welfen-Kasernen, Welfenplatz 1-4, für deren Bau (1858-60) Geheimrat Jüngst verantwortlich zeichnete [beschrieben in der Zeitschrift des Architekten- und Ingenieur-Vereins 1865, S. 467 (mit Abbildungen)]. „Dreitheiliger, imposanter, romanischer Bau von rothen Backsteinen und wenig weißen Sandsteinen. Pro Mann 7,5 cbm Wohn- und 12,5 cbm Schlafraum. Exerzierhaus von 29,2 m Br. und 58,4 m L. mit freier eiserner Dachkonstruktion."

Königliche Bult-Kaserne, Seelhorst 15, gebaut 1876-78 unter Federführung von Intendantur- und Baurat Schuster und Garnison-Bauinspektor Habbe: „Rother Backsteinbau mit Glasuren und weißem Sandstein in theils spätgothischen Formen."[42]

[42] Vgl. Breyding, Emil (Bearb.); Kortzfleisch, Oskar von (Bearb.): Geschichte des Fusilier-Regiments General-Feldmarschall Prinz Albrecht von Preußen (Hannoversches) Nr. 73 1866-1891, Berlin 1891.

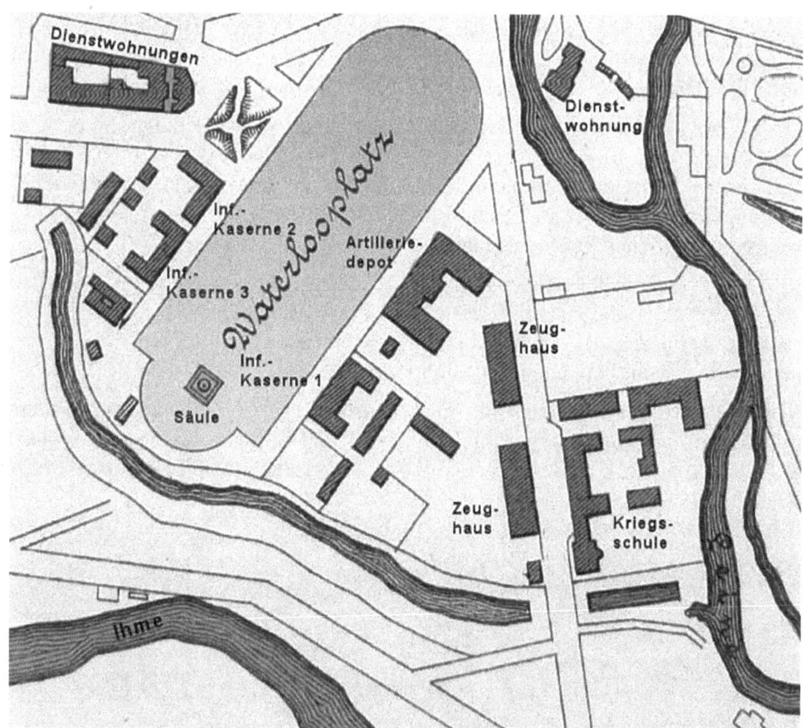

Abb. 7: Umgearbeitete Grafik aus: Beschreibung der Garnison Hannover vom Standpunkt des Gesundheitswesens, Hrsg.: Medizinalbehörde des Königlich Preußischen Kriegsministeriums, Berlin 1896

Königliches Militär-Reitinstitut, Vor Vahrenwald 24, gebaut 1875-76 unter Federführung von Intendantur- und Baurat Schuster und Architekt Ferdinand Wallbrecht und beschrieben in der Zeitschrift des Architekten- und Ingenieur-Vereins 1878, S. 309 (mit Abbildungen): „Dienstwohnungsgebäude, Offizier-Speiseanstalt, 6 Reitbahnen, Kasernen, Stallungen (für 400 Pferde), in rothem Backstein und Nesselberger Sandstein. Einfache, aber gute Renaissance. Platz 63837 qm, Platz- und Baukosten 2521288 M." Das Königlich-Preußische Militär-Reitinstitut befand sich auf einem Gelände in einem damals noch unbebauten Umfeld zwischen der später so benannten Dragoner- und der Husarenstraße bis hin zur Vahrenwalder Straße und war die Reitschule für Deutschlands reiterliche Elite. Nur die talentiertesten Offiziere wurden ausgewählt, um dort zwei Jahre lang ausgebildet zu werden. Zwei Nebengebäude sind noch erhalten, darunter die Königliche Reithalle.[43]

Königliches Proviantamt, Misburgerdamm 12D, gebaut (1872) 1875-77 unter Federführung von Intendantur- und Baurat Schuster und Garnison-Bauinspektor Habbe und beschrieben in der Zeitschrift des Architekten- und Ingenieur-

[43] Vgl. Willer, Horst, Reiterstadt Hannover – Historischer Rückblick, Publikation des Reitervereins Hannover e.V. (RVH), undatiert: *www.rv-hannover.de.*

Vereins 1879, S. 315: „Fourage-Magazine und Feldbäckerei des X. Armeekorps. Backöfen liefern 550 Bröde à 3 kg per Tag und Ofen. Äußeres rothe Backsteine und Glasuren."

Dieses Proviantamt war über das Militärische hinaus von Bedeutung. So erklärte die Bezugs- und Absatzgenossenschaft zu Burgdorf bei Celle in ihrem Statut: „Es werden daher die vom Königl. Proviantamt in Hannover aufgestellten Bedingungen als massgebend für die Beschaffenheit der zum Absatz kommenden landwirtschaftlichen Produkte angesehen."[44]

Königliche Intendantur, Calenbergerstr. 1, gebaut 1876-78 unter Federführung von Intendantur- und Baurat Schuster und Garnison-Bauinspektor Habbe: „Gemischter gothischer Bau in Greppiner Backsteinen und Nesselberger Sandstein, mit Thurm-Ausbildung einer Ecke und Portal mit Erker und Balkon."

Königliche Militär-Waschanstalt, Gneisenaustraße, gebaut 1879-81 unter Federführung von Intendantur- und Baurat Schuster und Garnison-Bauinspektor Habbe und beschrieben in der Zeitschrift des Architekten- und Ingenieur-Vereins 1882, S. 158: „Backsteinbau."

Abb. 8: Kaserne auf der Kleinen Bult, Feldpost von 1917

Literatur

Ralf Pröve: Stehendes Heer und städtische Gesellschaft im 18. Jahrhundert. Schriftenreihe des Militärgeschichtlichen Forschungsamtes, München 1995

44 Raulf, Franz, Kapitalismus und Genossenschaftswesen im deutschen Getreidehandel, Inaugural-Dissertation, Münster i. W. 1905, S. 19.

Einrichtungen und Gebäude in und um Hannover

06

Die Geschichte des Regierungsdienstgebäudes am Leibnizufer

Das Niedersächsische Ministerium für Wissenschaft und Kultur befindet sich im Gebäude Leibnizufer 9 in Hannover. Dort war bis 1968 die aus der Landdrostei Hannover hervorgegangene Bezirksregierung Hannover untergebracht.

Die Geschichte des Regierungsdienstgebäudes am Leibnizufer geht auf das Jahr 1813 zurück, als die oberste Landesbehörde in das ehemals dem Geheime Rat und Oberstallmeister in Hannover Christian Friedrich von Harling (1631-1724) gehörende Haus am Neustädter Steinwege/Calenberger Straße 29 verlegt wurde. Dieses Gebäude, um 1800 von der kurfürstlichen Regierung zur Unterbringung der Lehranstalt „Georgianum“ erworben, erwies sich bald als zu klein.[45]

Ab 1820 wurden daher nach und nach die westwärts davon und rückwärts bis an die Straße Am Archive gelegenen privaten Wohngrundstücke von der Staatsregierung erworben, so das herrschaftliche Haus (der Osnabrücker Hof) auf der Ecke zwischen Calenberger und Archivstraße, das zuletzt der Direktor des Königlich-Kurfürstlichen Georgianums, Hofrat Johann Georg Heinrich Feder (1740-1821), bewohnt hatte, für die Wegebaukommission; die beiden daran anstoßenden Nachbarhäuser an der Archivstraße für die 1823 geschaffene Königliche Großbritannisch-Hannoversche Landdrostei[46] und das zurückliegende, um 1730 erbaute, ehemals Patjesche Wohnhaus, für das Finanzministerium.

Die per Edikt, die Bildung der künftigen Staats-Verwaltung in dem Königreich Hannover, vom 12. Oktober 1822 geschaffene Landdrostei hielt montags, dienstags, donnerstags und freitags Vormittags ihre Sitzungen in dem an der Calenbergerstraße 228 befindlichen Nebenhaus des Ministerialgebäudes.

Erster Landdrost wurde der Kriegsrat Ernst Georg Ludwig von Campe (1781-1829). Ihm standen die Regierungsräte Rudolph Wilhelm Rumann, Friedrich Wilhelm von Dachenhausen und Georg Wilhelm Meyer sowie Sekretarien, *Registratur und Canzley* zur Seite.

Im August 1827 wurde das Landdrosteigebäude bewappnet. Das Königliche Oberhofbau-Departement zu Hannover hatte der Landdrostei in seiner Ankündigung vom 31. Juli 1827 vorsorglich mitgeteilt: „Es soll dafür gesorgt werden daß so wenig als möglich dadurch Störung in den Geschäften veranlaßt wird.“[47]

Mit Schreiben vom 28. April 1831 wandte sich die Landdrostei an das Königliche Oberhofbau- und Garten-Departement. Die Räume bekamen zu wenig Licht:

---

[45] Regierungspräsident Hannover (Hrsg.), In neuen Räumen: Die Regierung in Hannover – Ein paar Worte auf losen Blättern zum Einzug in das neue Regierungsgebäude Am Waterlooplatz 11 Oktober/November 1968, Hannover 1968, S. 4.

[46] Die Landdrostei Hannover wurde geschaffen.

[47] Nds. HptStA Hann. 80 I A Nr. 20.

In Unserm späteren Canzlei-Zimmer, welches sich in dem niedrigeren Nebengebäude befindet, gegen die beiden auf der Straßenseite befindlichen Fenster für die in diesem Zimmer aufgestellten 5 Schreibtische, besonders im Winter bei dunkelerem Wetter, nicht hinreichendes Licht. Diesem Übelstande kann leicht und mit geringen Kosten dadurch abgeholfen werden, daß in der entgegengesetzten Wand nach dem Hofe zu, noch ein neues Fenster angelegt wird. Das Kngl. Ober-Hof-Bau- und Garten-Departement ersuchen wir deshalb ergebenst, diese kleine Bau-Veränderung baldgeneigtest bewerkstelligen zu lassen.

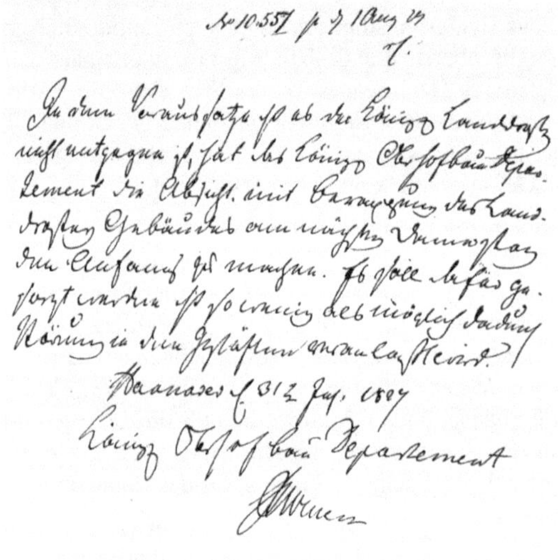

Abb. 9: „Es soll dafür gesorgt werden daß so wenig als möglich dadurch Störung in den Geschäften veranlaßt wird."

Das Königliche Oberhofbau- und Garten-Departement wurde zum 1. November 1831 aufgelöst. Die bis dahin unter ihrer Aufsicht gestandenen öffentlichen Gebäude und Bauwerke wurden, soweit sie nicht zu den Königlichen Schlössern und Gärten gehörten, der Königlichen Domänenkammer überwiesen. Diese erließ am 28. November 1831 ein Reskript nebst Baureglement, wonach die Verzeichnisse der jährlich vorkommenden Reparaturen an den herrschaftlichen Häusern „nicht später als am Ende Octobers" dem betreffenden Baubedienten zugestellt werden sollten. Gleichzeitig übertrug sie dem Hofbaurat Christian Ludewig Witting die erforderlichen Arbeiten im Landdrosteigebäude und an dem „Gefangenhaus" am Clevertor.

Die Königliche Domänenkammer verlangte eine klare Trennung der Zuständigkeiten für die Gebäude auf dem Gebiete der Residenzstadt. Am 9. Januar 1832 wurde dem Baubeamten Witting durch das Baudepartement (Abteilung der Königlichen Domänenkammer) mitgeteilt:

Wir haben durch den Bericht vom 30sten *v. M. und J. und dessen Anlagen eine nähere Nachweisung darüber aufstellen können:*
1[stens] *welche Strecken an Steinpflaster;*
2[tens] *welche Theile der Wasserleitung von Linden her und*
3[tens] *welche Leuchten mit Gasflammen als eine Zubehörung der Uns, nach erfolgter Aufhebung des Königlichen Oberhofbau= und Garten=Departements, in und vor hiesiger Residenz=Stadt überwiesenen Gebäude und Bauwerke zu betrachten sein würden und wenn das Original=Document der Vereinbarung mit dem hiesigen Magistrate vom 26*[sten] *August 1825 wegen des Steinpflasters pp und vom 2*[ten] *Aug. 1825 wegen der Wasserleitung mit dem Ministerial=Rescripte vom 16*[ten] *März 1825 wegen des Steinpflasters welchem Rescripte eine Abschrift des von dem Hofbaurathe unterm 28*[sten] *November 1824 aufgenommenen Verzeichnisses, nicht aber das Protocoll vom 9*[ten] *Januar 1822 beigefügt befunden worden, ad acta behalten ist; so lassen Wir jedoch eine Copei davon zur Official=Registratur des Hofbauraths hieneben erfolgen.*
Ad 1. zu dem Uns überwiesenen Steinpflaster ist zu rechnen:

Innerhalb der Stadt.

a) das Trottoir vor dem Ministerial=Gebäude bis zur Ecke des vormaligen Federschen Hauses mit dem Straßen=Pflaster vor ersterem in so weit dieses von der Axe der neuen Straße an bis zur Axe der untern Brandstraße, zwischen beiden Gassen auf der Calenberger Straße nicht vom Magistrate unterhalten werden muß und nicht zur Auffahrt der Brücke über den Leine=Arm am Ministerial=Gebäude gehöret;
b) in der Archiv=Straße das Trottoir vor dem vormal. Federschen Hause und den Gebäuden der Königlichen Landdrostei mit einem Canal und dem Steinpflaster bis an den Mittelrücken;
c) das Trottoir an der östlichen Seite des Archivgebäudes mit dem Steinpflaster um selbiges nebst Canal, das Steinpflaster bis vor der ersten Brandstraße vorüber, (...)

Ad 2. von der Wasserleitung, hat die Domanial=Verwaltung nur zu übernehmen, die Leitung vom städtischen Bassin=Brunnen auf dem Neustädter Markte unter der Archiv=Straße hinweg bis zum Wasserpfosten auf dem vormal. Federschen, jetzigen Landdrostei=Hofe. Die übrigen Strecken in so weit selbige nicht dem Magistrate angehören, würden dem Königlichen Ober=Hof=Marschall=Amte und etwa auch für den betreffenden Antheil dem Königlichen General=Post=Directorio zufallen.
Ad 3. von den Leuchten mit Gasflamme sind von Uns zu übernehmen
1 vor der Münze
3 am Archiv=Gebäude
1 am Landdrostei=Gebäude
1 vor dem Justiz=Canzley=Gebäude, (...)

Aufgrund einer Eingabe der Königlichen Domänenkammer teilte das Königliche Großbritannisch-Hannoversche Finanzministerium der Landdrostei mit Schreiben vom 6. Juli 1832 mit, dass die 3 Taler 16 Gutegroschen, welche bislang aus dem Etat des Oberhofbau- und Garten-Departements für das Putzen der Fenster genommen waren, nunmehr „zur Bestreitung der Bureaukosten“ zu Disposition gestellt würden.

Was die Unterhaltung der Leuchte am Landdrosteigebäude mit Gasflamme anging, berichtete die Rentei des Amts Hannover mit Schreiben vom 24. Juli 1833, dass sie hierfür für das Jahr 1. Juli 1832/1833 insgesamt zwölf Taler in Gold an die *Continental-Gas-Compagnie* gezahlt hätte, welche aus dem Administrations-Fonds der Landdrostei erstattet werden sollten.[48]

Die vorwiegend aus Einzelwohngebäuden hervorgegangenen Verwaltungsgebäude entsprachen jedoch nicht den Bedürfnissen der Verwaltung. Im Jahre 1837 tauchte, vermutlich ausgelöst durch die Thronbesteigung von Ernst August (Nach Wilhelm's IV. von Großbritannien Tod am 29. Juni 1837), der Plan für großzügige Ministeriumsneubauten auf. Im gleichen Jahr wurde der Neubau des Dikasteriengebäudes[49] begonnen. Dagegen musste das sehr reizvolle, ehemals v. Iltensche, zuletzt v. Wagenheimsche Wohnhaus, das 1836 vom Staate angekauft war, dem Neubau des Südflügels weichen, der zunächst in Angriff genommen und 1845 vollendet wurde. Hier fanden die hannoversche Domanial- und Forstverwaltung sowie die Generaldirektion des Wasserbaues und ein Teil des Finanzministeriums ihre Unterkunft. Der einige Jahre später fertig gewordene südwestliche Eckpavillon wurde dem hannoverschen Ministerium der auswärtigen Angelegenheiten übergeben. Architekt der heutigen Vierflügelanlage war der Gaertner-Schüler Kriegsbaurat Hermann Hunaeus (1812-1893). Dieser Bau gilt als der erste in Hannover im Rundbogenstil.

Wegen Raummangels begann man im Jahre 1846 mit der Einrichtung des vormals Samsonschen, nunmehr herrschaftlichen Hauses neben dem Klosterkammergebäude an der Kleinen Brandstraße, zum Geschäftslokal der Landdrostei. Die erst spät vorgenommene Einrichtung des Registratur-Raums im ehemaligen Pferdestall zog eine Verzögerung der Verlegung bis zum Juni 1847 nach sich.[50]

Die Fortführung des Baues des Dikasteriengebäudes geschah erst in den Jahren 1862 bis 1867 und betraf den anschließenden westlichen Flügel an der Archivstraße. Der nördliche Flügel des Regierungsgebäudes an der Calenberger Straße wurde in den Jahren 1876 bis 1879, ebenfalls mit einer Natursteinfassade, erbaut; ihm fiel 1874 das alte Georgianum zum Opfer.[51]

Literatur

Matthias Blazek: Von der Landdrostey zur Bezirksregierung – Die Geschichte der Bezirksregierung Hannover im Spiegel der Verwaltungsreformen, Stuttgart 2004, ISBN 3-89821-357-9

[48] Nds. HptStA Hann. 80 I A Nr. 21 (*Reglement über das Bauwesen der den Landesbehörden angehörigen Gebäude und Bauwerke, in specie: Bau=Mängel p. des Landdrostei= Gebäudes betr. Erleuchtung desselben*).

[49] Dikasterium = Richterkollegium (bis 1866).

[50] Nds. HptStA Hann. 80 I A Nr. 22. In der Akte findet sich der Hinweis, dass der Pedell H. G. Hanekopf für die Heizung und Reinhaltung der Geschäftslokale der Landdrostei (1868 ff.) 80 Taler im Jahr erhielt.

[51] Nöldeke, Arnold, Kunstdenkmälerinventare Niedersachsens, Band 17: Die Kunstdenkmale der Stadt Hannover, 1. Teil (Denkmäler des „alten“ Stadtgebietes Hannover), H. Th. Wenner, Osnabrück 1979, S. 372.

07

Am Clevertor in Hannover: „Gefangenhaus“ und „Roß-Arzney-Schule“

Im Jahr 1650 wurde das Clevertor am Nordrand der Langen Straße in Hannover errichtet. Man nannte es zunächst „Brühler Tor“, widmete es aber dann um, als der Bäcker Heinrich Cleve das Alter von 100 Jahren überschritt. 1780 wurde das Tor abgebrochen und im Jahr darauf auf der anderen Seite der Leine wieder aufgebaut (heute Arbeitsamt). Das Giebeldreieck der zugehörigen Clevertorwache von 1790, 1885 abgebrochen, befindet sich heute im Eingangsbereich des Arbeitsamts. Das Clevertor wurde 1859 endgültig abgerissen.

Im Stadtarchiv Hannover befindet sich noch eine Mappe mit dem Titel „Situation des Cleverthores vor der Demolition“ (Mappe VII. 23). Wilhelm Lohmann schreibt in seinem „Geschichts-Abriß und topographisches Gemälde der königlichen Haupt- und Residenz-Stadt Hannover“:[52]

Das Clever Thor, in ältern Zeiten Brueler Thor genannt, weil es nach dem sogenannten Bruel führte, erhielt seinen jetzigen Namen von einem sehr alten reichen Bäcker, Namens Cleve, der an demselben wohnte und wurde da, wo es jetzt steht, im J. 1650 errichtet. In neuern Zeiten, nach Entfestigung der Stadt, wurde außer der schönen massiven statt der vorherigen Aufzugs-Brücke, auch die schöne neue Wache i. J. 1791. hier erbauet. – Aus diesem Thore geht die Hauptpassage nach Herrenhausen und über Neustadt und Nienburg nach Osnabrück und den übrigen westphäl. Provinzen, wie auch nach Bremen.

„Brühler Thor führete nach dem vor der Stadt belegenen Brühl, welches einen wüste liegenden Ort bezeichnet; jetzt Cleverthor, also benannt von einem daselbst wohnhaft gewesenen Bäcker, Namens Heinrich Cleve, welcher über 100 Jahre alt geworden“, wusste zuvor der Kommandeur der westfälischen Krone Christian Ludwig Albrecht Patje 1817 zu berichten.[53]

Mit 26 Schülern begann der Oberhofrossarzt Johann Adam Kersting (1727-1784) im Sommer 1778 in einem ungenutzten Gebäude einer Militärbäckerei am Clevertor den Unterricht an der „Roß-Arzney-Schule“ (der heutigen Tierärztlichen Hochschule Hannover). Aus der Zeit um 1830 datiert eine kolorierte Lithographie von Fr. Aug. Schmidt, die das Militärlazarett vor dem Clevertor zeigt. Sie ist abgedruckt in den Hannoverschen Geschichtsblättern Neue Folge, Band 13/1960.

---

[52] Lohmann, Wilhelm, Geschichts-Abriß und topographisches Gemälde der königlichen Haupt- und Residenz-Stadt Hannover oder: Kurzgefasste Übersicht und Beschreibung der historischen und Local-Merkwürdigkeiten, wie auch der örtlichen Umgebungen und Schilderung ihres sittlichen und Culturzustandes, Hannover, im Verlage der Helwingschen Hof-Buchhandlung, 1818, S. 66.

[53] Patje, Christian Ludwig Albrecht, Wie war Hannover? Oder: Fragmente von dem vormaligen Zustande der Residenz-Stadt Hannover, Hannover, bei den Gebrüdern Hahn, 1817, S. 93.

Das Clevertorgefängnis wurde in den Jahren 1735 bis 1739 vom Architekten Johann Paul Heumann (1703-1759) erbaut und bis 1884 genutzt. Seinen Namen hatte es wegen der Nähe zum Clevertor. Das Gefängnis hatte Raum für 63 Männer und 39 Frauen. Es bestand aus drei Etagen, „von denen die untere die Gefängnisse für schwerere, die mittlere die für leichtere, und die obere die für Staatsgefangene enthält". Von den drei Zellen für Strafgefangene wurden vor 1848 mangels Bedarf zwei als Schreibstube und Rumpelkammer genutzt.

Prominente Inhaftierte waren Oberjägermeister v. Moltke, dessen Fluchtversuch missglückte, der Advokat Friedrich Weinhagen aus Hildesheim (drei Monate Untersuchungshaft), der Schauspiel-Directeur Gustav Friedrich Wilhelm Großmann und der Hamburgische Schriftsteller J. H. Chr. Gittermann, der am 7. März 1852 von Bremen zum „Gefangenhaus am Clever Thor" verlegt und dort für acht Wochen inhaftiert wurde.[54]

Bereits der Schriftsteller Heinrich Christian Boie und Luise Mejer sprachen in ihrem bekannten Briefwechsel der Jahre 1777-85 von dem hannoverschen Gefängnis, das am Clevertor lag.

1799 wurde im Clevertorgefängnis jemand vor Zuschauern gefoltert.

Mittels Fallschwert wurde dort der Dienstknecht Friedrich August Dieckröger am 14. Oktober 1862 vom Leben zum Tode gebracht. Damals lautete die genaue Bezeichnung „Clevertor-Gefangenhaus".[55]

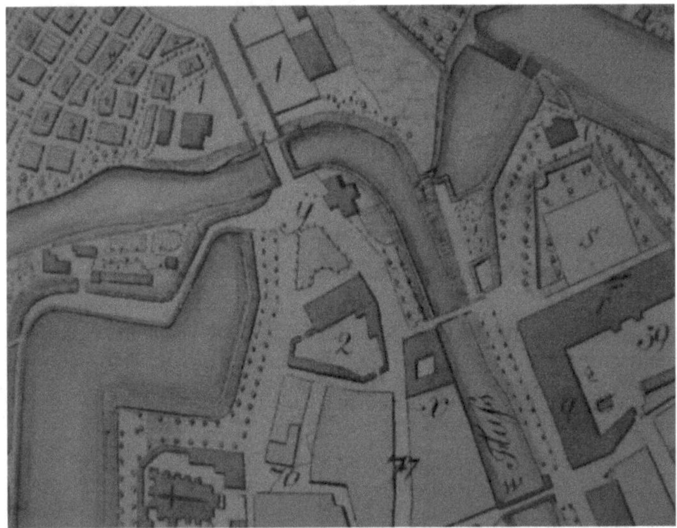

Abb. 10: Das Gefangenhaus (x) und die Cleverthor-Wache (y) auf dem „Plan der Königlich Churfürstlichen Residenz-Stadt Hannover" aus dem Jahre 1800. Foto: Blazek

[54] Schröder, Hans, Lexikon der Hamburgischen Schriftsteller bis zur Gegenwart, 1854, S. 500.

[55] Stadtarchiv Celle L10 831.

08

Aus der Geschichte des Celler Zuchthauses

„Das mit öffentlichen Mitteln 1714—1734, anfangs auch für Irre, errichtete Zuchthaus ist eine sehr geschickt — nach französischen Vorbildern — durchgeführte Anlage“, schreibt 1930 Victor Curt Habicht über die Haftanstalt an der Trift in Celle.[56]

Vor der Einrichtung des Celler Zuchthauses gab es in den später hannoverschen Territorien lediglich in der Stadt Lüneburg ein Zuchthaus, das jedoch aus verschiedenen Gründen für den Strafvollzug kaum eine Rolle spielte.[57]

Die heutige Strafanstalt in Celle diente ursprünglich nicht nur als Zuchthaus zur polizeilichen Verwahrung, sondern war bis 1824 zugleich Irrenhaus.

„Das einem Schlosse nicht unähnliche maßive Zuchthaus an der Trift ist erst im Jahr 1714 zu bauen angefangen“, schreibt der *Zellische Lycei Rector* Johann Heinrich Steffens (1711-1784) in seinen „Historischen und diplomatischen Abhandlungen in Briefen“ 1763 (S. 91).

Der Bau erfolgte bis 1731 auf Kosten der Stände von Calenberg, Grubenhagen, Lüneburg und Hoya und unter der Leitung von Johann Casper Borchmann, seit 1696 Oberbaumeister des Herzogs Georg Wilhelm. Die Baukosten beliefen sich auf 180 000 Taler.[58]

Zu dieser Zeit lag die Strafanstalt noch etwa einen Kilometer außerhalb der Stadt Celle, in der Westceller Vorstadt. Sie entstand unter der Bezeichnung „Werck-, Zucht- und Tollhaus“ und wurde am 23. Dezember 1732 mit 650 Zellen ihrer offiziellen Bestimmung übergeben.

Die Strafanstalt wurde mit dem Leitgedanken gegründet, die Gefangenen nicht mehr ihrem Schicksal zu überlassen, sondern zu erziehen. Es gab sowohl die Prügelstrafe als auch einen Gebetsplan, der penibel eingehalten werden musste. Innerhalb der Anlage befand sich eine Anstaltskirche.

Aus einem Zeitungsbericht aus dem Jahre 1914:

Vor 200 Jahren, im Jahre 1714, wurde mit dem Bau des Zucht= und Irrenhauses in Celle begonnen. Der Bau ging auf Kosten der Kalenberg-Grubenhagischen, Lüneburgischen und Hoyaischen Landschaft vor sich, dauerte bis 1731 und kostete 180000 Taler. Die Anstalt war zunächst Straf= und Irrenanstalt zusammen, später wurde letztere abgezweigt und in das Michaeliskloster in Hildesheim verlegt. Im Hause konnten damals 460 Sträflinge untergebracht werden: vorzugsweise waren es Frauen; die Männer, die zu Zuchthausstrafen verurteilt waren, kamen zum größten Teile nach Lüneburg in die „Karre“ und nur dann nach Celle, wenn ihnen die Karrenstrafe zu schwer war. Alle Sträflinge,

[56] Habicht, Victor Curt, Celle und Wienhausen, Deutscher Kunstverlag, Berlin 1930, S. 23.

[57] Krause, Strafrechtspflege, S. 44 (Fußnote).

[58] Heinemann, Otto von, Das Königreich Hannover und das Herzogthum Braunschweig, dargestellt in malerischen Original-Ansichten, Darmstadt 1858, S. 563.

auch die männlichen, wurden mit Spinnen von Flachs, Hede und Wolle beschäftigt. Drei sog. Spinnmütter, die zum Personal der Anstalt gehörten, hatten auf genaues Haspeln und richtiges Spinnen zu achten. Der Erlös aus dieser Arbeit floß in die Anstaltskasse. Andere Arbeiten, mit denen man eine zeitlang Versuche machte, wurden als nicht so vorteilhaft wieder aufgegeben. – Das Essen bestand gewöhnlich aus Gemüsesuppen, zweimal in der Woche gab es je ein Viertel Pfund Fleisch. Dazu gab es täglich ein gutes Pfund Brot. Das Essen hatte der Speisemeister zu besorgen, der für jeden Sträfling jährlich im Durchschnitt 28 Taler erhielt, wofür er aber auch noch Heizung und Reinigung der Wäsche zu besorgen hatte. Für einen Wahnsinnigen bekam er jährlich 33 Taler. Für diese waren 40 feste Kojen im sog. Tollgange vorhanden. – Ließ sich ein Sträfling etwas zu schulden kommen, so war der Zuchthauskommissar befugt, über die Schuldigen Disziplinarstrafen zu verhängen, die in Fasten, Anschließen an einen Pfeiler und in Peitschenhieben bestanden. Wer einen Fluchtversuch unternahm, wurde in eine Koje eingesperrt oder mit einem Bein an einen Klotz gelegt. (...)

Im Jahre 1833 wurden alle Geisteskranken aus dem Haus nach Hildesheim verlegt. Danach war diese Anstalt ein reines Strafgefängnis.

Der Dichter Heinrich Heine (1797-1856) schrieb in der im Jahre 1836 erschienenen zweiten Abteilung seiner Gedichte:

„Zu Celle im Zuchthaus sah ich nur
Hannoveraner. — O Deutsche!
Uns fehlt ein National-Zuchthaus
Und eine gemeinsame Peitsche."

Der Statistiker Wappäus stellte 1859 in der „Allgemeinen Bevölkerungsstatistik" eine Durchschnittszahl der Gefangenen im „Zuchthaus vor Celle für Männer" für 1848/49 mit 426,0, 1849/50 385,0, 1850/51 383,0, 1851/52 430,3, 1852/53 441,3, 1853/54 471,4, 1854/55 507,5, 1855/56 505,0, 1856/57 466,0 und für 1857/58 mit 423,5 fest.[59]

„Zuchthaus" hieß die Anstalt noch bis 1969.

Literatur

Carl Emmermann: Das Zuchthaus zu Celle, Inaugural-Dissertation, Juristische Fakultät der Universität Göttingen, Celle 1921

Thomas Krause: Die Strafrechtspflege im Kurfürstentum und Königreich Hannover vom Ende des 17. bis zum ersten Drittel des 19. Jahrhunderts, Scientia Verlag, Aalen 1991

Dietmar Storch: Die Landstände des Fürstentums Calenberg-Göttingen 1680-1714, Göttingen 1972

Carl Eberhard von Wächter: Über Zuchthäuser und Zuchthausstrafen. Wie jene zweckmäßig einzurichten, und diese solcher Einrichtung gemäs zu bestimmen und anzuwenden? Stuttgart 1786, S. 21

Heinrich Balthasar Wagnitz: Historische Nachrichten und Bemerkungen über die merkwürdigsten Zuchthäuser in Deutschland, 2 Bde. in 3 Teilen, Halle 1791-1794, Bd. 2.1

[59] Wappäus, Johann Eduard, Allgemeine Bevölkerungsstatistik, Vorlesungen über allgemeine Bevölkerungsstatistik, Leipzig 1859, S. 329 f.

09

Poststraße nach Celle – Traum von einstiger Postromantik

Der Hauptverkehrsweg zwischen Hannover und Celle war vom Mittelalter bis zum Jahre 1785, als die „Neue Chaussee" über Schillerslage in Betrieb genommen wurde, die alte Poststraße über Engensen.

Der zeitliche Beginn dieser Poststraße kann nicht nachgewiesen werden. Erste Erwähnung von Postverkehr zwischen Hannover und Hamburg wurde 1646 gefunden, der erste Vermerk in einer Karte der Vogtei Burgwedel von 1662.[60] Gouffier De Bonninet De Villiers lässt die Poststraße in seiner einige Jahre jüngeren „Carte tres exacte des environs de Zell a trois quarts de lieue a la ronde", „sehr exakte Karte der Celler Umgebung" (die Akzente fehlen in der Legende), zumindest für den Bereich Westercelle-Celle, lediglich erahnen.[61]

Ursprünglich handelte es sich bei der alten Poststraße um einen Heer- und Handelsweg, der schon die „Grafschaft über dem Moor", einen Verbund von neun Freiengerichtsdörfern, aus dem später die Grafschaft Burgwedel wurde, durchschnitt. Auf den alten Heerstraßen vollzog sich der gesamte Frachtverkehr von der Nord- und Ostseeküste in das Binnenland und in die außerdeutschen Lande und umgekehrt.

Der Verlauf der Straße ist heute schwer nachzuvollziehen. Zumeist als Kommunalweg genutzt, westlich von Ramlingen fast verloren gehend, ist nördlich des Basselthofs („Basselhöven" in der Kurhannoverschen Landesaufnahme des 18. Jahrhunderts, 1781, zwei Bauernhöfe) nur noch etwa 200 Meter Originalpflasterung sichtbar.

Die Straße verlief ab dem Hinüberschen Posthof beim uralten St.-Nikolai-Kirchhof (vor dem hannoverschen Steintor) über die dort beginnende „Celler Straße" zum damaligen Dorf List, dann von der heutigen „Podbielskistraße" im rechten Winkel nach Norden abweichend, an Klein Buchholz vorbei zum Dorf Bothfeld. Dort machte die Straße einen scharfen Rechtsknick (heutige Straße „Im Heidkampe"), dann ging es über die Wietze und durch den Varelkamp, hart nördlich des Basselthofs, dicht vorbei an der Ziegelei Lohne und dem Dorf Neuwarmbüchen, schließlich westlich von Oldhorst nach Engensen.

Der weitere Verlauf wird aus einem Bericht deutlich, den das Amt Burgwedel 1759 an die hannoversche Regierung gab. Die Straße ging auf den Lahberg zu und überwand beim Austritt aus dem Waldstück „Sandhege" den Wulbeck, verlief recht gerade zwischen dem Aller- und dem Ahrensberg, umging Ramlingen knapp nördlich und gelangte über die Aue und den Müggenburger Bohldamm zum Vorwerk Müggenburg, dann weiter über Westercelle nach Celle.

---

60 Nds. HptStA Amt Burgdorf 31 b 10 pm.

61 Nds. HptStA 31c/39pg. Der churfürstliche Ingenieur Capitaine Gouffier De Bonninet De Villiers hatte in den Jahren um 1700 verschiedene Gegenden bis in den Harz hinein kartiert.

Der Streckenverlauf wird bestätigt in der einschlägigen „Post Charte der Churbraunschweigischen und angrenzenden Lande“ des Kanzlisten an der Geheimen Ratsstube zu Hannover Friedrich Wilhelm Ohsen aus dem Jahre 1774 (Entwurf, vermehrt 1777).

Die Poststraße hatte das Altenwarmbüchener Moor und das Oldhorster Moor westlich und das Große oder Müggenburger Moor südlich und östlich umgangen. Effektiv berührte Ortschaften waren Klein Buchholz, Bothfeld, Engensen, das Vorwerk Müggenburg und Westercelle.

Die alte Poststraße, in Urkunden auch „Dietweg“ genannt, hatte keinen festen Untergrund. Die Breite wurde oft nur durch die am Wege stehenden Birken angedeutet. Wegweiser waren nicht nötig, man fuhr immer den Wagenspuren nach. Auch wurde die Straße als nur in trockener Zeit passierbar beschrieben. Wer heute den grundlosen Weg durchmisst, kann kaum glauben, dass er ehedem als Straße erster Ordnung diente, die stellenweise in einer Breite von hundert Metern verlief und häufig nur durch die am Wegrand stehenden Birken angedeutet wurde. Knorrige Eichen mit weit zweigendem Geäst, die wir hin und wieder in Wegesnähe antreffen, luden einst die reitenden und kutschierenden Postillione zu kurzer Rast ein; ja, sie sahen auch die Kuriere der Höfe in Hannover und Celle vorbeieilen.

Erst am Ausgang des späteren hannoverschen Vororts Bothfeld durften die Kuriere halt machen. Hier stand, kurz vor der Einmündung in das ehemalige Kreisgebiet Burgdorf, auf einem Sandhügel die Bothfelder Mühle, und hier war auch eine Posthaltestelle eingerichtet. Die Bezeichnungen „Mühlenplatz“ und „Posthof“ sind auch heute noch bekannt.

Besonders bei Bothfeld wurden im Übrigen schwierige zu bewältigende Stellen genannt. Zwischen Hannover und Bothfeld fanden überhaupt zahlreiche „Wegebesserungen“ durch die Hand- und Spanndienste der zwangsverpflichteten Einwohner statt, so unter anderem im Jahre 1652 ein Brückenbau über die Osterforth (beim scharfen Rechtsknick der Poststraße in Bothfeld). Der erfolgte auf Befehl des Vogts von Langenhagen, zu dessen Bereich Bothfeld gehörte.

Bei all den Wegeänderungen, die man in den Jahrhunderten vornahm, musste man im weiteren Verlauf mit einem besonders schweren Verkehrshindernis südlich von Celle rechnen, mit dem großen Moor- und Sumpfgürtel. Umfahren konnte man ihn nur auf weiten Umwegen, und deshalb versuchte man, ihn an der günstigsten Stelle zu überschreiten, und das war die Gegend bei der Müggenburg. Dort befanden sich sandige Erhöhungen, die schon vor Jahrtausenden die Aller daran gehindert hatten, sich in der Gegend ihren Weg zu bahnen. Auch war das Moor durch seine geringe Tiefe bei Müggenburg sehr fest gewesen. Daher legte man dort schon im Mittelalter mit Knüppelholz und Bohlen den Müggenburger Bohldamm an.

Um das Jahr 1550 sandte die Kramergilde zu Hannover jeden Sonnabend einen Boten mit zwei Wagen über Celle nach Hamburg. Dieser musste gewiss über den Müggenburger Bohldamm fahren und bei der landesherrlichen Müggenburg Weggeld erlegen.

Die letzten, die den alten Postweg noch aktiv als Handelsweg genutzt hatten, werden die Einwohner von Lohne gewesen sein. Dort war im Jahre 1736 von Baumeister Schaedler eine Ziegelei am Ort des Tones errichtet worden, in der Dach-, Mauer- und Pflastersteine hergestellt wurden. Später gliederte Schaedler dem Ziegelwerk zunächst eine Branntweinbrennerei und später eine Töpferei an, in der Satten, Teller, Schalen und Ofenkacheln hergestellt wurden. Noch bis 1785 fuhren auf dem alten Postweg die mit Steinen und Töpferwaren beladenen „Pöttjerwagen" von Lohne.[62]

Auf eine Anfrage des Ziegeleipächters Johann Erich Niemann in Sachen Freiheit der Ziegeleiware vom Müggenburger Zoll und Weggeld entgegnete ihm der Geheime Rat und Großvogt Ernst von Steinberg in Hannover am 7. Juli 1756, er habe sich nach dem Schaedelerschen Erbenzinsbrief vom 6. November 1736 zu verhalten, in dem es hieß, „daß, wenn die Ziegel-Waare verfahren werde, und eine Zoll-Städte berühre, der gewöhnliche Zoll davon entrichtet werden müße". Auch der Baumeister selbst nahm hierzu Stellung. Zum Erbenzinsbrief existierte eine Erklärung vom 14. Januar 1737, derzufolge „ratione des Zolles eben diejenige Freyheit beygeleget ist, welche andere herrschafftliche Ziegelbrennereyen zu genießen haben, auch in Gefolg solcher Verwilligung zum Lohne gebrandte Ziegel-Wahre an und vor sich selbst billig zollfrey paßiret". Ihm wurde aus Hannover erwidert, daß auf die „Abgifft" des Weggeldes nicht verzichtet werden könnte, wenn die Ziegelsteine nicht mit eigenem Gespann verfahren würden. Weggeld wäre vom Zoll gänzlich zu unterscheiden. Ersteres hätte sich auf die geladenen Güter und letzteres auf die Wagen und die für Lohn fahrenden Fuhrleute bezogen.

Schließlich wurde in diesem Schreiben vom 11. Oktober 1756 festgelegt, dass jeder unfreie Fuhrmann, „welcher von der Schaedelerschen Ziegel-Wahre geladen hat, und die Müggenburg auf seiner route berühre, daselbst von seinem Fuhrwercke, ohne Absicht auf die Ladung, das gesetzte Weg-Geld (: inmaßen überall kein Zoll zur Müggenburg erhoben wird :) zu erlegen allerdings schuldig zu erachten sey, und dazu auch ferner angehalten werden solle".

Ihre eigentliche Bestimmungszeit hatte die alte Poststraße von Hannover nach Celle in den 141 Jahren von 1641 bis 1782. Bedeutung erlangte dieser Weg durch das Wirken des Fuhrunternehmers Rütger Hinüber.

Der Kaufmann Rütger (Rötger) Hinüber (um 1600-1665) taucht Anfang des 17. Jahrhunderts in der Stadt Hildesheim auf, von wo aus er als hoch angesehener und vermögender Bürger und Handelsmann (Mitglied dreier Gilden, Einheirat in eine Ratsfamilie) aus eigenen Mitteln (40000 Reichstaler) „auf Begehren" des Herzogs Georg von Braunschweig-Lüneburg im Jahre 1640 das Postwesen in den hannoverschen Landen begründete. Der betagte Herzog (er starb im darauf

[62] „Pötjer Mohr" bezeichnet in der Topographischen Landesaufnahme des Kurfürstentums Hannover 1764-86 den Bereich nördlich des Vorwerks Müggenburg. Heute ist es der Bereich der Ortsteile Adelheidsdorf und Nienhorst beidseitig der Bundesstraße 3 in Höhe der „Behrestraße"/Hotel Müggenburg. Im großen Ganzen handelt es sich um die weiten Grünflächen des Kreislandwirts Georg Rahlfs sen.

folgenden Jahr) verlieh ihm dafür den Titel eines herzoglich braunschweig-lüneburgischen Posthalters und Postmeisters im Fürstentum Calenberg. Sein Posthof in Hildesheim wurde wenig später an der Straße nach Steuerwald angelegt (hieraus wurde später ein Gasthof).

Zwar gab es damals schon lange die unter kaiserlichem Schutze stehende Thurn-und-Taxis'sche Reitpost, aber das Herzogtum Braunschweig-Lüneburg war von ihr wenig erschlossen. Celle wurde also, mit Genehmigung der Höfe in Braunschweig, Hannover und Kassel, an die Linie Hamburg-Bremen-Celle-Hannover-Hildesheim-Kassel angeschlossen. Ab dem 1. Januar 1641 rollten auf dieser Strecke die ersten Hinüberschen Reitposten für die Briefbeförderung.

Es rollten die ersten Fahrposten für Reisende und Postgüter von Harburg nach Kassel. Die Fahrten wurden aber nach zwei Jahren wieder eingestellt, da sie wegen der unsicheren Kriegszeiten unrentabel waren. Hinübers Reitposten ritten zur Briefbeförderung weiter, sie benötigten von Hannover nach Hamburg ganze 28 Stunden.

Am 15. März 1643 erhielt Rütger Hinüber vom Herzog das Postprivileg und die Genehmigung, vor dem Steintor in Hannover, an der Celler Straße, ein Posthaus zu errichten.[63]

Obwohl es ein lebensgefährliches und politisch heikles Unterfangen war – noch herrschten überall die Wirren des Dreißigjährigen Krieges und sowohl der Kaiser als auch die Fürsten beanspruchten das Postregal für sich – bauten Rütger Hinüber und sein Vetter Hans Hinüber (1618-1680), der erste stadthannoversche Postmeister, das Postwesen unbeirrt aus, legten neue Postkurse an und ergänzten die Reitposten (Briefpost) schon sehr bald durch Fahrposten (Personenbeförderung).

Nach dem Ende des Dreißigjährigen Krieges bemühte sich Hinüber um eine Wiederaufnahme der seit etwa zehn Jahren eingestellten Postkutschenfahrten. Am 4. August 1652 konnte er voller Stolz in einem Flugblatt mitteilen, „... Das zu behuff desto geschwinderer Vortkommung der Reisenden Persohnen Wöchentlich zwo bequeme Post-Caleschen zwischen Hamburg, recta uber Haarburg auff Zelle, Hannover unnd Hildeßheimb, wie nicht destoweniger zwischen Bremen, Zell unnd Braunschweig, Item von Bremen auff Hannover unnd Hildeßheimb, dergestalt angeordtnet worden, das ein jeder in gewisser zeit unnd stunde, unnd umb billige gebühr an nachfolgende Orther, wie unten specificirt, mit uberkommen kan."

Nach dem Hinüberschen „Fahrplan" dauerte die Reise von Hannover nach Celle 8 Stunden, jene nach Hamburg 36 Stunden. Über die Poststationen teilte das Flugblatt mit: „Die Jenigen so sich nun dieser Gelegenheit bedienen wollen, haben sich anzumelden zu Hamburg bey dem Kayserlichen Postmeister Herrn Jeann Baptista Vrintz im newen Wandtram, bey Hans Tancken im Newen Haarburger Keller, der auch zu Haarburg zu erfragen. Zu Bremen bey Lüder Han-

[63] Mlynek, Klaus; Röhrbein, Waldemar R., Hannover Chronik, Von den Anfängen bis zur Gegenwart, Zahlen-Daten-Fakten, Hannover 1991, S. 49.

ning. In Zelle bey Herman Hencken. Zu Braunschweig bey Hans Behren. Zu Hannover bey Tile Bennighausen, unnd Zu Hildeßheimb bey Rütger Hinüber."

Die damals bestehenden Postlinien dienten in erster Linie dazu, die fürstlichen Residenzen untereinander und mit bedeutenden Wirtschaftszentren zu verbinden. Im Jahre 1657 erschien eine Bekanntmachung der Taxis'schen Post in Frankfurt, an deren Postlinie Celle 1645 unmittelbar angeschlossen worden war: „Es ist auch zu Cassel Gelegenheit, auff Braunschweig und Hildesheimb zu weil von den beyden Orten alle Wochen zweymahl die Kutzschen nach Hannover/Zelle/Hamb. und Bremen fahren."

Schon am 13. April 1659 wurde von dem „gesambten Fürstlichen Hause Braunschweig-Lüneburg" eine Postordnung erlassen und zwei Jahre später veröffentlicht. Sie sollte „eingeschlichene Unordnungen" aus dem Wege räumen und das „Post-Werck" auf einen „beständigen richtigen Fuß" setzen. Damit die Post „desto beßer respectiret werden möge", sollten die Postillione eine Livree tragen. An den Posthäusern war das fürstliche Wappen anzuschlagen. Auch sollten Siegel mit dem weißen Pferd gebraucht und die „Postillons mit solchen Brustbildern und Wapen versehen" werden.

Die Verwaltung und der Ausbau der Post wurde gemäß dieser Postordnung den Postmeistern Rütger Hinüber in Hildesheim und Hilmar Deichmann in Braunschweig übertragen. Postmeister Deichmann in Braunschweig übernahm die Postkurse: Braunschweig-Celle-Lüneburg-Hamburg, von Celle-Nienburg-Verden, sowie Braunschweig-Wolfenbüttel-Goslar-Osterode und weiter in den Harz und Braunschweig-Helmstedt-Magdeburg und zusätzlich Braunschweig-Halberstadt.

Künftig fuhren wöchentlich zwei Postkutschen von Hannover über Celle und Harburg nach Hamburg.

Am 3. Juli 1660 trat Postmeister Hinüber alle Rechte in den braunschweig-lüneburgischen Landen an seinen Vetter Hans Hinüber in Hannover ab, der sich dort unter dem Schutz des Herzogs von Calenberg wohl aufgehoben wusste. Hans Hinüber übernahm auch das vor den Toren der Leinestadt gelegene Postamt an der Celler Straße.

Die Familie Hinüber hielt der Post auch später die Treue, als der Drost Stechinelli und danach die späteren Grafen von Platen-Hallermund als General-Erb-Postmeister eingesetzt wurden. Etwa 20 Angehörige der Hinüberschen Familie waren über fünf Generationen hinweg überwiegend in hohen Stellungen der Post tätig, so als Post- oder Oberpostmeister, als Post- oder Oberpostkommissar, als Mitglied oder Direktor des Generalpostdirektoriums. Bis Mitte des 20. Jahrhunderts stand an der „Celler Straße" in Hannover der 1672 neu errichtete und durch Scheune, Schmiede und Waschhaus erweiterte Posthof, die Keimzelle der Post in der Stadt Hannover, bis er im Bombenhagel des Zweiten Weltkrieges unwiederbringlich zerstört wurde.

Um das Jahr 1670 ging der letzte Celler Herzog, Georg Wilhelm von Braunschweig-Lüneburg, an die Schaffung einer eigenen Landespost. Er übertrug die

Durchführung am 17. Juli 1678 dem Italiener Francesco Maria Capellini, genannt Stechinelli (* 18. April 1640 in Rimini, † 26. November 1694 in Hildesheim), den er von einer Reise mitgebracht hatte, mit dem Amt eines General-Erb-Postmeisters für die braunschweig-lüneburgischen Lande.[64] Unterstützt von den Postmeistern Hilmar Deichmann aus Braunschweig und Hans Hinüber, verstand es Stechinelli, die hannoversche Post von der Thurn und Taxis'schen unabhängig zu machen.

Stechinelli war als Page nach Celle gekommen, angeblich, nachdem er als 15-jähriger Knabe einen Mordanschlag auf den Herzog Georg Wilhelm anlässlich dessen Aufenthalts in Venedig aufgedeckt hatte. Er wurde Handelsagent, erhielt vom Herzog das Monopol für den Auslandshandel mit Wein und Tuch und wurde wegen seiner Erfolge mit zahlreichen Höfen belehnt. Im Jahre 1664 erhielt er den Ballhof in Hannover geschenkt, welchen er aber bereits im folgenden Jahr, als er nach Celle umzog, wieder verkaufte. Er heiratete 1665 die Hugenottin Philippine Marchand, ein früheres Kammermädchen der Herzogin Sophie von der Pfalz (einst Braut von Georg Wilhelm, später Kurfürstin), und bekam von ihr fünf Kinder geschenkt. 1675, nach dem Tod der ersten Ehefrau, heiratete er Agnese Elisabeth Breyger, Tochter eines Celleschen Hofrats, mit der er schon ein Kind hatte (acht Kinder aus dieser Ehe). Er wurde im gleichen Jahr Pfandinhaber des Amtes Clötze mit dem Titel Landdrost und erwarb 1677 das adelige Gut in Wieckenberg. Das Jahr 1688 brachte den Gipfelpunkt seiner Karriere, die Erhebung der Familie Capellini mit dem Namen „von Wickenburg" in den Reichadelsstand durch Kaiser Leopold. Im Jahre 1692 stiftete er die sehenswerte Kapelle in Wieckenberg.

Elisabeth Charlotte von Orleans (= Liselotte von der Pfalz), am Welfenhof erzogen, schrieb: „...dann kam Stechinelli und hat uns alle lachen machen."

Der „Stechinellische Posthof am Mühlenkolke" vor Celle (1682) befand sich im Hause Mühlenstraße 1, das wohl von dem Italiener zu dem angeführten Zweck erbaut worden war; es wurde 1715 fürstliches Eigentum.

Stechinelli übernahm nicht nur die Aufsicht und Direktion des Postwesens, sondern erbaute auch selbst neue Posthäuser. Er ließ auch Wege und Brücken ausbessern sowie den Fuhrbetrieb erweitern und verkaufte schon am 24. April 1682 das Postwesen samt allen Gerechtsamen für 26000 Reichstaler an den Freiherrn und späteren Reichsgrafen Franz Ernst von Platen.

In dem so genannten Stechinelli-Vertrag – Verkaufsvertrag an den Freiherrn von Platen – heißt es in Bezug auf einige, aus dem Kaufvertrag ausgenommene Poststationen: „Bleiben zwarten des Herrn Drosten Stechinelli in dem Fürstentumb Braunschweig-Lüneburg zelleschen theils bereits erbaute und noch ietzo im Bau Befangene fünf Post- und Wirtshäuser, alss zu Engensen, Moehof, Schafstall, Wiekenberg und Zahrendorf, von diesem Kauf eximiret, und dem Herrn Drosten Stechinelli, und seinen Erben Erb- und Eigenthumblich damit nach Ihrem Bes-

64 Francesco Capellini Stechinelli (1640–1694) kam als Günstling des Herzogs und Spekulant, aber auch als erfolgreicher Kaufmann und Architekt des Postwesens in den welfischen Herzogtümern, zu Macht und Geld und wurde in den Adelsstand erhoben.

ten und guht Befinden zu schalten, oder auch nach Belieben eintzeln oder zusammen zu verkaufen, zu versetzen, zu verpfänden, und quovis modo zu veralieniren, iedoch dass auf die letztern fälle, dem Herrn Ober Hof Marschall und dessen mit Beschriebenen ein näher recht daran Bleibe, solcher gestalt, dass wenn dieselbe sich zu dem ienige, wass andere darauf thun, und aussleihen, oder auch davor geben wollen, erbieten, Sie vor andern dazu gestaltet werden sollen."

Der zwischen Stechinelli und seinem Amtsnachfolger abgeschlossene Kaufvertrag wurde am 9. August 1682 vom Landesherrn genehmigt. Gleichzeitig erschien eine „Fürstliche Braunschweig-Lüneburgische revidirt und erneuerte Post-Ordnung", die sowohl „sämbtliche Post-Meistere, Verwaltere und Schreibere wie auch Posthalter, Postillions, Fuhrleute und andere beym Post-Wesen bediente Persohnen, als alle und jede, so sich dieser Fürstl. Braunschweig-Lüneb. reit- und fahrenden Posten gebrauchen" wollten, wie auch „sonsten jedermänniglich" zu beachten hatten. In 26 Artikeln wurde unter anderem bestimmt, dass die regelmäßigen Posten an allen Stationen pünktlich abzufertigen waren. Reitposten hatten die Meile auf „harten, guten und Heid-Wegen" in der Regel in einer Stunde, auf „bösen und bergichten Wegen" in fünfviertel Stunden zurückzulegen. Die Fahrzeit für Postwagen betrug bei entsprechenden Wegeverhältnissen bis zu zwei Stunden. Alle anderen Wagen sollten „denen reit- und fahrenden Posten, wann die Postillions zeitig ins Horn stossen und ein Signal geben, daferne immer möglich, außzuweichen, auch still zu halten und die Posten vorbey passieren zu lassen, schuldig seyn".

Nach dieser Postordnung betrug das Fahrgeld für gewöhnliche Posten von Celle nach Hannover oder umgekehrt 12 Gutegroschen pro Person, ein Brief acht Pfennig. Der Gepäcktarif war gestaffelt: Pro Pfund waren auf den ersten vier Meilen acht Pfennige, bis 12 Meilen zwei Gutegroschen, bis 18 Meilen drei Gutegroschen zu entlohnen.

Das Posthaus zu Engensen war im Jahre 1682 mit Pferdewechsel bereits fertig gestellt. Diesem Gebäude wurden die „Frei- und Gerechtigkeiten" und die unbeschränkte Konzession für Wein-, Bier- und Branntweinausschank verliehen. Im Jahre 1684 erging folgende Order an den Obristleutnant und Amtsvogt zu Burgwedel, Ludolf Henning von Eltz:

Wir geben Dir zu ersehen, was Wir wegen Abwechslung dero zwischen Unserer Residentz Stadt Zelle und Hannover ordinären und extraordinari Postfuhren, Couriers und Staffetten bei der Post Station zu Engeßen für Verordtnung zu machen nöthig befunden und befelen Dir hiermit gnedigst, daß du nicht allein das mit hierbey gelegte Original dem Posthalter zu Engeßen zu stellest sondern auch solche Verfügung thust, damit sothaner Unser Verordtnung gebührendt nachgelebet werden möge ...

Burgdorff den 22. Aug. ao. 1684. *Georg Wilhelm.*

Posthalter zu Engensen war ab 1685 Reinhard Lohse, der vorher als Postverwalter in Celle angestellt gewesen war.[65] Er war jedoch nur kurze Zeit im Amt gewesen, weil er dem Alkohol zu sehr zugetan sein soll. Ihm folgte schon im Jahre 1688 Sebastian Graffe, dessen Dankschreiben an den Vogt zu Burgwedel für seine Bestallung erhalten blieb:

Wohledler Besonders hochgeehrter Herr Haubtmann. Daß fürstl. Patent benebenst Ihrem Brief habe wol erhalten. Bedanke mich vor die communication, werde mich gnädigst darnach zu achten haben, und wan was passiren solte werde ich es gleich an meinen Hochgeehrten Herrn Haubtmann referiren, neben der gutten Hoffnung mir hirin zu assistiren und übersende das Rescriptum wieder mit. Den Geschworenen habe ich es nach Ihren Befehlen verlesen laßen womit Ich schließe und sie allerseits von uns gegrüßet in Gottes Gnädigen Schutz befohlen verbleibe Deß Hochgeehrten Herrn Haubtmanns Dienswilliger Diener

Engensen, den 7. Aug. 1688. *Sebastian Graffe.*

Nach der Ablösung der Reichspost der Herren von Taxis durch die Lüneburgische Landespost bedrohte Herzog Georg Wilhelm im Jahre 1688 alle Postreiter, die weiterhin im Dienste der Taxis in seinen Landen betroffen würden, mit schweren Strafen. Dieses Verbot wurde nicht immer eingehalten. Trotz Verbotes ritt damals beispielsweise ein Fremder gesetzwidrig als geheimer Kurier hoher Herren und Postherren von Taxis durch das Lüneburgische. Jener hielt sich im September 1689 in Engensen auf, wo er die Tochter des Posthalters kennen lernte. Die Bauern der Dorfschaft versammelten sich im Posthof und verabredeten, den Reiter am kommenden Abend abzufangen und ordnungsgemäß festzusetzen, und zwar in der Nähe des Lahbergs, wo es für ihn weder Seitenwege noch eine Umkehr gab.

Die Tochter des Posthalters, die Jungfer Borgena Graffe, bekam davon Wind und weihte den Reiter in die Pläne ein. Beide flohen den Otzer Weg entlang, wobei die Verfolger das Feuer eröffneten. Dabei wurde aber Borgena Graffe tödlich getroffen.

In einem Hinweis auf die Tote, dem Untersuchungsprotokoll aus dem Jahre 1689 anliegend, ist ihrer gedacht als „einer gar lieblichen maid“, und an anderer Stelle heißt es, sie sei „sanften willens“ gewesen. Auch über ihren Namen steht geschrieben, er sei „ohngewöhnlich“ und „kommet es daher, daß die Mutter aus frembden landt stammet, eine schwarze fraw, so der Vater aus dem Preußischen geholet, ist die familie nicht bodenständig zu Engeßen.“

Ludolf Henning von Eltz, der das Amt des Vogtes des Amtes Burgwedel in Familientradition mit 23 Jahren im Jahre 1672 übernommen hatte, war 40 Jahre alt, als er im Auftrag der fürstlichen Justizkanzlei in Celle die Untersuchung führte.

---

[65] Stadtarchiv Lüneburg, Sign. P1 Nr. 1, „Acta, betr. das Postwesen allhier in specie Die Kaiserliche Post, verwaltet von Daniel Alewin 1634-72“. Im Juli 1668 beschwerten sich die Posthalter aus Celle (Reinhard Lohse) und Ebstorf (Peter Schwertfeger) bei der Stadt Lüneburg, weil der Lüneburger Fuhrmann Jürgen Meyer ihrer Meinung nach gegen die Bestimmungen der fürstlichen Postordnung verstieß.

Auf der Anklagebank saßen Heinecke Wiekenberg und Ludeke Happen aus Engensen sowie – wegen Beihilfe – alle Bauern, die an dem Abend mit ihren Musketen ausgeritten waren: Henning Schrader, Lutke Lindemann, Karsten Ernst, Lutke Methkens, Hannes Hogrewe, Hans Sommers und andere.

Die Urteilsverkündung lag in den Händen der fürstlichen Justizkanzlei in Celle. Das Urteil ist nicht bekannt. Aber soviel stand bereits in der Amtsstube fest: Lob würden die Angeklagten für ihr Verhalten gewiss nicht ernten.

Die Posthalterei zu Engensen befand sich später im Eigentum eines Herrn Andrees, 50 Jahre danach des Post-Medico D. Danckwerts. Pächter war um 1745 der Posthalter Johann Heinrich Sprengel.

Trotz aller Anstrengungen der Postmeister war der Nachrichtenverkehr damals noch mit allerlei Mängeln behaftet. Insbesondere der schlechte Zustand der Postwege und die dürftige Ausstattung der Kutschen dämpften die Reiselust und führten immer wieder zu Verspätungen und Unfällen. Darüber hinaus wurden die Fahrposten oft beraubt.

Überfälle auf Postkutschen wurden allerdings gegenüber jenen auf normalen Landstraßen mit doppelter Strafe belegt. Wie rigoros man mit Posträubern umging, berichtete der hannoversche Chronist Redecker. Danach wurden im Jahre 1663 „Drey Reuter, welche die Post beraubet, bey dem Zollbrette am S. Nicolai Kirchhofe geköpfet, und zwar der eine, nahmens Hänschen Rode, ehe er es vermuthete, im Stehen, weil er sich nicht niedersetzen wollte. Die Köpfe wurden hinter dem Dorf List auf Pfähle gestecket.“[66]

Früher wurden nicht selten Pferde gestohlen. Auch für Vierbeiner der Post gab es Interessenten. In den „Hannoverschen Anzeigen“ vom 7. Februar 1703 war Folgendes zu lesen:

In der Nacht vom 4. auf den 5. Februar ist einem Postillion, welcher mit ledigen Pferden vor dem Kruge zu Bothfelde gehalten, während der Zeit, daß er im Kruge gewesen, ein schwarzbrauner Hengst von 6 Jahren, einen Stern vor dem Kopfe und einen weißen Hinterfuß habend, gestohlen worden. Wer solches Pferd wieder auf hiesigen Posthof liefern, oder von dem Diebe Nachricht geben wird, dem wird eine gute Belohnung dafür gereichet werden.

Um 1710 fuhr die Post um 22 Uhr in Hannover ab und erreichte Celle um 6 Uhr morgens mit einer Stunde Pause in Engensen.

Im Jahre 1736 veräußerte die Familie von Platen das Postprivileg an König und Kurfürst Georg II. für 450000 Taler. Damit wurde das bisherige hannoversche Lehnspostwesen verstaatlicht.

Im „Königl. Groß-Britannisch- und Chur-Fürstl. Braunschweig-Lüneburgischen Staats-Calender“ aufs 1737. Jahr sind die Ankunfts- und Abfahrtszeiten der reitenden und fahrenden Posten in Post-Tafeln verzeichnet. Dienstags und freitags um 14 Uhr ging die reitende Post auf Celle, Lüneburg, Lübeck, Harburg und Hamburg, die fahrende Post mit den gleichen Zielorten fuhr an den gleichen Ta-

66 Johann Heinrich Redeckers Chronik, S. 672.

gen, aber um 20 Uhr, ab. Von Celle gingen nur sonntags, montags, dienstags und mittwochs fahrende bzw. reitende Posten ab. Sonntagabends ging eine fahrende Post Richtung Hannover-Hildesheim, in der Nacht ging eine reitende Post ab in Richtung Hannover, Einbeck, Kassel und Frankfurt. Eine weitere fahrende Post ging „Mittwochens“ um 11 Uhr auf Hannover ab.

Die durchschnittliche Tagesleistung einer Postkutsche auf der alten Heer- und Poststraße Hannover-Celle betrug etwa 37 Kilometer.

Um das Jahr 1745 wurde der Posthalter Johann Heinrich Sprengel Pächter des Posthauses zu Engensen. Ab 1765 war er mit Postverwalter betitelt.

Das Homannsche Gasthaus „Zur Post“ in Engensen bezeichnet nicht das alte Bauwerk; es wurde neben dem alten Posthaus errichtet. Die Poststraße nahm zwischen Engensen und Ramlingen nicht den Verlauf der heutigen Straße von Großburgwedel, die wurde nämlich erst 1890 gebaut. Sie verlief bis zum Ortseingang von Ramlingen nördlich davon, durch das „Sandhege“, und hatte vorher den Lahberg nördlich von Engensen berührt, wo der Heidedichter Hermann Löns im Jahre 1909 die Bauernchronik „Der Wehrwolf“ verfasste.

Im „Königl. Groß-Britannisch- und Chur-Fürstl. Braunschweig-Lüneburgischen Staats-Calender“ aufs 1756. Jahr Christi heißt es in der „Neuen Hannöverschen Posttabelle“:

(...)

Cellische fahr. [fahrende] geht ab Sonntag Morgens um 8 Uhr über Engsen nach Celle, Wietzendorf, Zahrendorf, Haarburg und Hamburg.

It. [Item] *Donn. Morg. um 8 Uhr über Engsen bis Celle; nimt aber Briefe mit nach Lüneburg und der Orten. Komt an Mittwochen und Sonnabend Abends*

Die Taxen waren in der Postordnung von 1771, verglichen mit jener von 1682, im Wesentlichen gleich geblieben, doch Personen bezahlten in der Extrapost drei Gutegroschen bei zwei Pferden, aber das Dreifache beim Vorspann von sechs Pferden. Die Reisenden hatten ein Chausseegeld zu bezahlen. Wenn sie ihren Belegschein verloren hatten, war an der nächsten Zahlstelle das Doppelte fällig.

Im Juli 1773 beschwerte sich der Müggenburger Pächter, Franz Philipp Reichmeyer, zum wiederholten Mal darüber, „daß der Postverwalter Sprengel zu Engensen, zum Schlag-Baum über das Mohr, wozu er Pächter jedoch nur, um die Torf-Wagen aus dem Amt Eicklingen überzulassen einen Schlüssel habe, sich gleichfalls eines Schlüssels bediene, indem dessen Leute und Postknechte bei dem Durchfahren die mehreste Zeit ihn offen ließen, mehrere dieser Route folgeten, und ihn daher an dem Weg- und Zoll-Gelde einen nicht geringen Decourt verursachten auch dem Fleiß wegen des Durchfahrens, und der beiher gesuchten Neben-Wege gantz seichte machten und versandeten“.

Am 2. November 1776 schrieb Pächter Reichmeyer einen Bericht an die Königliche Kammer zu Hannover, in dem er sich über die Nutzung von Schleichwegen beklagte:

Hochwohlgebohrene gnadig Hochgebietende Herren

Seit Monaht May c. a. haben sämtliche Post, Heuer=Kutschen, und Frachtfuhren, einen Schleig Weg durch das hiesige Torf=Mohr hinter den Müggenburger=Damm weg gefahren.

Die Trockne dieses Früh=Jahres, Sommers, auch noch jetzt des Herbstes, haben die Defraudation [Umfahrung] *des hiesigen Zolles begünstiget, kurtzens gehet die gantze Passage um die Müggenburg hinweg, indem zur andern Seite alles über Nienhagen und Henigsen durch das Witzenbrug gehet, und es bleibt nichts zu verzollen übrig als was nach Burgdorf und dort anliegende Dörffer gehet.*

Ewr. Exellence werden hieraus leicht ermessen, wie schlecht es mit meiner hiesigen Wirtschaft auch Zoll Einkünften beschaffen, da doch solche die Haupt Quellen meines zu entrichtenden Pacht Locarii sein. Es ist zwar vor etwa drey Jahren zur Hemmung des Schleichweges ein Schlagbaum im Mohr gemacht worden; allein da die alte Brücke so bey der neuen Aue über den Canal gehet, die Schleigwege begünstiget, die Fuhr Leute und Postillons den Schlagbaum öftermahls durch angespannte Pferde ausgerissen; so bleibt zur Hemmung solcher Schleichwege kein sicherer Mittel übrig, als obgedachte Brücke an der neuen Aue über den Canal abtragen zu lassen, weil solche ohnehin schon wegen Alters höchst gefährlich zu passiren ist; auch denen Post Verwaltern zu Celle und Engsen, bey harter Straffe aufzugeben, ihre Knechte dahin anzuhalten, den Weg über Müggenburg nicht zu verfahren.

Weiter südlich hatte man schon damals die Möglichkeit, die alte Poststraße zu verlassen, um auf Nebenwegen zu fahren. So konnte man kurz vor Basselthof rechts ab über Altwarmbüchen, Kirchhorst und Stelle auf Burgdorf zu halten, wenn man von Hannover nach Celle zurückkehrte. In Stelle ging es links ab Richtung Schillerslage und Otze. Auf diesem Weg kam man an die Beinhorner Moormühle, neben der um 1777 ein beliebtes Absteigequartier für Frachtfuhrleute errichtet worden war.

Im Jahre 1777 führten „Heinrich Christoph Krüger et Consorten zu Westerzelle wegen des auf der Moor Mühle bey Schillerslage, Amts Burgdorf, zu entrichtenden Zolles“ Beschwerde. In einem Schreiben vom 26. August 1777 gab die Königliche Kammer zu erkennen, „daß wenn Supplicanten zu ihrer Bequemlichkeit den Postweg über Engensen verlassen, und den Nebenweg durch das Amt Burgdorf fahren, dieselben schuldig sind den Burgdorffer Zoll, und folglich auch den zum besten der Fuhrleute angelegten Wehr Zoll auf der Moor Mühle zu entrichten“.

Von 1779 bis 1783 mussten 1022 Handdienste und 3251 Spanndienste bei List und Bothfeld verrichtet werden, um die Befahrbarkeit der Poststraße zu gewährleisten. Oft geschahen diese Dienste nur missmutig. Im Jahr 1779 waren die Leistungspflichtigen schon erheblich in Rückstand geraten.

Im Jahre 1779 wurde damit begonnen, die Heer- und Poststraße von Hannover nach Celle und die von Hannover nach Braunschweig – Verlauf über Altwarmbüchen, Kirchhorst, Stelle, Beinhorn, Burgdorf, Arpke, Sievershausen, Peine –

auf einer Strecke von 3310 Ruten (15,47 Kilometer) zusammenzulegen. Die Celler Straße verlief bis Stelle gemeinsam auf einer Trasse mit der Braunschweiger Straße, die dort in Richtung Burgdorf (B 188) abzweigte. Ab Stelle ist dann eine neue Chaussee (ein „ordentlicher Sandweg“) gebaut worden, die in gerader Linie am Ortsrand von Schillerslage vorbei über den Müggenburger Bohldamm nach Celle verlief (B 3).

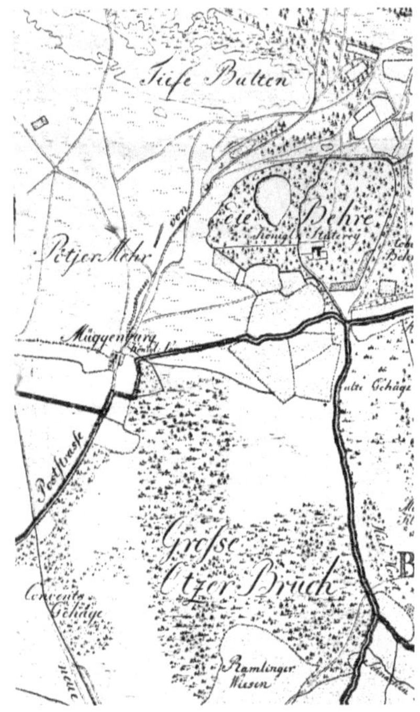

Abb. 11: Die Poststraße verlief südlich von Celle zwischen den Tiefen Bülten und dem Wiesengelände der Behre und südlich der Müggenburg auf dem Bohldamm.

Mit der Veränderung des Straßenverlaufs hatte auch der Posthof in Engensen seine Funktion verloren. An der neu erbauten Straße musste nun ein Posthof angelegt werden. Hierfür hatte man Schillerslage vorgesehen. Die Königliche Kammer ordnete am 14. Juni 1779 an, dass der bisherige Postverwalter Sprengel in Engensen einen Anbauplatz vor dem Dorfe und Ackerland aus der Allmende (Gemeinheit) des Dorfes Schillerslage erhalten sollte.

Die Reiheleute von Schillerslage klagten gegen diese Anordnung, denn sie waren nicht gewillt, Land abzugeben, und außerdem wollten sie gar keine Poststation bei ihrem Dorfe haben. Der Prozess zog sich bis ins Jahr 1782 hin, letztendlich musste ein Areal von 5 Morgen 12 Quadratruten aus der Schillerslager Gemeinheit für den Bau des Posthofs hergegeben werden, zudem noch ein Kamp von 28 Morgen 75 Quadratruten.

Die heute noch bestehenden Gebäude des Posthofes wurden 1784 fertiggestellt. Mit der Inbetriebnahme der direkten Straße über Schillerslage nach Celle im Jahre 1785 wurde der alte Posthof in Engensen, wo sich über einen Zeitraum von 100 Jahren Kuriere von Hannover und Celle entgegengekommen waren, um ihre Post auszutauschen, nach Schillerslage verlegt. Johann Heinrich Sprengel war der erste Posthalter und Postverwalter in Schillerslage. Sprengel kaufte noch einen Halbmeierhof von 36 Morgen hinzu und musste sich hoch verschulden.

Auf dem Posthof entwickelte sich bald reges Leben. War die Posthalterei in Engensen zuletzt noch mit 18 Hengsten und 6 Postillionen ausgestattet, wurden in Schillerslage zunächst auch 18, von 1832 ab aber 32 Pferde für die täglichen Postkutschen gehalten.

Unter den vielen Reisenden waren auch Napoleon I. und Zar Alexander von Russland, die im Posthof von Schillerslage Einkehr gehalten haben.

Von und zur Poststation wurden Botenkurse eingerichtet und unterhalten. So gab es schon 1792 einen täglichen Botengang durch einen vereidigten herrschaftlichen Amtspostboten von der Amtsvogtei Burgwedel über Oldhorst nach Schillerlage und zurück.

Anton Lorentz Sprengel, in einer Urkunde von 1785 als der „auf das hiesige Postwesen expertierte Sohn des Postverwalters" bezeichnet, war ab 1795 Postverwalter. Er hatte auch die Zollstelle in Bothfeld in Pacht und lieferte Material für den Chausseebau. Er schenkte bevorzugt Bier aus Burgwedel aus, da das Burgdorfer Bier nicht gern getrunken wurde. Im Jahre 1804/05 wurde Sprengel wegen „Gesundheit und Gemütskrankheit" unter Kuratel gestellt. Sein Vormund war der Hofsekretär F.C.E. Wiedemann aus Celle. Im Jahre 1805 übernahm seine Frau, Helene Marie Sprengel (geb. Gräver, stammte aus Hannover, Tochter des Besitzers des „Ballhofs"), die Administration des Posthofs. Ihr Sohn Gustav Sprengel wurde seiner Mutter von 1823 bis zu seinem Tode 1840 als Postverwalter „adjungiert".

Der zweite Sohn des Postverwalterehepaares war der am 29. März 1787 im Posthof zur Welt gekommene spätere Agrikulturchemiker Philipp Carl Sprengel. Der Enkel des aus Engensen stammenden Postverwalters folgte 1805 seinem Lehrer Albrecht Thaer (1752-1828) nach Möglin in Brandenburg. Sprengel legte noch vor Justus von Liebig die Grundlagen für die Mineraldüngung.

Bereits die fürstliche Postordnung von 1682 hatte festgelegt, dass die Postillione genaue Zeiten einzuhalten hatten und keine Nebenwege benutzen durften. Vor allem durften sie keine Reisenden oder Gepäck „schwarz" gegen Bezahlung mitnehmen. Diese Unterschleife müssen wohl häufig vorgekommen sein, denn in späteren Ordnungen (1747, 1755, 1771) wurde hierfür ausdrücklich strenge Strafe angedroht. So erhielt zum Beispiel im Jahre 1808 der Schillerslager Postillion Leopold wegen illegaler Mitnahme von zwei Reisenden drei Tage Gefängnis aufgebrummt.

Im Jahre 1830 kostete ein Brief bis ein Lot (16 bis 17 Gramm) bis zwei Meilen sechs Pfennige, bis vier Meilen neun Pfennige, bis acht Meilen einen Gutengroschen und sechs Pfennige. Ein Reisender ohne Gepäck zahlte sechs Gutegroschen, mit Gepäck sieben Gutegroschen pro Meile. Es waren dann noch Trinkgelder für Wagenmeister und Postillion zu entrichten, dazu ein „Schmiergeld" von zwei Gutengroschen zum Kauf von Wagenfett.

Als im Jahre 1838/39 die Schnellposten eingerichtet wurden, mussten in Schillerslage 42 Pferde gehalten und ein Personal von 8 Postillionen als Großspännern, 6 Reitburschen nebst den erforderlichen Hilfsfuhrleuten, Pferde- und Wagenknechten beschäftigt werden. Auch Dienstmägde wurden für Ausschank und Logis benötigt. Außerdem mussten noch sehr oft andere aus dem Dorf Vorspann leisten. Die Schnellpostbeiwagen wurden in Hannover gestellt, die Relaiswagen und Beichaisen in Schillerslage. Dort waren eine neunsitzige und sechs viersitzige Beichaisen aufgestellt. Vor dem Jahre 1838 wurde vierspännig vom Sattel gefahren, seit 1838 aber vom Bock. Die größte Anzahl von Pferden wurde in Schillerslage am 27. August 1838 gestellt, wo 112 Pferde benutzt wurden.

1838 gingen täglich zwei Schnellposten nach Hannover und zwei nach Celle, ebenso zwei Kariolposten hin und zurück, die von Frankfurt (Main) über Kassel und Hannover nach Hamburg führten. Außerdem gingen täglich drei Güterposten mit drei Pferden, breit vom Bock gefahren.

Einer gewissen Berühmtheit erfreute sich Schillerslage bei den Postreisenden einesteils wegen der vom Posthalter erfundenen „Bouillonkuchen", andererseits wegen der vorzüglichen Verpflegung, die den Postreisenden in Schillerslage in der vom Posthalter unterhaltenen Gastwirtschaft zuteil wurde. Die in Schillerslage auf der Posthalterei geübte Kochkunst ist durch das von der Posthalterin ehedem herausgegebene Kochbuch weiten Kreisen zugänglich gemacht worden.

Mit der Inbetriebnahme der Eisenbahnstrecke Lehrte-Celle im Jahre 1845 verlor der Posthof seine Bedeutung. So wurde zum 1. Mai 1847 wurde die Postspedition aufgehoben. Als Helene Marie Sprengel 1857 im Alter von 89 Jahren verstarb, wurde das Postrelais von der Königlichen Postdirektion administriert. Von 1858 bis 1860 betrieb Heinrich Sprengel das Postrelais. Zum 1. Oktober 1860 dieses aufgehoben.

Der Posthof von Schillerslage ist noch heute zu sehen und liegt an der Kreuzung schräg gegenüber der Gastwirtschaft an der Bundesstraße.

Auf dem Dör Hop am Postweg von Engensen nach Oldhorst stand lange Jahre eine der ältesten herrschaftlichen Windmühlen des Amtes Burgwedel. Nicht unerwähnt bleiben sollte, dass der alte Postweg in der Isernhäger Feldmark „Gelber Damm" heißt.

Die Fuhrleute hatten den Weg über Engensen zur Zeit der letzten Celler Herzöge wegen seiner befriedigenden Befahrbarkeit gewählt. Die Beschaffenheit der Wege war früher wichtiger als ihre Länge. Man suchte sich die Wege aus, auf denen man am wenigsten stecken blieb. Wegen seiner Berührung mit der Hannoverschen Heerstraße wurde Engensen ein viel besuchtes Dorf. Später sah man die Wettmarer Strecke durch das Hastbruch als besser an und wählte bis zur Inbetriebnahme der schnurgeraden Neuen Postchaussee diese.

Ab 1782 wurde der Postverkehr über die Neue Postchaussee, die noch nicht bis Celle fertiggestellt worden war, geleitet. Nach dem Pulsschlag des Lebens, der bis dahin die alte Straße durchströmt hatte, begann sie eine Zeit danach in den Dornröschenschlaf zu versinken. Heute träumt sie nur noch als Heideweg von der einstigen Postromantik.

Aufsätze zum Thema (Auswahl)

Postgeschichtliche Blätter Hannover/Braunschweig, Gesellschaft für deutsche Postgeschichte e.V., Bezirksgruppe Hannover/Braunschweig, Heft 2, S. 3 ff.

Günter Gebhardt, „Die Poststraßen zwischen Hannover und Celle", Aufsatz in: Heimatkalender 2003 – Jahrbuch für die Lüneburger Heide, Celle 2002, S. 46 f.

Kurt Griemsmann, „Die Tochter des Posthalters von Engensen – Eine alte Weise von Liebe und Tod", Aufsatz in: Heimatkalender für die Lüneburger Heide 1963, Celle 1962, S. 104 ff.

10
Die Geschichte der Braunschweiger Chaussee

Die Braunschweiger Chaussee, ein Abschnitt der heutigen Bundesstraße 214, wurde nach Wilhelm Bettinghaus, Pastor zu Wienhausen 1886-1904, von Celle bis Bröckel in den Jahren 1790 bis 1793 durch *Inspector Rehren* angelegt. Es habe ursprünglich die Absicht bestanden, sie vom Weggenbruch über Wathlingen nach Uetze zu führen. „Aber die Bewohner der genannten Ortschaften erhoben Widerspruch, weil sie fürchteten, von fremden Kriegsvölkern zu sehr belästigt zu werden, wenn ihnen der Zugang zu ihren Dörfern durch eine neue Landstraße so leicht gemacht würde."[67]

Ein Blick zurück: Am 4. Mai 1764 bewilligte Georg III., König von England und Kurfürst von Hannover, erstmals 12000 Taler, die ausschließlich für den Bau der befestigten Überlandstraßen bestimmt waren. Auch erklärte König Georg III., er würde sich „huldreichst gefallen laßen, alljährlich eine nicht mindere Summe zum Behuf anzuweisen". Im gleichen Jahr wurde die „Königlich-Churfürstliche Wegbau-Intendance" errichtet, die als zentrale Fachbehörde für den Bau und die Verwaltung des hannoverschen Fernstraßennetzes zuständig war.

Der Arzt und Enzyklopädist Johann Georg Krünitz (1728-1796) bestätigte 1794: „Der König zahlte, vom Anfange des Werkes her, jährlich 12000 Thaler aus der Kammer pro ordinario zu diesem Behuf; auch noch außerdem war er zu außerordentlichen Zuschüssen bereit."[68]

Der Chausseebau wurde möglichst gerade ausgeführt. Außerhalb des Altenceller Tores führte die neue Straße dicht vorbei am Galgenberg, einer Anhöhe von vielleicht sechs bis sieben Metern Höhe, auf der letztmalig 1856 öffentlich eine Enthauptung vorgenommen wurde. Damit lag der Ort der Hinrichtungen künftig nicht mehr inmitten der Feldmark, sondern dicht neben einer Hauptverkehrsstraße. Im „Programm für die Hinrichtung des wegen Todtschlags zum Tode verurtheilten Köthners und Schneiders Müller aus Lüder" heißt es unter Punkt 1:

Für die Hinrichtung des pp. Müller ist Freitag, der 4te April 1856, Morgens 7 Uhr, und als Richtplatz der Sandhügel an der Braunschweiger Chaussee, der s. g. Galgenberg, bestimmt. Auf demselben ist in einem Kreise von 100 Fuß ein Raum mit einer Barriere umgeben, in welcher sich an der nach der Stadt Celle belegenen Nord-West-Seite ein zu verschließender Eingang befindet. In dem

---

67 Bettinghaus, Wilhelm, Heimathskunde der Kirchengemeinde Wienhausen, III. Theil, Celle 1901, S. 9. Nach anderen Quellen soll der Chausseebau in den Jahren 1786-1794 in verschiedenen Abschnitten erfolgt sein, zunächst bis Bröckel und ab 1806 weiter in Richtung Braunschweig.

68 Krünitz, Johann Georg, Oekonomisch-technologische Encyklopädie oder allgemeines System der Stats-Stadt-Haus- und Land-Wirthschaft, und der Kunst-Geschichte, in alphabetischer Ordnung, 62. Teil, Berlin, in der Buchhandlung des kön. preuß. geh. Commercien-Rathes Pauli, 1794, S. 422 f.

Mittelpunkte dieses Kreises befindet sich ein aus Holzwerk errichtetes Schaffot, 5 Fuß hoch, 20 Fuß Quadrat, mit einer Treppe versehen.

Im 19. Jahrhundert war der Galgenberg alleinige Richtstätte für die Stadt und die Burgvogtei Celle. Überliefert sind für diesen Ort insgesamt fünf Hinrichtungen nach 1800. Wegen der Begleitung der zum Tode Verurteilten auf dem Weg zum Schafott scheint ursprünglich die Ordnung bestanden zu haben, dass ein Prediger der Stadt Celle mit ihm zusammen bis an ihre Grenze, das heißt, bis zur Brücke am Altenceller Tor, in einem Wagen fuhr, dort aber der Altenceller Prediger seinen Platz einnahm, weil der Galgenberg im Gebiet seines Kirchspiels lag.

Der Heidkrug bei Wipshausen in der Gemeinde Edemissen war bereits vorhanden, als die Chaussee gebaut wurde. Dieses Wirtshaus, das im Statistisch-topographischen Hand- und Wörter-Buch über den Landdrostei-Bezirk Lüneburg von 1844 als „Weg- u. Wirthshaus" bezeichnet wurde, soll ein Brandenburger im Jahre 1770 errichtet haben.

Der Heidkrug war eine Raststätte für Pferd und Kutscher, die die alte Frachtfuhrstraße zwischen Braunschweig und Celle befuhren. Im Jahre 1805 wurde das Wirtshaus beraubt. Eine mit Säbeln bewaffnete Räuberbande erbeutete damals 600 bis 700 Taler.[69]

Der Königlich Großbritannische Ingenieur-Lieutenant und Wegbau-Direktor Georg Siegmund Otto Lasius (1752-1833) in Hannover brachte unterm 31. Januar 1792 drei Vorschläge zu Papier, die sich mit der Arbeit der Untertanen der anliegenden Ämter Eicklingen und Beedenbostel an der Verbesserung der Chaussee zwischen Celle und Bröckel befassten. Einleitend heißt es: „Da die Königl. Wegbau-Intendance von der Nothwendigkeit überzeugt ist, die Sand-Chaussee zwischen Celle und dem Bröckeler Damm im Amte Eicklingen, nach und nach mit einem Steinpflaster zu verbeßern (sic!); so wird dazu eine ansehnliche Quantitaet Kieselsteine erforderlich seyn ..."[70]

Georg Siegmund Otto Lasius gilt als der erste professionelle Geologe. Er wurde am 10. September 1752 als Sohn des Superintendenten Otto Benjamin Lasius in Burgdorf geboren. 1791 wurde er als Nachfolger des verstorbenen Ingenieur-Oberstlieutenant Georg Josua du Plat (1738-1791) Inspektor über den Wegbau im Hannöverischen zu Hameln.[71]

Unter dem 4. August 1797 erließ König Georg III. eine Wegeordnung für das Fürstentum Lüneburg, welche dem nun beginnenden Zeitalter der Postkutsche „die Wege ebnen" sollte. Ziel der Wegeordnung war der Neubau von Chausseen und damit die Erschließung des Landes. „Wir haben in Rücksicht des zuneh-

---

[69] Blazek, Matthias: Die Hinrichtungsstätte des Amtes Meinersen – Eine Quellensammlung, Stuttgart: ibidem 2008, S. 36, ISBN 978-3-89821-957-0.

[70] Nds. HptStA Hann. 74 Celle Nr. 1148.

[71] Vgl. Perner, Brigitte, Georg Sigmund Otto Lasius (1752-1833) Gründungsmitglied der Naturhistorischen Gesellschaft Hannover, in: Beiheft 13 zu den Berichten der Naturhistorischen Gesellschaft Hannover, 2000 (200 Jahre Naturhistorische Gesellschaft Hannover 1797-1997).

menden Commerzes des Fürstentums Lüneburg und zur Beförderung desselben nötig erachtet, mehrere Fracht- und Poststraßen in demselben durch Unsere Wegebau-Intendance auf ähnliche Weise als die Chausseen in Unseren übrigen Provinzen vorgerichtet worden, erbauen zu lassen." Von Celle aus sollte der Verkehr über Eschede und Uelzen nach Lüneburg geführt werden.

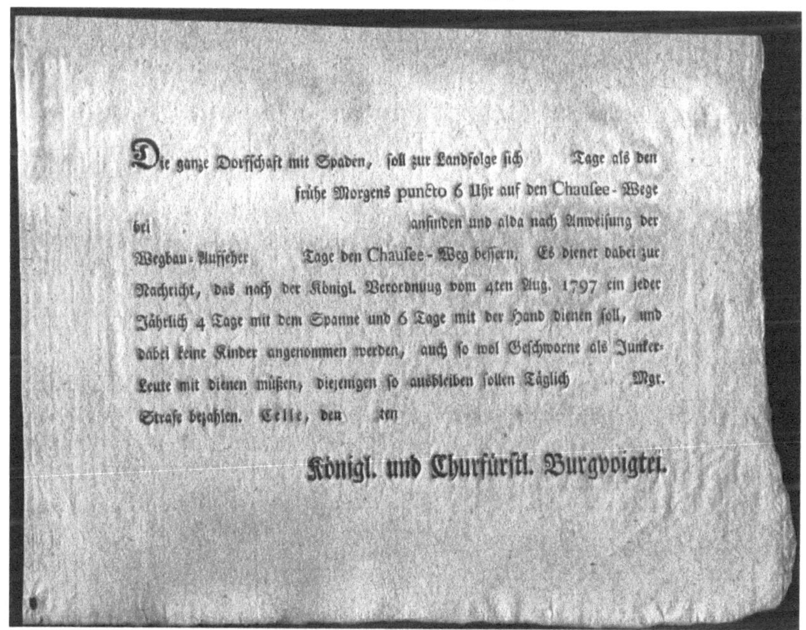

Die ganze Dorfschaft mit Spaden, soll zur Landfolge sich Tage als den frühe Morgens puncto 6 Uhr auf den Chausee-Wege bei anfinden und alda nach Anweisung der Wegbau-Aufseher Tage den Chausee-Weg bessern. Es dienet dabei zur Nachricht, das nach der Königl. Verordnuug vom 4ten Aug. 1797 ein jeder Jährlich 4 Tage mit dem Spanne und 6 Tage mit der Hand dienen soll, und dabei keine Kinder angenommen werden, auch so wol Geschworne als Junker-Leute mit dienen müßen, diejenigen so ausbleiben sollen Täglich Mgr. Strafe bezahlen. Celle, den ten

Königl. und Churfürstl. Burgvoigtei.

Abb. 12: Aufruf zum Hand- und Spanndienst im Bereich der Burgvogtei Celle aufgrund der Wegeordnung für das Fürstentum Lüneburg vom 4. August 1797. Nds. HptStA Hann. 74 Celle Nr. 1149. Repro: Blazek

Als Chaussee-Inspektor der Inspektion Celle nennt der Hannoversche Staatskalender von 1798 Fähnrich Friedrich Ernst Vasmer: „Von Hannover bis Celle, und von Celle nach Braunschweig, imgleichen von Celle nach Lüneburg".

Auf der „pflichtigen Hausstelle in Klein Ottenhaus" wurden 1804 von Jürgen Heinrich Martens aus Mörsels Hof in Altencelle eine Anbauerstelle und Gastwirtschaft, der spätere „Strohkrug", erbaut.

Im „Neuen Handbuch für Reisende jeder Gattung durch Deutschland und die angränzenden Länder" von 1809 wird die Gegend als „einer der schlechtesten Striche in Deutschland" bezeichnet.[72]

Die Weiterführung der Landstraße von Bröckel bis Braunschweig hat nach Bettinghaus in den Jahren 1821-1823 stattgefunden.[73]

72 Fick, Johann Christian, Neues Handbuch für Reisende jeder Gattung durch Deutschland und die angränzenden Länder, Nürnberg, bei Friedrich Campe, 1809, S. 328.

73 Bettinghaus, wie oben, S. 9.

An dieser Stelle verdient es, erwähnt zu werden, dass bis 1823 die meisten Dörfer in der Nähe des Bohlendammes Würste an den Bohlenmann in Bröckel zu liefern hatten: Bockelskamp 6 Würste, Flackenhorst 3, Groß Eicklingen 7 Würste, ferner Nienhagen 4, Sandlingen 4, Schepelse 3, Paulmannshavekost 1, Wiedenrode 4, auch Wathlingen, nur Bröckel selbst lieferte keine Würste, obwohl seine Bauern den Bohlenweg bestimmt am meisten genutzt haben. Als 1823 der Antrag auf Ablösung gestellt wurde, rechnete man den Wert einer Wurst auf 1 Gutegroschen und 1 Pfennig.[74]

In der „Beschreibung des Hannover'schen Landes und Staates" von Heinrich Daniel Andreas Sonne verlautete 1829:[75]

Fortgesetzt wurden die Bauten von Hannover nach Harburg, von Lüneburg nach Braunschweig, von Bremen nach Osnabrück bis zur holländischen Grenze, von Lehe nach Bremen, von Celle nach Braunschweig. 1826 betrug die ganze Länge der unter der Leitung der General=Wegbaukommission befindlichen Chaussee-Linie 227 Meilen 1062 Ruthen, wovon am Schlusse des Jahrs 1816 chaussirt waren 100 M. 1095°; dazu waren vollendet von Nienburg bis Bremen 9 M. 1052°, von Hannover über Celle nach Harburg 11 M. 352°, von Lüneburg nach Braunschweig 8 M. 38°, von Osnabrück auf Nordhorn 5 M. 233°, von Hildesheim auf Goslar 3 M. 121° und die Etappenstraße von Hildesheim auf Braunschweig. Zu bauen war noch von Hannover nach Bremen 2 M. 548°, von Lüneburg nach Braunschweig 4 1/10 M., von Hannover nach Harburg 3 2/3 M., von Celle nach Braunschweig 3 1/5 M., von Osnabrück über Nordhorn 5 3/4 M., von Bremen nach Osnabrück 4 2/3, von Lehe nach Bremen 4 2/3 M.

Der Doktor der Rechte Friedrich Freiherr von Reden schreibt 1839:[76]

Chausseen und Landstraßen. Bis zum Jahre 1839 sind folgende Straßenzüge für Chausseen erklärt (zum Theil schon durch die Ministerial=Bekanntmachung vom 12. September 1835):

(...)

24) Von Celle über Ohof auf Braunschweig bis zur Landesgrenze bei Hülperode 5 Meilen 1276 Ruthen

Der Bau der Eisenbahnen Hannover-Lehrte, Lehrte-Celle und Lehrte-Braunschweig (1843-1845) versetzte dem Frachtfahren den Todesstoß. Die Frachtgüter nahmen ab, und die Frachtfuhrleute, die die gewohnten Fahrten nur ungern aufgaben, sollen ihre Hofstellen arg abgewirtschaftet haben.

---

74 Barenscheer, Friedrich, Chronik des Frachtfahrerdorfes Bröckel, Celle 1963, S. 21 (Kapitel „Zehnten").

75 Sonne, Heinrich Daniel Andreas, Beschreibung des Hannover'schen Landes und Staates, München 1829, S. 182 f.

76 von Reden, Friedrich Freiherr, Das Königreich Hannover statistisch beschrieben, Zweite Abteilung, Hannover, im Verlag der Hahn'schen Hofbuchhandlung, 1839, S. 377.

11
Fuhsekanal – Bauarbeiten wurden 1769 abgeschlossen

Der Adamsgraben, der Fuhsekanal, die Neue Aue und der Müggenburger Kanal trugen wesentlich dazu bei, dass im Gebiet des ehemaligen Wietzenbruchs eine Besiedlung immer weiter vorangetrieben werden konnte. Unter den künstlichen Wasserläufen des Landkreises Celle ist es der Fuhsekanal, der recht unscheinbar und schnurgerade nur wenige Dörfer im Südwestkreis berührt. Nach dreijähriger Bauzeit wurde er im Jahre 1769 fertiggestellt.

Aus Berichten in alten Akten der Behörden in Celle ergibt sich, dass der Fuhsekanal für folgende Zwecke angelegt wurde:

1. „Es soll den Nachteilen entgegengewirkt werden, die durch Versumpfung der Gegend an der Fuhse und Aue im oberen Teile der Burgvogtei Celle und der Amtsvogtei Eicklingen sowie durch unzeitige Überschwemmungen aus der Fuhse und Aue daselbst verursacht werden."
2. „Um dem Wietzenbruche bessere Vorflut zu schaffen durch Aufnahme der von Süden kommenden Bäche und Gräben."[77]

Ein Bericht in der Celleschen Zeitung vom 25. Mai 1893 besagt etwa gleich lautend: „Nienhagen. Der in unserer Feldmark beginnende Fuhse-Kanal wurde vor etwa 100 Jahren angelegt, um die alljährlichen Wasser-Verheerungen auf unseren Wiesen und bei Bennebostel verhüten zu helfen."

Begonnen wurde der Bau des 11,5 Kilometer langen Kanals im Jahre 1766. Kurfürst war zu der Zeit Georg III. (1738-1820). Der Großvogt schrieb an den Bürgermeister und den Rat der Stadt Celle am 9. Oktober 1766, dass der Kanalbau in der Weise genehmigt und befohlen sei, „daß bey der Grabe-Arbeit von denenjenigen Unterthanen und Communen, denen durch obiges Project die größesten Vortheile der Verbeßerung ihrer culturen und gemeinen Weiden verschaffet werden würden, ohnentgeltlich mit geholffen werden solle, (...)" Im Jahre 1767 war der Kanal bis zum Ententeich fertiggestellt. Die Bauarbeiten wurden 1769 abgeschlossen.

Der Fuhsekanal beginnt beim Zusammenfluss von Aue und Fuhse südöstlich von Bennebostel. Er verläuft in nordwestlicher Richtung vorbei am Kanalwärterhaus, unterquert die heutige Kreisstraße 84, bei Wittekop die Bahnstrecke Lehrte-Celle und anschließend die „Hasenbahn", stößt dann auf den Bockgraben südöstlich von Hambühren, nimmt mit ihm ein kleines den gleichen Lauf nach Norden und trennt sich dann wieder westwärts, um am östlichen Ortsrand von Hambühren entlang in die Aller zu fließen. Unterwegs nimmt er die Neue Aue sowie all die anderen Entwässerungsgräben, soweit sie nicht zum Adamsgraben orientiert sind, auf.

[77] Das sind die Neue Aue, die Jägeraue, zwei kleine Gräben in Wietzenbruch, der Adamsgraben und der 1845 angelegte Müggenburger Kanal.

Im Niedersächsischen Landesarchiv in Hannover lagert die „Acta, die Aufräumung der neuen Aue und des Adamsgrabens und Nachrichten über die Concurrenz dazu betreffend". Daraus lassen sich einige interessante Angaben zur Geschichte des Celler Südkreises entnehmen.[78]

Mittels Postskriptum des Großvogts Burchard Christian von Behr (im Amt erst seit dem 28. April 1769, nachdem Karl Diede II am 16. April 1769 gestorben war) vom 17. Juni 1769 (ausgestellt in Celle, von Behr weilte aber noch in London) erhielten der Burgvogt wie auch Amtschreiber Weisungen bezüglich des Aufräumens von Wasserläufen. Einleitend heißt es: „... haben der Herr Geheimte Raht und Großvoigt von Behr verlanget, daß bei Zeiten überlegt werde, was wegen künfftiger Unterhaltung vornehmlich des neuen Canals, hiernächst aber auch des Adams-Grabens, und der Aue vom Müggenburger Damm biß zum Einfluß in den neuen Canal, für eine zuverläßige und hinlängliche Einrichtung anzuordern seyn werde ..."

Den folgenden Fragenkatalog beantwortete Amtschreiber Christoph Heinrich Gottfried Kannengießer (1730-1810) in Celle am 25. Oktober 1769. In seinem Exposé nahm Kannengießer unter anderem Bezug zu Aussagen zu den Kosten von Ingenieur Capitain-Lieutenant Johann Jacob Schneider. Die Pflicht zur Heranziehung ermittelte Kannengießer, der auf den Entwürfen mit dem Kürzel CHGK arbeitete, wie folgt:

Bestehen die zur Aufräumung concurrirenden Gemeinden aus nachbenannten pflichtige Häusern und Höfen

die Cellische Bürgerschaft ppter		*500*	*Haus*
Amtsvoigtei Burgwedel	——	*525*	"
" *Eicklingen*	——	*433*	"
" *Winsen*	——	*193*	"
" *Bißendorf ppter*	——	*412*	"
die Burgvoigteil. Dörfer	——	*198*	"
die Neustadt Celle	——	*132*	"
die Vorstadt Blumelage	——	*164*	"
Summa		*2557*	

Und am 15. April 1805 verlautete in einem in Celle aufgesetzten und an Burgvogtei und Amtschreiber adressierten Schreiben: „Die Aufräumung des Adamsgraben (sic!), welche alle 4 bis 5. Jahre geschehen müßte, ist wegen der französischen Besitznahme des Landes, ein paar Jahre über die Zeit ausgesetzt worden. Jetzt wäre es sehr nöthig, daß solche geschähe ..."

Vom 23. Juli 1770 datiert ein „Vergleich der Stadt Zelle mit Königl. Burg Voigdtei wegen Los-Kaufung von dem Fusen Canal und von dem Adams-Graben". „Nahmens der gesamten Bürgerschaft" der Stadt Celle wurde der Rezess von den „IV. Männern" der Stadt unterzeichnet.[79]

---

[78] Nds. HptStA Hannover 74 Celle Nr. 1205.

[79] Stadtarchiv Celle 23N 56.

Anfang 1770 beantragte die Dorfschaft Westercelle in einem Gesuch bei der Großvogtei Celle die Errichtung einer Brücke über den „neuen Canal", die Genehmigung der erforderlichen Viehtränke und die Berechtigung, ihre bislang in der Aue gehabte Fischerei nunmehr im Kanal zu gestatten.

Anstelle der gewünschten Brücke hielten es der Ingenieur und Capitain Lieutenant Schneider und Amtschreiber Bötticher einem Schreiben vom 15. Mai 1770 zufolge ratsamer, „einen Fahrweg gleich neben der Jägerburg durch den neuen Canal zu machen, welcher jenseits etwa 24 Fuß breit, dießeits aber wenigstens 48 bis 50 Fuß breit seyn müßte, damit selbiger auch zu einer Durchtrift für das Vieh und zu dessen Tränke dienete, und es nicht an Raum fehlete, wann etwa die beiden Heerden zusammenstießen. Der Fischerei halber wird man leicht eine Vermittelung treffen, wann die Ausgrabung des Canals erst vollendet und die Neustädter wegen ihres ebenmäßig darauf gemachten Anspruchs befriediget werden.

Die Kleinenheler wünschen aber, als Pächter der Schäferei, daß auch für sie eine Viehtrift und Tränke in dem neuen Canale bei den Sandschollen, da wo die vormalige Knopsche Immenstelle gewesen, angeleget werden möge, indem sie die an jener Seite des Canals vorhandene Weide nicht anders, als durch eine große Detour über die beim Endtenteiche verfertigte Brücke zu erreichen, das Vieh aber daselbst nirgends zu tränken im Stande sind.

Und wann auch die Pacht der Kleinenheler bald aufhören und über die Schäferei auf andere Art disponiret werden solte ; so dürfte doch die damit verbundene Viehhude wol nicht gäntzl. eingehen und also würde, unsers wenigen Ermeßens, doch allemahl dafür zu sorgen seyn, daß dem Viehe die Gelangung zu einer kümmerlichen Weide nicht sehr erschweret und das Waßer nicht völlig entzogen werde. (...)"[80]

Der Geheime Rat Burchard Christian v. Behr, 1769-1770 Großvogt der Großvogtei Celle, erließ noch im selben Monat ein Reskriptum, nach welchem unfern der Jägerburg eine Durchtrift durch den neuen Canal zum alleinigen Besten der Weideinteressenten angelegt würde. Von den insgesamt 184 Talern 21 Groschen betragenden Kosten wollte man allenfalls die Kosten der Fachinade und einen Geldbeitrag von 50 Talern auf herrschaftliche Rechnung übernehmen. „Hingegen würde die übrige Arbeit von den Hude-Interessenten durch anzustellende Mannschaft selbst zu beschaffen, und desfals ein Verhaltnis der Concurrentz unter der Stadt und der Dorfschaft Westerzelle zu vermitteln seyn."

Die Eingesessenen der Dorfschaft Westercelle und die Viermänner der Stadt Celle als Vertreter der Bürgerschaft äußerten einhellig Bedenken wegen des durch obere Einleitung der Aue in den Canal entstehenden Mangels der Tränke für das Weidevieh und wie die gar zu starke Abtrocknung der gemeinschaftlichen Weiden erledigt werden würde.

---

80 Gemeint war nunmehr eine Brücke östlich des Forstortes Jägerburg (Vorgängerbau der Brücke der Dasselsbrucher Straße). Nds. HptStA Hann. 74 Celle Fach 193 Nr. 2 („Acta betr. Bau und Unterhaltung verschiedener Brücken im vormaligen Amts-Bezirk Celle" 1669-1826).

In einem Schreiben an den Amtschreiber Bötticher bezog sich Großvogt Behr am 23. Juli 1770 auf die Bedenken der Weideinteressenten:

Ob nun gleich per Rescriptum vom 25ten May d.J. bereits die Verfügung gethan ist, daß zur Durch-Trift und Vieh-Tränke ohnfern der Jägerburg, ein Weg durch den Canal angeleget werden solle; so wünschen dennoch der Herr Geheimte Raht und Großvoigt, daß zu desto gewisseren Abhelf dieser vereinigten Querelen, möglich zumachen seyn mögte, daß ohne Nachtheil des gantzen plans und ohne Veranlassung hoch gehender neuer Kosten die Aue allenfals bis in der Gegend von der Jägerburg in ihrem jetzigen Lauffe beibehalten bleiben möge, da sodann die sonst genehmigte gleichfals kostbare Durch-Trift ersparet, und vielleicht auch ein milieu ausfündig gemacht werden könte, die sonst bei dem Torfdam destinirte Brücke weiter hin nach der Jägerburg zu verlegen, mithin zu doppelten Zwecke zu gebrauchen.

Daraufhin kamen „am neuen Fusen-Canale vor der so genannten Jägerburg und dem Torf-Damm den 27ten August 1770“ der Ingenieur Capitain Lieutenant Schneider und Amtschreiber Bötticher mit den Viermännern der Stadt Celle, dem Brauer Caspar Heinrich Müller, dem Kupferschmied Jobst Christoph Müller und dem Kaufmann Johann Peter Wünning, „welche das Ausbleiben ihres Collegen, des Kaufmanns Lampen sen. mit seiner Unpäßlichkeit entschuldigten,“ sowie den Westercellern Martin Stöckmann (Amtsgeschworener), Friederich Siegmund Lamprecht (Gemeindegeschworener), Carl Stöckmann, Ludolph Wietfeldt und Johann Christian Linau zusammen. Gegenstand waren die Besorgnisse, „es würde

1. in dem Falle, daß die Aue ihren Einfluß in den Canal am Endten=Teiche nicht behielte, sondern man solchen oberhalb am Weißen Mohre abschnitte und mittelst eines Stücks des alten Torfschiff-Grabens in den Canal leitete, die Weide völlig ausgedörret werden und in Heide ausarten, das Vieh
2. die Tränke und
3. die Trift bei der Jägerburg verlieren.“

Den Viermännern und Westercellern wurde im Verlauf der Zusammenkunft mitgeteilt, dass „sowohl in dem Torfschiff-Graben, der die Aue aufnehme, als im Adams-Graben, an den sogenannten hohen Wegen, Schleusen vorgerichtet werden solten, wodurch man die gantze Gegend, so oft es nöthig, unter Wasser setzen könte. Um sie von der Gewißheit dieser Anlage zu überzeugen, führte ich sie an dem Canale hinauf, zeigte, daß mit Erbauung der Schleuse im Torfschiff-Graben bereits ein würklicher Anfang gemacht sei und machte ihnen begreiflich, daß, wenn das Wasser hier gestauet und auch im Adams-Graben zugesetzet werde, es von selbst nach der Gegend des Endtenteichs, als wohin dessen natürlicher Fall gehe; sich ausbreite.“ Es wurde als fraglich beschrieben, „ob das Vieh praecise bei dem Endtenteiche und bei der Jägerburg die Tränke habe oder nicht; oder ob es solche eine halbe oder gantze Stunde weiter in gedachten beiden Flüssen suche, da es doch an selbigen herum weide und die Stadt-Heerde schon bei der Trift über die Neustadt, den ersten Durst in der Tätze (der unteren Fuhse) zu stillen, Gelegenheit habe.“

Die Westerzeller bathen, die Brücke, weil sie selbige am meisten gebrauchten, da anzulegen, wo ihre alten, jetzt von dem Canale durchschnittenen Heu=Wege hergingen, welches die IV Männer genehmigten, und man von Commissions wegen versprach, indem solches ohngefehr die Mitte zwischen dem Torf=Damme und der Jägerburg ausmachte.

In knappen Worten schrieb Amtschreiber Bötticher dem Großvogt Behr am 4. September 1770: „(...) Der mit dem neuen Canale verbundene Plan bleibt nunmehro unverrücket, die bereits für die Westerzeller genehmigte Durchtrift fällt weg und es werden überall keine neue Kosten erfodert.“

Anschließend schrieb Bötticher am 20. September 1770, dass mittels Postskriptum vom 15. September genehmigt war, „daß zur Überfahrt, imgleichen zur Trift der Stadt- und Westerzeller-Heerde eine Brücke über sothanen Kanal zwischen dem Torfdamme und der Jägerburg an dem in termino bemerkten Orte angeleget und durch vorzurichtende Schleusen in dem jetzt die Aue aufnehmenden, ehemaligen Torfschiff- und Adams-Graben die dazwischen liegende Weide-Reviere nach Nohtdurft unter Wasser gesetzet, so denn aber vermittelst dieser Stauung ab und an frisches Wasser zu Tränkung des Viehes in das alte Bette der Aue eingelassen werde.“

Der Fuhsekanal stellt die nördliche Gebietsbegrenzung der Gemeinde Adelheidsdorf dar. Im Jahre 1824 errichtete der Chausseeaufseher Gerhard Lindenbaum auf seinem Kolonat am Fuhsekanal „im Westerzeller Felde, an der Hannoverschen Straße“ ein Wohnhaus. Lindenbaum wurde erster Einwohner des späteren Dorfes Adelheidsdorf.

Große Erwartungen wurden in den Bau des Fuhsekanals gesetzt. Es sollte sich aber herausstellen, dass etliche Nachteile durch den Bau in Kauf genommen werden mussten. So berichtete Ober-Landes-Oeconomie-Commissair Rat Friedrich Georg Ziegler aus Celle am 16. Dezember 1826 der Königlichen Großbritannisch-Hannoverschen Landdrostei in Lüneburg: „... Dieser unfern Bennebostel aus der Fuhse abgeleitete, durch das Wietzenbruch sich erstreckende Kanal, welcher bei Hambühren in die Aller mündet, ward vor 50 Jahren auf herrschaftliche Kosten zu dem Zweck errichtet, um teils die an der Aue gelegenen Wiesen und Brüche, teils um das Wietzenbruch selbst zu entwässern.“ Ziegler sagte weiter: „Wiewohl der Fuhsekanal dem beabsichtigten Zweck in keiner Weise entspricht, indem die Ufer an der Aue dadurch nicht in einem Maße entwässert werden, als man gehofft hatte, das Wietzenbruch aber dadurch so entwässert ist, daß Wiesen und Weiden in ihren Erträgen und ihrer Fruchtbarkeit sehr eingebüßt haben ...“

Der um das Meliorationswesen in der Provinz Hannover sehr verdiente Baurat August Heß hatte sich in einem Vortrag mit dem Fuhsekanal beschäftigt und unter anderem gesagt:[81]

[81] Über den Praktiker und Wissenschaftler Heß (1827-1894) lies ausführlich: „August Heß wirkte Mitte des 19. Jahrhunderts im Raum Celle als angesehener Wasserbauingenieur“, in: Blazek, Matthias, Dorfchronik Nienhof, Langlingen 2005, S. 212.

In dieser Hinsicht haben einzelne verfehlte Anlagen abschreckend gewirkt. So legt der am Ende des vorigen Jahrhunderts angelegte Umflutkanal für das Fuhse- und für das Aue-Hochwasser um Celle herum nach Hambühren, dessen unteres Ende in der Sohle nicht gesichert und daher vom Wasser selbst nach und nach vertieft wurde, große Sandflächen bei Hambühren so trocken, daß sie heute nur noch Fuhren tragen. Eine Stauschleuse bei Hambühren könnte dem Übelstande abhelfen, ist aber von den Interessenten nicht angenommen.

Als die schädliche Wirkung des Kanals klar vor aller Augen lag, führte man zur Wiedergutmachung in den Jahren 1797-98 mittels der Neuen Aue, die am Obershagener Grundbaum aus der Alten Aue abzweigt, Wasser heran.

Die Instandsetzung des Fuhsekanals, der von der Bevölkerung auch „Alter Kanal" oder „Hannoverscher Kanal" genannt wurde, war von Baubeginn an ein ständig wiederkehrender Streitpunkt zwischen den Gemeinden, Interessenten und dem Staat.[82]

Die Baumaßnahmen schlossen auch die Errichtung von zwei Kanalwärter-Dienststellen, sog. „Canalvoigts Wohnungen", ein. Eines dieser Gebäude wurde südwestlich von Bennebostel, an der alten Poststraße von Hannover nach Celle,[83] errichtet, das zweite bei Wietzenbruch, dort, wo der Fuhsekanal in das Neustädter Holz eintritt.[84]

In einem Bericht vom 16. Dezember 1826 des Rates Ziegler, der zusammen mit dem Amtsassessor Grothe in Wienhausen den Auftrag erhalten hatte, die Konkurrenz der Interessenten zu den Ent- und Bewässerungsanstalten im Wietzenbruche auszumitteln und festzustellen, wurde ausgeführt, „daß die Bewässerungsanstalten auf Königlicher Kammer Kosten hergerichtet sind und bis jetzt von ihr unterhalten werden, daß aber trotzdem der Fuhsekanal in der jetzigen Lage dennoch nicht ohne Aufsicht bleiben kann, um nicht zu verwildern und noch größere Nachteile herbeizuführen, als bereits bestehen, sind deshalb zwei Kanalwärter mit Wohnung und Gehalt angestellt, welche solchen unter Direktion der Oberaufsicht in Ordnung halten". Die Feststellungen des Rates Ziegler und die anschließenden Verhandlungen führten zu der Vereinbarung vom 27. Dezember 1828, welche die schriftliche Zustimmung der ehemaligen Königlichen Generaldirektion des Wasserbaues und ehemaligen Domänenkammer er-

---

[82] Näheres in: „Acta die Concurrentz der hiesigen Stadt, zu Ausführung eines projectirten Waßer Canals von der Fuhse bey Nienhagen bis in den Aller Strohm bey Hambühren, und Unterhaltung des so genannten Adams Graben, und was desfalls mit Königl. Großvoigtey tractirt und verglichen worden, betreffend 1766-1770" (Stadtarchiv Celle 23N 56).

[83] Überlieferte Namen von Kanalwärtern sind Conrad Heinecke (sechsköpfige Familie; 1833, 1845), Ebeling (1862/63) und Theodor Wundram (ab 1895).

[84] Überlieferte Namen von Kanalwärtern sind Ahrbeck und Haupt. Im „Zelleschen Anzeiger nebst Beiträgen" hören wir 1819 von „des Canalwärters Ahrbeck Garten". Am gleichen Ort finden wir am 1. Juni 1822 erneut „Canalwärter Ahrbeck". Kanalwärter Ahrbecker wurde im „Zelleschen Anzeiger" vom 7. und 11. März 1829 genannt, als es um den öffentlich meistbietenden Verkauf von Bau- und Brennholz (Kiefer) am 16. März 1823 „in Röthel am Adamsgraben beim Jungfernstiege" ging. In den Celleschen Anzeigen vom 10. und 20. (!) April 1850 kündigte Amtsvogt Schacht einen Verkaufstermin „in der Official-Wohnung des weiland Canalwärters Münter am Fuhsecanale" am 14. April 1850 an.

hielt und nach der die Herrschaft eine Anzahl Bauwerke zu unterhalten und ferner die Besoldung der beiden Kanalwärter und die Unterhaltung der beiden Kanalwärterhäuser zu tragen hatte. Im Anschluss an diese Vereinbarung erhielten die beiden Kanalwärter eine Instruktion, in der es unter anderem hieß:

Wenn einzelne Versandungen im Kanal sich zeigen, oder Holz, Busch und dergleichen Gegenstände in demselben festtreiben, so hat der Kanalwärter solche, bevor sie das Ufer beschädigen, zu beseitigen.

Abb. 13: Der Fuhsekanal heute (2008). Foto: Blazek

Diese Vereinbarung galt bis 1856-57. Die Kanalwärter hatten dabei nur leichten Aufsichtsdienst. Sie mussten, wenn Aufräumungsarbeiten anstanden und der Wasserstand es zuließ, dem Wasserbauinspektor Nachricht geben. Dieser veranlasste, dass die verpflichteten Gemeinden und Interessenten bei dem Königlichen Amte in Burgdorf sowie bei den Königlichen Amtsvogteien Bissendorf, Burgwedel, Eicklingen und Winsen und der Burgvogtei Celle aufgefordert wurden, zu räumen. Diese Räumungen wurden in den seltensten Fällen durchgeführt.

Im Jahre 1844 wurde der Fuhsekanal so beschrieben:[85]

4. Gewässer

II. Künstliche Wasserleitungen (Kanäle), *kommen in der Provinz Lüneburg zwar mehrere vor; sie sind aber alle von keiner großen Bedeutung. Zu erwähnen sind: (...) 11) der Fuhse=Kanal (gemeinhin „der Kanal" genannt) in der Burgvoigtei Celle, tritt bei Bennebostel aus diesem Flusse und mündet, nach mehr als 3stündigem Laufe, bei Hambühren, Amtsvoigtei Winsen, in die Aller. Mit ihm stehen in Verbindung: a) die s. g. neue Aue, eine Ableitung des Aueflusses, welche zu den Entwässerungs=Anstalten im großen Wietzenbruche gehört, b) der Adamsgraben, gleichfalls zu den Wietzenbruchs=Be= und Entwässerungs=Anstalten gehörend. Auch der Auefluß selbst kann gewissermaaßen als künstliche Wasserleitung aufgeführt werden, da er auf seinem ganzen Laufe durch die Amtsvoigtei Ilten und das Amt Burgdorf geradegelegt (rectificirt) ist.*

In den Celleschen Anzeigen vom 28./31. August 1850 erfahren wir von den acht Morgen großen Rieselwiesen des Wasserbauinspektors Heinrich Dassel, dem Dasselsbruch bekanntlich seinen Namen verdankt: „Am Sonntage den 1. September d. J. soll der zweite Grasschnitt auf den bei der Stauschleuse im Fuhse-Canal belegenen, circa 8 Morgen großen Rieselwiesen des Herrn Wasserbau-

[85] Ringklib, Heinrich, Statistisch-topographisches Hand- und Wörter-Buch über den Landdrostei-Bezirk Lüneburg, Celle 1844, S. 8.

Inspectors Dassel unter den alsdann bekannt zu machenden Bedingungen, in 7 Kabeln, meistbietend verkauft werden; wozu sich Kaufliebhaber am gedachten Tage, Nachmittags 4 Uhr, an Ort und Stelle einfinden wollen. / Celle, den 27. August 1850."

Infolge fehlender ordnungsmäßiger jährlicher Krautung und Räumung verwuchs der Kanal immer mehr. Die Profile wurden durch Auflandungen immer kleiner, und man war allmählich gezwungen, sich um eine ordnungsmäßige Unterhaltung ernstlich zu bemühen. Um 1850 war die Inanspruchnahme des Domänenfiskus für die Unterhaltung des Kanales wiederholt Gegenstand eingehender Prüfung der Behörden. Der Amtsvorsteher Stölting hatte nach einer Akte des damaligen Königlichen Amtes Celle, betitelt „Erkenntnis über die Verpflichtung des Domanii zur Unterhaltung des Fuhsekanals", im Juni 1858 folgende Erkenntnis niedergelegt: „... so wird erkannt, daß, wenngleich der Fuhsekanal auf Anordnung der ehemaligen Großvogtei in Celle zur Ausführung gebracht ist und zu den Kosten bedeutende Summen von der allergnädigsten Herrschaft hergeschossen sind, doch deshalb, weil solches nicht auf Grund einer dem Domanio obliegenden Verpflichtung, sondern aus einer reinen Gnadenakte Sr. Majestät des Königs Georg III. geschehen ist, auch nicht zunächst ein Vorteil des Domanii, sondern der beteiligten Grundbesitzer die Anlage des Fuhsekanals veranlaßt hat, das Domanium Dritten – namentlich bei der gegenwärtigen Fuhse-Correction beteiligten – gegenüber, überall nicht für verpflichtet angesehen werden kann, den Fuhsekanal instandzuhalten, es sei denn die jetzigen Antragsteller könnten und wollten in einer zu dem Behufe ihnen hiermit präfigierten achtwöchigen Frist nachweisen, daß und in welchem Maße das Domanium eine solche Verpflichtung ausdrücklich übernommen habe."

Anträge auf Übernahme der Unterhaltung des Fuhsekanals wurden aufgrund eines Reskripts vom 25. Januar 1858 an das Königliche Amt in Celle abgelehnt mit der Begründung, dass der Kanal nicht zum Vorteil des Domanii, sondern im Interesse der beteiligten Grundbesitzer angelegt worden sei.

Am 21. September 1859 erging eine rechtskräftig gewordene Verfügung der Landdrostei, nach dem ein Antrag, die Unterhaltung des Kanals aus Billigkeitsgründen auf den Staat, und zwar auf den Wasserbauetat zu übernehmen, durch Erlass vom 21. Juli 1859 des Ministers des Innern abgelehnt worden wäre. Entschieden wurde, „daß das Domanium zur Erhaltung des Kanals nicht angehalten, wenigstens nicht allein herangezogen werden kann". Der gegen diese Entscheidung zulässige Rechtsweg war von den Interessenten nicht beschritten worden.

Nach der Einverleibung Hannovers in den preußischen Staat 1866 waren die Verhandlungen mit der Bauernschaft zwecks freiwilliger Übernahme der Unterhaltspflicht des Fuhsekanals noch deutlicher aussichtslos geworden. Sie wurden nach der Ablehnung gegenüber der Landdrostei am 16. Juli 1869 eingestellt.

Literatur

Matthias Blazek und Wolfgang Evers: Dörfer im Schatten der Müggenburg. Eigenvertrieb, Celle 1997 (S. 99 ff.)

12
Der Bau der Eisenbahnlinie von Lehrte nach Celle

Die Eisenbahnstrecke Lehrte-Celle wurde im Jahre 1845 in Betrieb genommen. Sie ist eine der ältesten Bahnlinien Deutschlands überhaupt und gerade einmal zehn Jahre nach der Strecke Nürnberg-Fürth eröffnet worden. Die Bahnlinie verläuft schnurgerade vom Kopfbahnhof Lehrte über Aligse, Burgdorf, Otze, Ehlershausen nach Celle und in der zwei Jahre jüngeren Verlängerung bis nach Harburg.

Bereits am 18. Juni 1835 hatte die hannoverschen Regierung den Oberst und Generalquartiermeister in der Königlich Hannoverschen Armee Victor Prott, Direktor der Militärakademie,[86] mit der Vornahme von allgemeinen Vorarbeiten für die Eisenbahnlinien Hannover-Bremen, Celle-Harburg, Hannover-Celle, Braunschweig-Celle und Hannover-Braunschweig beauftragt.

Über die Bahnstrecke Lehrte-Celle verlautete damals: „(...) während das Terrain über Burgdorf zwar eben, aber wegen der großen Sandwüsten, ausgedehnte Moorflächen, Sümpfe und dergleichen bedeutende extraordinäre Practivea erforderlich machen würde."

Am 18. Juli 1842 begannen die Arbeiten auf dem Teilstück Hannover-Lehrte. Bald darauf wurden auch die Arbeiten an drei weiteren Stellen aufgenommen. Die Leitung des gesamten Bahnbaus wurde dem Oberingenieur A. H. Dammert übertragen.

Leiter der am 13. März 1843 gegründeten Eisenbahndirektion wurden Oberbaurat Hagemann, Hofrat Hartmann und Hoffabrikant Hausmann. Im selben Jahr trat der spätere Geheime Regierungsrat und Oberbaurat Otto Durlach der Verwaltung der hannoverschen Staatsbahn bei. Durlach wurde zunächst bis zum Jahre 1845 als Baukondukteur bei dem Bau der Eisenbahnstrecken Hannover-braunschweigische Grenze und Lehrte-Celle beschäftigt.

Am 22. Oktober 1843 wurde die erste Strecke im Königreich Hannover von Hannover nach Lehrte eröffnet.

Durch den Bau der Bahnstrecke Hannover-Braunschweig „war die alte heißumstrittene Frage, ob Celle oder Burgdorf Gabelungspunkt der nach Harburg hin zu erbauenden Eisenbahn werden sollte, gegenstandslos geworden. Es kam nur noch Lehrte dafür in Betracht."

Nach langen Verhandlungen sollte aufgrund eines Ministerialbeschlusses vom 10. Juni 1843 die Eisenbahn Lehrte-Celle gebaut werden. Nun erregte in Celle eine äußerst wichtige Frage alle Gemüter: „Wo soll das Bahnhofsgebäude stehen?" Es entbrannte ein außerordentlich heftiger Streit in der Celler Bürgerschaft. Die „breite Masse des Volkes", geführt von Vertretern der Bürgerschaft („Viermänner"), trat in Bittschriften für den Wildgarten als Bahnhofsplatz ein,

---

[86] Victor von Prott, * Hameln 21.09.1781, † 16.02.1857, 1816 Generalquartiermeister, 1845-1848 Generaladjutant, 1848-1850 Kriegsminister, 1816-1857 Generalstabschef.

weil dieses der Stadt gehörende Gelände, das wenig einbrachte, eine günstige Lage und die besten Ausdehnungsmöglichkeiten habe. Als Übungsplatz für das dort liegende Militär empfahl man die „Mühlenmasch". Vertreter der Kaufmannschaft aber waren für ein Gebiet in der Nähe der Speicher bei der Anlegestelle der Schiffe. Dem folgte der Magistrat der Stadt Celle unter Federführung von Bürgermeister Dr. Theodor Breden, der am 31. Juli 1844 eine entsprechende Verlautbarung für die Presse unterschrieb. Die Eisenbahndirektion in Hannover entschied sich im Sinne der Kaufleute für den jetzigen Bahnhofsplatz dicht an der Justizvollzugsanstalt, weil er sich der vorgesehenen Linienführung am besten anpasse.

Im Jahre 1844 wurden die Leser der Celleschen Anzeigen über den besagten Stand der Dinge in der Frage des Bahnhofsstandorts in Celle, über die Abtretung von Flächen an die Eisenbahn und die geplante Vergabe von Transporten der Querschwellen informiert.

Am 3. August 1844 war dort zu lesen:

Gerichtliche Vorladung.

Nach einer Anzeige der Königlichen Eisenbahn=Direction zu Hannover müssen behuf der, mittelst Bekanntmachung des Königlichen Ministerii des Innern vom 10. Juni 1843 beschlossenen Eisenbahn=Anlage zwischen Celle und Lehrte in der Feldmark

Müggenburg

von den in dem nachfolgenden Verzeichnisse aufgeführten Grundstücken die dabei bezeichneten Flächen (unter Vorbehalt einer genauen Aufmessung des Mehr oder Wenigern nach dem eintretenden Bedarf), durch die resp. Eigenthümer abgetreten werden.

Indem solches den Letztern in Gemäßheit der §. §. 7 und 8 des Gesetzes vom 8. September 1840 zur Nachricht dient, werden zugleich nicht nur alle nachbenannten Eigenthümer, sondern auch alle diejenigen, welche sonst Ansprüche auf Entschädigung wegen jener zur Abtretung geforderten Grundflächen zu begründen haben mögten, zur Abgabe ihrer Erklärung über die verlangte Abtretung, Benutzung oder Belastung des Grund=Eigenthums, so wie zur Geltendmachung der Entschädigungs=Ansprüche zu dem auf

Dienstag, den 10. September d. J.,

Morgens 10 Uhr,

vor hiesigem Amte anstehenden Termine bei Strafe des Ausschlusses mit ihrer Erklärung des resp. Verlustes ihrer Entschädigungs=Ansprüche hiedurch vorgeladen.

In dem angesetzten Termine soll auch der Versuch einer gütlichen Vereinbarung sowohl über die Zulässigkeit der Entschädigungs=Ansprüche als auch über den Betrag der zu leistenden Entschädigung gemacht werden.

Celle, den 5. Juli 1844.

Königlich=Hannoversche Burgvoigtei.

Schär. Siemens. Heuer.

Gerichtliche Vorladung.

Nach einer Anzeige der Königlichen Eisenbahn-Direction zu Hannover müssen behuf der, mittelst Bekanntmachung des Königlichen Ministerii des Innern vom 10. Juni 1843 beschlossenen Eisenbahn-Anlage zwischen Celle und Lehrte in der Feldmark

Müggenburg

von den in dem nachfolgenden Verzeichnisse aufgeführten Grundstücken die dabei bezeichneten Flächen (unter Vorbehalt einer genauen Aufmessung des Mehr oder Wenigern nach dem eintretenden Bedarf), durch die resp. Eigenthümer abgetreten werden.

Indem solches den Letztern in Gemäßheit der §. §. 7 und 8 des Gesetzes vom 8. September 1840 zur Nachricht dient, werden zugleich nicht nur alle nachbenannten Eigenthümer, sondern auch alle diejenigen, welche sonst Ansprüche auf Entschädigung wegen jener zur Abtretung geforderten Grundflächen zu begründen haben mögten, zur

Abb. 14: Cellesche Anzeigen vom 3. August 1844. Repro: Blazek

Tabellarische Uebersicht der in der Feldmark Domaine Müggenburg, Burgvoigtei Celle, für die Anlage der Eisenbahn zu erwerbenden Grundstücke.

Laufende Nummer.	Namen und Wohnort des Eigenthümers.	Art des Grundstücks.	Namen des Grundstücks oder des Feldes, der Forst u. dgl., worin das Grundstück belegen.	Summa der zu expropriirenden Fläche, nach ungefährer Berechnung. Mr.	□R.
1	Königliche Domaine Müggenburg	Haide.	Das Müggenburger Moor.	12	1
2	Oeffentlicher Weg	Moorweg.	desgleichen.	—	6
3	Desgleichen	des-	gleichen.	—	5
4	Desgleichen	des-	gleichen.	—	13
5	Desgleichen	des-	gleichen.	—	8
6	Desgleichen	des-	gleichen.	—	3

Abb. 15: Tabellarische Übersicht der in der Feldmark Domaine Müggenburg für die Eisenbahnanlage zu erwerbenden Grundstücke. Cellesche Anzeigen vom 3. August 1844. Repro: Blazek

Im gleichen Monat richtete der Eisenbahnbauinspektor C. Hartmann zweimal einen Aufruf an die Holzhändler, die Lieferungen der noch erforderlichen Querschwellen zu übernehmen. Am 17. August 1844 stand in den Celleschen Anzeigen: „Vermischtes. Zu der Eisenbahn von Lehrte bis Celle sind noch etwa 10,000 Stück Queerschwellen erforderlich, welche bis jetzt nicht contrahirt sind. Diejenigen Holzhändler, welche geneigt sind, Lieferungen zu übernehmen, wollen im Büreau des Unterzeichneten die Lieferungs-Bedingungen einsehen, woselbst auch gedruckte Exemplare derselben zu erhalten sind. Der Eisenbahnbau-Inspector C. Hartmann."

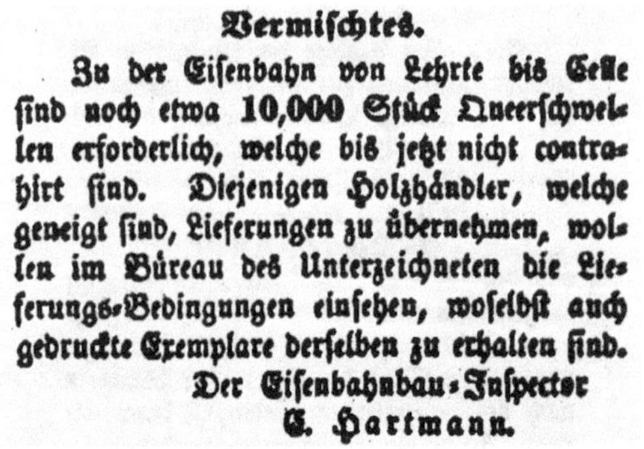

Vermischtes.

Zu der Eisenbahn von Lehrte bis Celle sind noch etwa 10,000 Stück Queerschwellen erforderlich, welche bis jetzt nicht contrahirt sind. Diejenigen Holzhändler, welche geneigt sind, Lieferungen zu übernehmen, wollen im Büreau des Unterzeichneten die Lieferungs-Bedingungen einsehen, woselbst auch gedruckte Exemplare derselben zu erhalten sind.

Der Eisenbahnbau-Inspector
C. Hartmann.

Abb. 16: Cellesche Anzeigen vom 17. August 1844. Repro: Blazek

Am 5. September 1844 fanden die Verhandlungen zwischen Vertretern der Königlich Hannoverschen Eisenbahndirektion und den Eigentümern der in der Feldmark Westercelle abzutretenden Grundflächen sowie Westerceller Gemeindemitgliedern betr. Entschädigung für die „zu expropriierenden Flächen“ statt:

In dem heutigen zur Anmeldung jedweder Entschädigungsansprüche hinsichtlich der im Westerceller Felde behuf Anlegung der Eisenbahn zu expropriierenden Grundstück, erschienen als Vertreter der Eisenbahn=Direction der Domänenpächter Mertens aus Hofschwiecheld und der Eisenbahn=Bau=Inspector Hartmann, sowie verschiedene Profitenten. (...)
Die Spedici liquidiren
1) die Entschädigung für Grund und Boden pro Mg 100 T.
2) Sie verwehren sich gegen Vergütung irgendeines Schaden, welcher bei den Übertriften oder durch Anlauf des Viehes der Bahnlinie und den Graben zugefügt wird, zumal das Vieh theilweise bei Nacht hirtenlos an der Bahn geht. Sie wollen deshalb auch keine Pfandung zugestehen.
3) Für Abstechen der Soden eine Entschädigung (...)

Im November 1844 fand auf einer Gemeindeversammlung in Westercelle die Taxation (Schätzung) der in der Feldmark Westercelle abzutretenden Grundstücke statt. Zu dem Termin erschienen als Vertreter der Eisenbahndirektion der Domänenpächter Mertens und der Eisenbahn-Bauinspektor Hartmann in seiner Funktion als Wertsachverständiger, die Spedici von Westercelle, Vollhöfner Krüger, Halbhöfner Stockmann und Kötner Kraul, sowie 26 Westerceller Gemeindemitglieder.

Zum Bau der Königlich-Hannoverschen Eisenbahnen lieferten 1844 der Höfner Behrens (Nienhagen Haus Nr. 2) und der Kötner Heuer (Nienhagen Haus Nr. 9) Eisenbahnschwellen an die Bahnlinie von der Müggenburg bei Adelheidsdorf bis zum Fuhsekanal. Die Eichenquerschwellen sollten in Längen von acht und neun Fuß ohne Borke, mindestens zwölf Fuß breit und mindestens sechs Zoll Hannoversche Maße stark sein. Behrens verpflichtete sich, 500 Eichenschwellen frei Baustelle zu liefern. Er erhielt dafür von der Königlichen Eisenbahnverwaltungskasse in Hannover für den laufenden Fuß Eichenholz 3 Gutegroschen 4 Pfennige.

Der Hofbaurat Hagemann, der Leiter des Domanialbauwesens war, hatte überhaupt keine Ahnung von Eisenbahnen. Deshalb gab er bereits 1844 diesen Posten „aus Gesundheitsgründen" auf.[87] Zu ihrem technischen Leiter wurde der Baurat Johann H. A. Mohn (1800-1872), Eisenbahndirektor der Berlin-Anhalter Bahn, ernannt. Als technischer Hilfsarbeiter stand ihm Adolf Funk (1819-1889) zur Seite.

Am 13. September 1845 war die Teilstrecke Lehrte-Celle so weit fertig gestellt, dass die erste Lokomotive bis nach Celle gelangen konnte. Die Bevölkerung unserer Heimat musste sich umstellen. In den Celleschen Anzeigen vom 4. Oktober 1845 wurde die „Bekanntmachung, das Fuhrwesen zur Verbindung des Bahnhofes mit der Stadt und den Vorstädten betreffend" vom 2. Oktober 1845 veröffentlicht. Es handelt sich um 35 Paragraphen, die von der Königlichen Polizei-Kommission in Celle aufgestellt waren.

Der Burgdorfer Schlachter Heinrich Thöne beging am Tag der Fertigstellung der neuen Bahnlinie den Mord an den vor der Gleislegung auszuführenden Erdarbeiten betraut gewesenen Schachtmeister Friedrich Franz aus Dungelbeck im Amt Peine, für den er am 19. März 1847 in Celle auf dem Galgenberg büßen sollte. Die Ermittlungen im Fall Thöne zielten anfangs auf ein absichtliches Verschwinden des mit der Aufsicht über die hin. So zeigte der Bauleiter Otto Durlach, Eisenbahnbau-Inspektor zweiter Klasse, am 14. September 1845 dem Königlichen Amt Burgdorf schriftlich an, dass Franz verschwunden sei und mit ihm die 210 Reichstaler, die jener am Morgen noch nicht ausbezahlt habe.

Am 9. Oktober 1845 kamen auf der neuen Bahn König Ernst August von Hannover und Herzog Wilhelm von Braunschweig nach Celle. Damit war die Bahn eingeweiht, doch wurde sie erst am 15. Oktober 1845 dem öffentlichen Verkehr freigegeben.

Täglich fuhren 1845 vier Personenzüge von Hannover nach Celle und zurück, zwei am Vormittag und zwei am Nachmittag. Die Fahrdauer betrug 1 1/2 Stunden, so dass ein Pendelverkehr möglich war. Zeitgleich mit der Eröffnung der Eisenbahn am 15. Oktober fand auch die Beförderung der Postsendungen zwischen Celle und Hannover und Braunschweig auf dem Schienenwege statt.

Damals wurden in Hannover alle Entfernungen auf der Eisenbahn (nach dem Vorbild der Posttarife) nach Meilen berechnet (eine hannoversche Meile = 7419 Meter). Nach Meilen war auch der Eisenbahntarif für die drei Wagenklassen berechnet, die es im Hannoverschen gab. Nach dem alten Tarif, der allerdings mehrfach wechselte, kam eine Meile in der ersten Klasse auf 6 Groschen, in der zweiten auf 4 1/2 Groschen und in der dritten auf 3 Groschen. Im Güterwagen konnte jeder Reisende 50 Pfund Freigepäck mitnehmen, während für die Personenwagen nur leichtes Handgepäck zugelassen wurde.

Eine Fahrkarte von Hannover nach Celle kostete 10 Gutegroschen (ein Taler hatte 25 Gutegroschen).

---

[87] Hauptmann Dammert hatte seinetwegen eine Probeeisenbahn auf dem Steintorfelde anzulegen erwogen, damit Hagemann sich überhaupt eine Vorstellung machen konnte.

Der 1842 begonnene erste Abschnitt des Eisenbahnbaus im Königreich Hannover kam im Dezember 1847 mit der Eröffnung der Bremer Bahn zu einem Abschluss. Bis zu diesem Zeitpunkt waren fertig gestellt:

1. Hannover bis zur braunschweigischen Landesgrenze,
2. Hannover nach Minden,
3. Lehrte nach Hildesheim,
4. Lehrte nach Harburg und
5. Wunstorf nach Bremen.

Damit betrug die Gesamtlänge der hannoverschen Eisenbahn 390,75 Kilometer, von denen 50,02 Kilometer auf fremdem und 340,73 auf hannoverschem Territorium lagen.[88]

Zunächst fuhren nur englische Lokomotiven auf den hannoverschen Linien, bis sie dann später von deutschen Erzeugnissen abgelöst wurden.

Diese anfänglich sechs Dampflokomotiven mussten nach ihrer Anlandung in Harburg in Einzelteilen auf dem Landweg nach Hannover transportiert werden. Zum Packhof, wo die Lokomotiven auf Gleise gesetzt werden sollten, war zu diesem Zweck ein gepflasterter Zugang angelegt und eine neue Brücke über den noch vorhandenen Stadtgraben geschlagen worden.

Zu diesem Maschinenpark kamen bis 1845 sieben weitere Lokomotiven hinzu, davon fünf bereits von deutschen Herstellern (Maschinenfabrik Zorge am Harz und Borsig). Alle Maschinen gehörten zur Bauart 1 A 1, das heißt, nur die mittlere von drei Achsen wurde angetrieben. Bei einer Betriebsgeschwindigkeit von 30 Kilometern in der Stunde konnten Höchstgeschwindigkeiten bis zu ca. 60 Kilometer pro Stunde erreicht werden. Für Kohle und Wasser wurde ein besonderer Tender mitgeführt.

Die ersten hannoverschen Lokomotiven sind im Vergleich mit unseren heutigen Lokomotiven leicht zu nennen. So wog beispielsweise die Lokomotive „Ernst August" der Egestorffschen Fabrik rund 19 Tonnen.

Trotz ihrer Kleinheit waren die alten Lokomotiven sehr leistungsfähig. Die hannoversche Lokomotive Nr. 1, die aus England stammte, fuhr volle 14 Jahre, von 1843 bis 1857, wo sie ausrangiert wurde, nachdem sie in ihrer Dienstzeit 25 725 Meilen zurückgelegt hatte.

Allmählich gewöhnten sich die Reisenden an das neue Verkehrsmittel. Die Eisenbahndirektion Hannover meldete folgende Fahrgastzahlen:

1845 52000 Personen
1846 170000 Personen
1865 2 700 000 Personen

---

[88] Scholl, Lars Ulrich, Ingenieure in der Frühindustrialisierung – Staatlich und private Techniker im Königreich Hannover und an der Ruhr (1815-1873), Vandenhoek & Ruprecht, Göttingen 1978, ISBN 3-525-42209-1, S. 185.

13

Hänigsen: Der Fall der Catharina Dammann

Im Jahre 1746 stand eine noch junge schöne Schustersfrau, Catharina Dammann, auf der Richtstätte. Catharina Margaretha Beinsen wurde am 29. Dezember 1715 in Obershagen geboren. Im Kirchenbuch heißt es auf Seite 129 (Stempelaufdruck 75): „d. 29 Decembr. ist Thile Beinsen ein junges Töchterlein gebohren, welches in festo circumcisionis et novennis 1716 getaufft und benandt Catharina Margareta. Gevatterinnen waren 1) Hans Möhlen hiesigen Schneiders Frau 2) Catharina Beinsen filia Claus Beinsen, 3) Dorothea Raupers filia Henning Raupers."

Das Mädchen verbrachte in Obershagen seine Kindheit und wurde in der Kirche St. Nicolai konfirmiert. Als Catharinas Vater, Tiele Beinsen, starb, heiratete seine Witwe nach Hänigsen zu Hans Echte und nahm Catharina mit.

Die junge Frau – Catharina war inzwischen 28 Jahre alt geworden – wurde 1744 in Hänigsen dem Burgdorfer Schuster Johann Ludolf Dammann angetraut, was sich alsbald als schlimmer Missgriff erwies, denn Dammann entpuppte sich als ein ganz übles Subjekt, herrisch, gewalttätig und dem Suff ergeben. Mehrfach wurde sie von ihrem Mann stark misshandelt, täglich musste sie die härtesten Drohungen hören, falls sie nicht ihren rückständigen Brautschatz anschaffen werde.

Eines Tages, als es wieder einmal eine ganz böse Szene im Schusterhause gegeben hatte, lief die verängstigte Frau nach Hänigsen und bat ihren Stiefvater inständig um eine einstweilige Abschlagszahlung von sechs Talern auf ihren Brautschatz. Hans Echte wollte oder konnte aber im Augenblick ihrem Wunsche nicht entsprechen.

Die völlig verzweifelte Frau traute sich jedoch mit leeren Taschen nicht nach Hause. In ihrer Seelennot verfiel sie auf einen etwas verwegenen Ausweg. Sie nahm aus des Vaters Hause eine Trense (leichter Pferdezaum) und schlich sich damit ins Holz, wo sie des Stiefvaters Pferd vermutete. Sie gedachte es zu fangen, zu verkaufen und sich den Erlös als Teil ihres Brautschatzes anrechnen zu lassen. So sehr sie aber im Holz suchte, des Stiefvaters Pferd war nicht unter denen, die sie entdeckte. Verzweifelt vor sich hinschluchzend verbrachte die verstörte Frau eine ganze Nacht in Angst im Hänigser Bruch. Am nächsten Morgen liefen ihr zwei fremde Pferde über den Weg, von denen sie das eine einfing und in Verzweiflung beinahe drei Meilen davon ritt.

„Kaum hatte der unordentliche Mann das aus 5 Thlr. 18 Mgr. bestehende Kaufgeld herdurch gebracht, und dabey stets über die nur abgelieferte kleine Summe geschimpft, so war die Sache schon entdeckt und die Thäterinn eingezogen."

Bereitwillig erzählte die Schustersfrau, die noch nie in ihrem Leben etwas Verbotenes getan hatte, ihre ganze traurige Geschichte. Wahrscheinlich überschaute sie überhaupt nicht die Tragweite ihres begangenen Frevels, zumal in dieser Gegend, wo das Vieh den Haupterwerbszweig des Bauernstandes ausmachte und Viehdieben demzufolge die Höchststrafe drohte.

Die ertappte Diebin wurde nach Meinersen ins Gefängnis gebracht, wo ihr auch der Prozess gemacht wurde. Frau Dammann war voll geständig, reumütig und todunglücklich. Nun hätte man wohl sehr leicht ihren Mann, den Säufer und Schläger, als den eigentlichen Urheber der Tragödie ausmachen können. Doch offenbar hielt man damals in den Gerichtsverhandlungen noch nicht viel von der Psychologie, denn man sprach der Frau die Alleinverantwortung zu und verurteilte sie zum Tode durch den Strang.

Das Urteil wurde jedoch in die Gnade des Landesherrn gestellt. Der aber wich in unserem Fall nicht vom geltenden Recht ab und bestätigte das Urteil, entzog die Delinquentin aber dem Henker und überantwortete sie stattdessen dem Scharfrichter, der die Pferdediebin 1746 in Meinersen enthauptete.

Otto Carl Niemeyer berichtete in seinem Buch „Ueber Criminal-Verbrechen, peinliche Strafen und deren Vollziehung, besonders aus älteren Zeiten“ über die Urteilsverkündung im Fall der „noch jungen schönen Schustersfrau“: „Wegen der auffälligen Milderungsgründe scheint sie der Gnade des Königs zwar empfohlen zu seyn; aber Georg der Andere bestätigte nach Englischer Gewohnheit den einmal zu deutlichen Buchstaben des Gesetzes, und die einzige Gnade, die man für sie eintreten ließ, bestand darin, daß man die Strafe des Stranges in die des Schwerdtes noch verwandelte.“[89]

Wie abgestumpft durch häufige Straftaten die Zeit gewesen ist, wird aus einer Niederschrift von 1746 deutlich: „Eine Herumtreiberin namens Christina Beinsen, hat versucht, ein Pferd von einer Weide wegzuführen, um es in Gifhorn zu verkaufen. Sie wird gefaßt, sitzt zwei Jahre im Meinerser Gefängnis und wird am 8. Juli 1746, 27 Jahre alt, bei Ohof enthauptet. Da Meinersen keinen Scharfrichter hat, kommt meist einer aus Braunschweig. Diesmal macht es ein neuer, der junge Funke aus Uetze. Er macht damit sein Meisterstück.“

Nachrichter Funke aus Uetze scheint seine Sache, sein „Meisterstück“, gut gemacht zu haben, wie in einem Schreiben vom 5. Mai 1747 deutlich gemacht wird: „„... des Nachrichters Johann Christoph Funcken ... und da er die an der hieselbst unter d. 8ten Jul: 1746 mit dem Schwerthe justificirten Cathrine Beinsen, mit Ew p gnädiger Bewilligung unternommenen execution glücklich verrichtet, anbefohlen haben, nunmehro eine forml: conceshion über solche Abdecker und Nachrichter Arbeit herbey zu bringen. (...)“[90]

Literatur

Matthias Blazek: Die Hinrichtungsstätte des Amtes Meinersen – Eine Quellensammlung, Stuttgart 2008, ISBN 978-3-89821-957-0

[89] Niemeyer, Otto Carl, Ueber Criminal-Verbrechen, peinliche Strafen, und deren Vollziehungen, besonders aus älteren Zeiten / aus den Criminal-Acten des Königl. Hannov. Amts Meinersen größtentheils gesammelt, Lüneburg 1824 (Bibliothek des OLG Celle A 64.447.553), S. 23 ff. Niemeyers Werk ist als Anhang in das Neue vaterländische Archiv, Jahrgang 1824, eingearbeitet.

[90] Nds. HptStA Hann. 74 Meinersen Nr. 1179: Nachrichtersachen (Konzessionen, Rekognitionen, Rechte, Pflichten), 1650-1831.

14
Celle: Der Fall des Schneideramtsmeisters Hamelmann

Die peinliche Gerichtsordnung Kaiser Karl V. von 1532, die „Constitutio Criminalis Carolina" oder kurz „Carolina", blieb bis zum Erlass des hannoverschen Kriminalgesetzbuchs vom 8. August 1840 und des Gesetzes über das Verfahren in Kriminalsachen vom 8. September 1840 in gesetzlicher Kraft. Die völlige Beseitigung derselben durch die bezeichneten Gesetze ist uns in einem humoristischen Bilde des Malers Carl Hoff in Celle dargestellt. Es zeigt uns, wie die Carolina in einem großen Sarg von Eulen zu Grabe getragen wird. In einem großen Leichenzug folgen dem Sarg sämtliche Mitglieder des Oberappellationsgerichts, der Justizkanzlei, der Burgvogtei und des Magistrats. Von besonderem Interesse ist, dass alle Personen des Gefolges in gelungener Weise porträtähnlich dargestellt sind. Das Bild befindet sich heute im Bomann-Museum Celle.

Dr. Albert Hüne führt in seiner „Geschichte des Königreichs Hannover und Herzogthums Braunschweig" aus: „Die barbarischen Strafen der so genannten Carolina wurden zwar nie in ihrer vollen Strenge ausgeübt, aber auch eben so wenig als die Tortur wirklich abgeschafft."[91]

Ein überliefertes Schicksal ist das des Schneideramtsmeisters Friedrich Christian Hamelmann. In der Jahreschronik von 1802 im Archiv der Stadtkirche Celle heißt es:

Des Schneider Hamelmanns Execution.

Am 19ten Jan: dieses Jahrs wurde der in der neuen Straße wohnhaft gewesene SchneideramtsMeister Hamelmann auf dem Galgenberge enthauptet. Er hatte seine hochschwangere Frau mit einem Beile ermordet und es wurde über ihn das Urtheil gefällt, daß er geköpft, dann aufs Rad gelegt u. sein Kopf auf einen Pfahl sollte gesteckt werden. Dieses Urtheil wurde ihm vor dem peinlichen Halsgericht von dem hl. Burgvoigt Klare vorgelesen, es war auch den Tag vorher das Rad hinausgebracht, der Pfahl aufgerichtet und alle Anstalt zum rädern gemacht. Unter dem Galgen indeß wurde ihm die Begnadigung des Königs vorgelesen, dass er nach seiner Enthauptung nicht aufs Rad gelegt, sondern auf der Stelle der Execution sollte begraben werden. Diese Gnade hatte sich der Vormund der beiden Hamelmannschen Kinder erbeten. Wir Prediger besuchten ihn drei Wochen hindurch täglich, fanden bei ihm eine recht gute Religions Kentniß und waren mit seinem äußerlichen Betragen im Gefängniße, auf dem Todes Wege und auf dem Gerichtplatze wol zufrieden. Das es Dienstag war u. ich gerade den Gottesdienst hatte; so wäre ich von der Hinausführung des Delinquenten frey gewesen. Herr College Schetelig aber wünschte von dieser unangenehmen

---

[91] Hüne, Albert, Geschichte des Königreichs Hannover und Herzogthums Braunschweig, Zweiter Teil, Hannover 1830, S. 449. „Albert Hüne ward 1796 zu Göttingen geboren, studirte daselbst die philosophischen Wissenschaften und trat, nachdem er die Doctorwürde erworben hatte, als Privatdocent an dieser Universität auf. 1828 wurde er als Bibliotheksecretär nach Hannover berufen." (Encyclopädie der deutschen Nationalliteratur, Leipzig 1838, S. 199.)

Arbeit dispensirt [befreit] *zu werden. Dieser Wunsch war in Hinsicht auf sein Alter billig u. ich übernahm gern für ihn dieses Geschäft. Der Missethäter wurde also vom Herrn Collegen Thörl und mir aus dem Gefängniße vors Halsgericht geführet u. nachher muste wir mit ihm auf einem offenen Wagen zur Gerichtsstäte fahren, wo er dann unter anhaltenden Gebeten durchs Schwerdt vom Leben zum Tode gebracht wurde. Der Nachrichter Suhr zeigte auch dieses mahl, daß er sein Handwerk versteht. In einem Nu war der Kopf vom Körper getrennt.*

Ich muß von diesem Verbrecher noch anmerken, daß er vor seiner Mordthat unter uns einen äußerlich ehrbaren Wandel führte, jeder, selbst die Obrigkeit gut von ihm urtheilte u. keiner anfänglich glauben wollte, daß er in eine so entsetzliche That hätte willigen können. Er wurde auch nicht sogleich eingezogen; nur erweckte er durch seine Flucht, auf der er aber bald ertappt wurde, starken verdacht. Er gestand sogleich seine Missethat. Nachgehends ergingen über ihn viele wiedrige Gerüchte. Beynahe allgemein sagte man, daß er seine erste Frau, seine Schwester, einen Gesellen, ja sogar seinen Vater ermordet habe. Es ist indeß in den Gerichtlichen Akten nichts davon kund geworden, hat auch im Gefängniße bei allen seinen demüthigen Geständnissen kein Wort darüber geäußert, so, daß man hoffen muß, daß jene Gerüchte lügenhafte Erdichtungen gewesen. Bey seiner Bearbeitung im Gefängniße konnten wir zuerst nicht den Verdacht der Heuchelei unterdrücken, wie uns selbst seine Gesichtsbildung zu bestärken schien, zuletzt aber meynten wir Uhrsache zu haben, diesen Verdacht aufgeben zu müssen. War er in seinem Innern so, wie er sich äußerlich zeigte; so hat er gewiß vor seinem höchsten Richter Gnade gefunden.

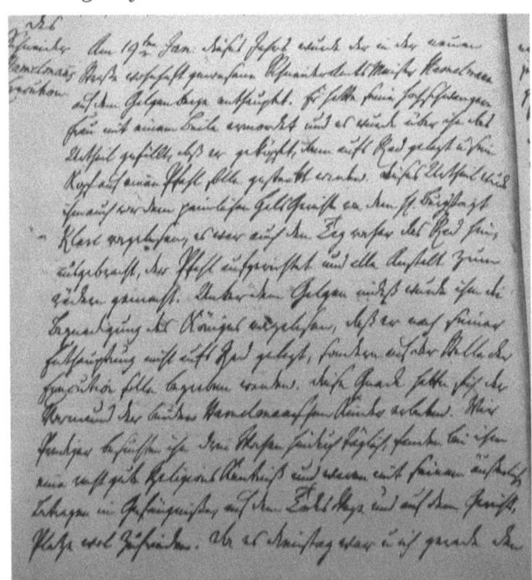

Abb. 17: Der Eintrag im Kirchenbuch. Foto: Blazek

(Acta Ministerii Cellensis, Vol. II, 1757-1808, S. 228 f., Beitrag von Pastor Henricus Ludovicus Echte, im Archiv der Stadtkirchengemeinde Celle)

Literatur

Matthias Blazek: Hexenprozesse – Galgenberge – Hinrichtungen – Kriminaljustiz im Fürstentum Lüneburg und im Königreich Hannover, Stuttgart 2006, ISBN 3-89821-587-3, S. 203 f.

15
Hannover: Kriminaljustiz in hannöverschen Zeiten

Die peinliche Gerichtsordnung Kaiser Karl V. von 1532, die „Constitutio Criminalis Carolina“ oder kurz „Carolina“, bildete die Grundlage für die frühneuzeitliche Kriminaljustiz in deutschen Landen. Die daraus abgeleitete Strafe des Rades, also des Knochenbrechens mit eisenbeschlagenen Rädern, ist im Hannöverschen noch durch das ganze 18. Jahrhundert und auch im 19. Jahrhundert bis zum Erlass des Kriminalgesetzbuchs 1840 praktiziert worden.

Abb. 18: Rädern zu Anfang des 19. Jahrhunderts. Repro: Blazek

Dennoch kam Rädern und Köpfen oder gar in der umgekehrten Reihenfolge im 18. Jahrhundert in Kurhannover nicht oft vor. Ein vom Amt Langenhagen im Jahr 1800 erstelltes Verzeichnis des Hofrats Dr. Ernst Anton Heiliger „der im 18ten seculo auf dem Hochgericht zu Vahrenwald Todesstrafen“ (das war die Hinrichtungsstätte des Amtes Langenhagen) listet insgesamt 71 Hinrichtungen auf, darunter fielen neun Räderungen, 20 Enthauptungen mit dem Schwert, 33 Hinrichtungen mit dem Strang; nur in acht Fällen kam Schwert und Rad vor (einmal fehlt die Angabe). Sechs Mal wurden die Körper verbrannt, fünf Mal kamen sie anschließend in die Anatomie. Eine mit der von Foucault beschriebenen exemplarischen Marter (in: Foucault, Michel, Überwachen und Strafen – Die Geburt des Gefängnisses, Frankfurt/M. 1977, S. 9) gab es wohl nur in einem Fall: 1728 wurde der Mörder seiner Eltern Johann Dietrich Meyer auf einer Kuhhaut geschleift, mit glühenden Zangen gekniffen. Auf dem Neustädter Markt las man ihm das Urteil vor, danach legten ihn die Büttel auf eine Kuhhaut mit Knüppeln von unten herauf zerschlagen und dann aufs Rad gelegt – das heißt, er lebte wahrscheinlich noch auf dem Rad (das Rädern von oben nach unten begann damit, dass man dem Opfer das Genick brach).[92]

1686 fand die Hinrichtung von Heinrich Jacob Groß wegen Mordes statt. 1718 wurde ein Reiter wegen Mordes enthauptet und sein Kopf auf einen Pfahl gesteckt.[93]

Am 3. Mai 1737 wurde Nikolaus Plessen, genannt Görtz, nebst fünf anderen Personen wegen verschiedener Diebereien bei Vahrenwald hingerichtet. Dabei

[92] Nds. HptStA Hann. 72 Hannover Nr. 291.
[93] Hartmann, S. 330.

wurde zum Teil die Hinrichtungsmethode „mit eisernen Keulen“ angewandt: „Heinrich Mevius, sonst Schultze benahmt, mit eisernen Keulen von oben ab zerschmettert, nachdem er mit heißen Zangen in beyde in beide Arme gegriffen, und ward aufs Rad geleget, Joh. Nicolaus Görz, vulgo Pleße genannt, auch auf solche Weise“, berichten die Hannoverschen Geschichtsblätter, Band 12 (1909), auf Seite 227.[94]

Zu der gesamten Szenerie verlautet in einem Flugblatt:[95]

Heut' siehet man erstaunt viel Uebelthäter richten,
Von wegen ihrer Thai und ihren bösen Tichten;
Ihr Lebensende wird bestraffet und gericht,
Sodaß von ihrer Hand kein Böses mehr geschicht.
Denn Plesse wird anheut gezwickt mit glüh'nden Zangen,
Sein Leib mit Keulen muß den herben Tod empfangen,
Hernacher wird sein Leib auch auf ein Rad gesetzt.
Weil seine böse That hierdurch wird ganz verletzt.
Der Mevius, sonst Schulz genennet, wird auch eben
Wie Plesse hingericht, um sein ruchloses Leben,
Weil seine böse That ihn hierzu gantz verdammet,
Und er von dieser Schar auch mit anhero stammet.
Tobias Schmidt, der wird hernacher stranguliret.
Andreas Lucius geköpft aufs Rad geführet.
Des Schulzens Fraue muß auch sterben wie der Schmidt,
Weil sie auf Dieberei allzeit gegangen mit.
Cathrina Wiltmers wird geköpft, der Leib verbrennet,
Damit von dieser Welt sie werde ausgetrennet,
Ihr Kopf der wird hernach auf einen Pfahl gebracht.
So wird das Ende hier von böser Schar gemacht.

Die Königliche Justizkanzlei zu Hannover vollzog in den 20 Jahren von 1765 und 1784 insgesamt 37 Todesurteile, darunter sechs wegen Kindsmords, sechs wegen Totschlags, 14 wegen Diebstahls, 10 wegen Straßenraubs und 1 wegen Brandstiftung.[96]

Am 3. August 1773 wurden auf dem Richtplatz des Hochgerichts in Vahrenwald Johann Anton Becker, Jürgen genannt Rohde und drei Brüder Wackermaul (Johann Jacob, Johann Christoph und Dyonisius Wackermaul) hingerichtet wegen Straßenraubs in der Nacht vom 23. zum 24. August 1772 zwischen Echte und

94 Vgl. ausführlich zur (erstmals an Nickel List 1699 praktizierten) Hinrichtungspraxis mit eisernen Keulen Blazek, Matthias, „Die Praxis des Zerstoßens der Glieder mit eisernen Keulen wurde hierzulande noch bis 1828 angewandt“, in: Südniedersachsen – Zeitschrift für Regionale Forschung und Heimatpflege, 38. Jahrgang, 3/September 2010, S. 72 ff.

95 Zit. nach Blätter für literarische Unterhaltung, Jahrgang 1864, Erster Band, Leipzig 1864, S. 611.

96 Annalen der Braunschweig-Lüneburgischen Churlande 3 (1789), S. 551-553, einzusehen in der Niedersächsischen Landesbibliothek Hannover.

Düderode (Amt Westerhofe); Becker wurde enthauptet und aufs Rad geflochten, die übrigen, obgleich zuerst auch auf Schwert und Rad verurteilt, gehängt.[97]

Friedrich Wilhelm Andreae listete in seiner Chronik der Residenzstadt Hannover (1859) „Hinrichtungen seit 1811 bis auf die Jetztzeit" auf und berief sich dabei im Schwerpunkt auf Inquisitenregister des Gefangenhauses:[98]

Im Jahre 1811, am 25. März wurde Christoph Berkenfeld aus Reinhausen, 54 Jahr alt, wegen Mordes hingerichtet.

In demselben Jahre am 27. März, wurde Heinrich Dülmeyer aus der Gartengemeinde, 35 Jahr alt, wegen Mordes mit dem Schwerte enthauptet.

Johann Betshorn, 20 Jahr alt, am 13. September 1811.

Friedrich Raspe, 37 Jahr alt, am 31. October 1811.

Am 10. April 1812 wurden zwei Diebe, Heinrich Baumeyer aus Ansbach, 26 Jahr alt, und Heinrich Klaprod aus Höxter, 30 Jahr alt, mit dem Schwerte gerichtet.

Gottfried Henze aus Hanau, 35 Jahr alt, wegen Verdachts eines Diebstahls zum Tode verurtheilt, erhing sich im Gefängnisse, 1815.

August Siebel aus Frankfurt, 41 Jahr alt, wegen Diebstahls am 19. Juni 1817 geköpft.

Franz Vogt aus Mühlen in Sachsen, 22 Jahr alt, wegen Meuchelmordes in Blumenau 1817 enthauptet.

Friedrich Lorenzen aus Norwegen, 30 Jahr alt, „weil er seine Braut und zwei Kinder in's Wasser geworfen", am 19. April 1825 mit dem Schwerte enthauptet.

Wegen Mordes und Diebstahls Heinrich Christoph Meyer aus Groß-Goltern, 30 Jahr alt, und Heinrich Christian Asche, 20 Jahr alt, aus Gümmer, am 26. September 1828 geköpft.

Jakob Chrischot aus Mastricht, Mörder seiner Frau, den 23. Juni 1829 enthauptet.

Der Raubmörder Johann Carl Gehrkens aus Hamburg, wurde am 13. März 1832 durch den Scharfrichter Voß enthauptet.

Im Frühjahre 1854 wurde hinter dem neuen Zeughause der Trommelschläger Gehrke standrechtlich erschossen, weil er nach einem Hauptmanne gestochen hatte.

Friedrich Wehrmann, Arbeitsmann 27 Jahr alt, aus Groß-Munzel, wegen Mordes am 9. März 1855 bei Vahrenwald und

der Arbeitsmann Friedrich Wilhelm Amelung aus Hoheneggelsen, 21 Jahre alt, wegen eines bei Loccum begangenen Mordes am 22. September 1857 durch den Scharfrichter Schwarz mit dem Schwerte vom Leben zum Tode gebracht.

---

97 Nds. HptStA Hann. 72 Hann., III b 1 und 18. Zit. nach Georg Christoph Lichtenberg Briefwechsel, Band I: 1765-1779, München: Beck 1983, S. 342: „Heute schreibt mir Herr Schernhagen von einer tragikomischen Geschichte, die sich zu Vahrenwald, dem Dorfe wobei der Hannöverische Galgen steht, zugetragen hat. Vor etwa 14 Tagen sind dort, wie Ihnen auch bekannt sein wird, 5 Straßenräuber hingerichtet ..."

98 Andreae, Friedrich Wilhelm, Chronik der Residenzstadt Hannover von den ältesten Zeiten bis auf die Gegenwart, Hildesheim 1859, S. 328 f.

Die 1828 nördlich von Vahrenwald hingerichteten Raubmörder Asche aus Gümmer und Meyer aus Großgoltern (Barsinghausen) hatten laut Gerichtsakten in der Nacht vom 27. zum 28. August 1827 den Müllergesellen Heinrich Kalberlah in der Lister Mühle „mittelst grober Gewaltthätigkeiten beraubt und dabei um's Leben gebracht".[99]

Im achten Band des „Staats-Lexikons – Encyklopädie der sämmtlichen Staatswissenschaften für alle Stände", herausgegeben von Karl von Rotteck und Karl Welcker (Leipzig 1863), verlautet auf Seite 175: „In Hannover, welches 1855 1,820479 Einwohner zählte, wurden 1854 9, 1855 7, 1856 5, 1857 3 und 1858 5 Todesstrafen, in 5 Jahren also 29 oder durchschnittlich jährlich $5,_8$ erkannt, sodaß hier eine Todesstrafe auf 313875 Einwohner kam."

Die Annexion des Königreichs Hannovers durch Preußen im Jahre 1866 brachte für das Kapitalverbrechen keine Einschnitte mit sich. Im Gegenteil: Die hannoversche Gesetzgebung war für die Justizverwaltung des Deutschen Reichs Grundlage, für die 1877 geschaffene Zivilprozessordnung mit dem damit verknüpften Gerichtsverfassungsgesetz und das am 1. Oktober 1879 in Leipzig eröffnete Reichskammergericht. Von 1870 bis 1877 wurden keine Todesurteile in Preußen vollstreckt. Celle verlor im Rahmen der Reichsjustizreform von 1877 bis 1879 seinen Schwurgerichtshof.

Der deutsche Chirurg und Generalarzt Dr. Georg Friedrich Louis Stromeyer (1804-1876) führt in seinen „Erinnerungen eines deutschen Arztes" 1875 aus (Seite 74): „Endlich geht die Reise vorwärts, der Weg nach Vahrenwald führte dicht vorbei an dem steinernen Galgen, der alten Richtstätte, seitdem die Hinrichtungen auf dem Altstädter Markte abgeschafft waren. Seit 1761 ist auch der steinerne Galgen nicht mehr benutzt. Seine beiden Pfeiler von Backsteinen waren schon sehr zerfallen, sie zeigten aber noch ihre alte Bestimmung durch eiserne Bolzen, welche aus ihnen hervorragten, diese dienten dazu, einen Querbalken festzuhalten, wenn eine Hinrichtung stattfinden sollte. (...) Rechts vom Wege, nicht weit von Vahrenwald, auf einem flachen Hügel von gelbem Sande, zeigte sich ein zweiter Galgen, dieser von Holz. Es schwingen daran die schwärzlichen Ueberreste eines Gehängten."

Literatur

Friedrich Wilhelm Andreae: Chronik der Residenzstadt Hannover von den ältesten Zeiten bis auf die Gegenwart, Hildesheim 1859, S. 328 f.
Matthias Blazek: Hexenprozesse – Galgenberge – Hinrichtungen – Kriminaljustiz im Fürstentum Lüneburg und im Königreich Hannover, Stuttgart 2006, ISBN 3-89821-587-3
R. Hartmann: Geschichte Hannovers von den ältesten Zeiten bis auf die Gegenwart, Hannover 1886
Dieter Hoof: Pestalozzi und die Sexualität seines Zeitalters – Quellen, Texte und Untersuchungen zur historischen Sexualwissenschaft, Verlag Hans Richarz, Sankt Augustin 1987

---

99 Bohlius, Ernst; Leonhardt, Wolfgang, „Die List" – 700 Jahre Umschau aus der Dorf- und Stadtgeschichte, hrsg. vom Arbeitskreis Stadtgeschichte List, 1. Auflage, Books on Demand GmbH, Norderstedt 2003/04, S. 85.

16

Beedenbostel: Nachrichten aus den Celler Briefschaften

In den Celler Briefschaften des Niedersächsischen Landesarchivs -Hauptstaatsarchiv Hannover-, die in Pattensen bei Hannover gelagert sind, finden wir mehrere Streitigkeiten, die im Zuständigkeitsbereich der Amtsvogtei Beedenbostel lagen. Untertänige Bitten, die zumeist die hohe Verschuldung der damaligen Landbevölkerung widerspiegeln, Grenzstreitigkeiten, Verbrechen und die behördliche Feststellung der eigenen Rechte stehen in diesen Beständen im Vordergrund.

Gerade in der Zeit von 1625 bis 1635, als die Bevölkerung sehr zu leiden hatte, mehren sich die Hilferufe der Menschen.

Im Jahre 1636 brannte das Dorf Hohne während der Einquartierung von zwei kaiserlichen Reiterregimentern infolge Unachtsamkeit fast vollständig ab, wurde jedoch innerhalb zweier folgender Jahre wieder aufgebaut. Im gleichen Jahr zerstörte ein Feuer in Lachendorf 20 Gebäude. Zwei Höfner und drei Kötner wurden obdachlos.[100]

Abb. 19: Anhand dieser Zeichnung lässt sich gut ersehen, dass die Aufgaben Retten, Löschen, Bergen und Schützen früher auf die Dorfgemeinschaft entfallen sind. Das Vieh wurde aus den Ställen getrieben, während sich das ganze Dorf eher hilflos mit Eimerketten dem Feuer entgegenstellte. Entnommen aus: 100 Jahre Freiwillige Feuerwehr Immensen, Lehrte 1994, S. 27.

Das große Unglück brach also über Hohne herein. Kriegsvölker setzten dem Kirchdorf den roten Hahn auf. Das große Ausmaß und die schlimme Situation der Geschädigten werden aus einer Bittschrift der Abgebrannten an Herzog Friedrich von Braunschweig und Lüneburg vom 5. Februar 1637 deutlich:

Hochwurdiger, Durchleuchtiger und Hochgeborner Furst Gnediger Herr, E. F. G. wir ents indigirte zu Hohnde in der Voigtei Bedenbostell gewohnte dreyzehen arme Vnterthanen mit Vergießung unserer bittern thränen deh= und wehmutig nicht bergen, ohne daß es deroselben vorhin gnedig wißent, daß etwa

[100] Nds. HptStA Celle Br. 61a Nr. 207: Die Abgebrannten zu Hohne und Lachendorf (Verabfolgung etlicher Tannen, Einforderung der Kontribution und Schatzgelder), 1636-1638.

14 tage vor verschienen Michaelis, wie deß Generall Feldtmarschaln Götzen Kriegs Volck bey unß gelegen, daßelbe unß nicht alleine unsere Wohnhäuser und alle ander daran gestandene gebewde an Scheuren, Spikern und sonst zusamen an der Zahl 48 ab: besondern auch alle unser Korn rogken und buchweizen, so wir eben eingesamblet gehabt, sampt dem Futter an hew und stroh auch Kleidern und haußgewant Jemmerlich darin verbrandt und eingeäschertt, daß wir arme leute mehr nicht alß daß bloße Leben ubrig behalten, alß durchaus keinen rath wißen, wovon umb und ein den leib vor unß auch unsere arme weiber und viele kleine Kinder weniger zu bestellung deß ackers und wieder erbawung geringer hutten wir die notturfft nehmen sollen, woferne fromme gutherzige leute unß hirin nicht zu hulffe kommen solten. Pitten demnach E. F. G. wir also abgebrante blutarme leute lauter umb Gottes willen, die geruhen nicht alleine gnedig zuerlauben, daß in der Fürstlichen residenz Stadt Zelle von Hause zu Hause wir eine almosen samblen mügen, besondern auch dero offers furstliches patent und Vorbittschreiben an andere benachbarte Fursten Städte und beampten unß zuertheilen, daß doch mit einer milden beisteuer unß armen leuten umb solchs großem erlittenen brandschadens willen succurirt werden muge, Wollen den lieben wohlfrommen Gott von herzen tages und nachts sambt unsern armen noth: ja hunger und Kummer leidenden Winsel und Weheclagen den Weibern und kleinen Kindern auff unsern Knien liegende anflehen, daß solche unß armen leuten etwa erweisende guth: und Wolthaten reichlich herwieder vergolten und sie vor solchem und dergleichen ohnheil väterlich behutet werden mugen, welches zu E. F. G. wir arme leute unß dehmutig getrösten und gnedige enthorung daruber erworten, Raptim Hohnde den 5 February Anno: 637:

E: F: G:

vnterthenig und gehorsamb
dehmutige

Heinrich Wehrs, Sander Wente, Hanß Rodewolt und andere daselbst zu Hohnde gewohndte itzo abgebrante drey zehen blutarme hauß leute ,

Abb. 20: Darstellung einer mittelalterlichen Löschaktion, aus: Nickel, Hartmut: Schadenfeuer und deren Bekämpfung vom Mittelalter bis zur Mitte des 19. Jahrhunderts, in: Biegel, Gerd (Hrsg.): Kampf gegen Feuer, Zur Geschichte der Berufsfeuerwehr Braunschweig, Veröffentlichungen des Braunschweiger Landesmuseums Band 95, Braunschweig 2000, S. 30.

Die Hohner waren erst 15 Jahre vorher abgebrannt und brauchten für den Wiederaufbau dringend Holz, wie aus einem Schreiben des Amtsvogts Hartmann Bolte vom 5. Januar 1637 hervorgeht. Auch die Kirche zu Hohne war in Mitleidenschaft gezogen worden, wie aus einem Schreiben des Hohner Pastors Ernestus Förster vom Tage Lucia Anno 1636 (13. Oktober 1636) zu ersehen ist. Die Beamten in Gifhorn sollten angesprochen werden wegen des Holzes aus dem Steinhorster Jaffel.

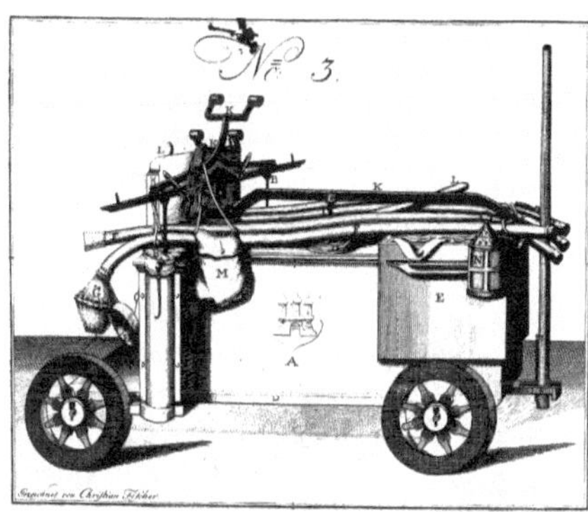

Abb. 21: Spritzenwagen aus jener Zeit, ausgewählt vom Uelzener Magistrat im Jahre 1760. Kupferstich von F. N. Rolffsen nach Christian Fischer, Hamburg.

Aber auch die Untertanen von Lachendorf hatten ein ähnliches Schicksal wie die Hohner. Das wird deutlich aus einer Bittschrift der verarmten Untertanen Hans Cordes, Casten Salgen, Warnke Taiyes, lutke Camman und Jürgen Grelle vom 4. Januar 1637. Zwei Meier und drei Kötner hatten Ostern vorigen Jahres erdulden müssen, dass durch den dort in Quartier gelegenen Graf von Hoditz „an wohnheusern und andern gebeuten zwantzig an der Zahl abgebrandt und Jemmerlich eingeäschertt worden".

Vom Jahre 1693 ist uns eine Akte, betreffend die Ausbesserung der Straßen über das „Schwartze Wasser", erhalten geblieben. Besser müsste man aber sagen, dass nur eine regierungsseitige Willensäußerung übrig geblieben ist. Darin schreiben die Geheimen Räte in Celle am 2. Juni 1693 an den Direktor Spörcken und Landrat von Habighorst:[101]

Unsern p.,

Ab dem Original Anschluß, welchen Wir hiernechst wieder zurück erwarten, ist zu ersehen, Was der Vogt zu Beedenbostel wegen Außbeßerung der Straßen über das Schwartze Waßer unterm 2. dieses anhero gelangen laßen, undt gebeten, Wan Wir nun zuforderist zu wißen verlangen, welchergestalt derselbe undt Ihr vermeinet, auf was Art die Außbeßerung am füglichsten geschehen könten, undt ob nöhtig daß die Außschreiben zur Landfolge dieser reparation halber abgelaßen werden, So wolle der selbe undt Ihr Unß hierüber Ihren gedancken mit nechstem eröfnen. Daran p. und Wir p Zell den 2. Junij 1693.

[101] Nds. HptStA Celle Br. 61a Nr. 357.

Vom Jahre 1694 ist uns eine weitere Akte der Amtsvogtei Beedenbostel erhalten geblieben. Es handelt sich um einen Schriftsatz, in dem der Amtsvogt Heinrich Boëthius berichtete, dass die Untertanen wegen der vielen Durchzüge und Fuhren vor anderen „gravieret" würden. Er unterbreitete in dieser Sache einen Vorschlag:[102]

Fürstliche Braunschweigische Lüneburgische Hochverordnete Herren Geheimbte Räthe,

Wohlgeborne, Hochgeneigte Herren,

Ewer Wolgeb. wollen ungeneigt nicht nehmen, weiniger noch zu einem Vorwitz mir deuten, da, in meinung es meinem ampte und pflichten also obliege, ich mich unternehme wegen der Dörfer Fürstl. Vöigtei mir gnädst. anvertraueten Einwohner und Untthanen, meinem weinigen ermeßen nach, nicht eben so gar unbegründete Beschwerde mit schuldigen respect vorzustellen.

Es ist denenselben Bekandt, waßgestalt diese Vöigtei nicht alleine um etliche Jahre hero vom Königlichen Schwedischen undt Churbrandenburgischen Reuterrei und Fues Völckern Beschwerliche Durchzuge erleiden mußen, da zwar wol von theils ziemliche, von theils auch ruhmliche und gantz gute ordre gehalten, die vivres=fourage= undt wagenfuhren nach dem march Reglement bezahlet worden, welches alles jedennoch nichtes destoweiniger mit großer Beschwerde der Untthanen geschehen, indehme viele darunter welche keine oder doch untauchliche pferde haben, und also, wo sie die Reihe getroffen, vor Schwehre Bezahlung solche von andern heurn müßen, sondern auch wir, nachdem das Fürstenthum Sachsen Lauenburg diesem hochfürstl. Br. Lüneb. Hause angewachsen, die Kriegerfuhren von Zelle ab Bis Ratzeburg durch diese Vöigtei so heuffig gangen, das dieselbe allein vom Januario dieses Jahres an, nach undt nach über 470 pferde ohne die kurtzen Kriegerreisen, als zu Durchmarch und dergleichen, hergeben müßen, wann nun hiesige untthanen hiedurch vor andere sonderlich praegraviret werden, ohne die Voigtei Zell, Oldenstad undt Ebstorff ex. alß welche Ihr gleiches Theil hievon empfinden, undt also dieselbe endlich wegen mangelunge auch vieler Verseumunge des Haußhalts undt ackerbaues endlich darüber crepiren mußen, Mir gleichwohl alß dem diese untthanen gnädigst anbefohlen dem gewißen nach, sorge vor sie zutragen obliegt.

So habe diese Ihr praegravationes undt querelen so viel die Ratzburgische Kriegerreisen betrifft, Ew p. wolgeb. ich hiemit untthänigst vortragen wollen, Zwar weiß ich gleichwol zu bescheiden, das diese Ratzeburgische Fuhren bei ietzigen gefehrlich außehenden Zeiten auch vielleicht inskünfftige nicht werden nachbleiben können, weiß auch wol das Ewer Wolgeb. so gerecht und gutig, das dieselbe ein ambt oder Vöigtei vor dem andern ungerne beschwehret sehen, sondern lieber wollen daß so viel immer müchlich, die gemeine last undt Bürde uff die gesambte Kräffte des gantzen Landes, umb dieselbe einen jeden desto leichter zumachen gebürdet werde, alleine weil die route nacher Ratzeburg recta von Zelle durch die Vöigtei gehet, undt also anderswo durchhin ohne offt Schädlichen verzug, nicht geleget werden könne. (...)

[102] Nds. HptStA Celle Br. 61a Nr. 358.

17
Müggenburg: Herrendienste wieder verweigert

In der Kurve der Kreisstraße 84 im Süden des Ortsteiles Adelheidsdorf befand sich früher ein einständiger Hof, der bereits im Ausklang des Spätmittelalters erwähnt und 1630 und schließlich 1921 in Schutt und Asche gelegt wurde. Bei diesem Hof handelt es sich um das älteste Gebäude auf dem Gebiet der heutigen Gemeinde Adelheidsdorf. Erstmalig wurde die Müggenburg als „Muggenborch" in einer Celler Urkunde vom 21. September 1466 namentlich bezeichnet.

Im Frühjahr 1694 waren die Untertanen und Herrendienstleute des Amtes Burgdorf ihrer Verpflichtung nicht nachgekommen, die kürzlich ausgerodete und in der Amtsvogtei Burgwedel bei der Müggenburg befindliche Neue Wiese abzumähen, das Gras zu trocknen und das Heu nach Celle einzufahren.

Der Geheime Rat Joachim Henrich Bülow (1650-1724) befahl dem Amtmann zu Burgdorf, Philipp Günter Rimpau, am 30. Juni 1694:

Als bey fürstl. Cammer jetzo angemeldet, daß in der neügemachten Wiese bey der Müggenburg in dem in dasiges Ambt gehörigen District, und in welchem dortige Unterthanen vormahls den holtzfalle auch außrodung der Stamme thun müßen, annoch bey die 30 fuder heü ungemehet stehen. So befehlen anstadt Sermi Unsers Gnad. Fürsten und Herren Durchl. Wir hiemit an Euch, daß Ihr sofort, und bey vermeidung der darauff beruhenden Ungelegenheit, die Anstalt darzu machet, daß Ihr nicht allein, daß in dasiegen Ambt und district auff der gedachten Wiese noch stehenden Graß abmeyen, sondern auch gehörig trocknen, und durch die dazu nötige Spandienste anhero auff den hiesigen Maarstall anfahren laßet.

Auf eine Bittschrift der Herrendienstleute wies der Geheime Rat Jost Ludolff Molann am 5. Juli 1694 den Amtmann Rimpau darauf hin, „daß Sie bey vermeydung der Ihnen bereits angedroheten bestraffung sothane abmeh: und anfahrung beregten Grases und Heües dieses Jahr verrichten müßen, man will künfftiges Jahr dahin sehen, daß sothane wiese verpachetet, ..."

Dennoch ging bei der fürstlichen Regierung kurz darauf eine weitere Supplikation der Dienstleute ein, welcher der Geheime Rat Molann am 9. Juli 1694 energisch entgegenhielt: „(...) daß im wiedrigen, fals Sie damit ferner tardiren und also dadurch daß Graß verderben laßen solten, Sie nicht allein deßhalb mit der ihnen bereits angedroheten Straffe ohnaußbleiblich angesehen, besondern auch allen dieserhalb zu veruhrsachenden Schaden refundiren und ersetzen sollen. (...)"

Am 13. Juli 1694 beschwerten sich die Dienstleute, wie der Herr Amtmann sie zum Mähen, Trocknen und Fortschaffen des Grases „mit Zwang-Mitteln und pfändungen nöthigen wolle." Daraufhin erging noch am gleichen Tag ein Befehl der Räthe von Celle an den Amtmann zu Burgdorf, „binnen der nechsten 3 Tagen, Eüren umbständtlichen und pflichtmäßigen Bericht ... anhero" zu erstatten. Amtmann Rimpau, der diesen Befehl allerdings erst am Abend des 20. Juli erhielt, konnte sich lediglich damit rechtfertigen, „daß ich daß jenige, waß ich Ihnen angemutet, bloßer dings, und ohne einiges absehen, uff befehl, gethan, und damit gehorsamb erwiesen" hätte.

Nun wollten auch die Räthe von Celle, dass die Burgdorfer Amtsuntertanen, zumal diese erst vor kurzem auf der besagten Wiese die Holzfällung und Ausrodung der Stämme verrichten mussten, von dieser Last befreit würden und verlangten am 28. Juli 1694 von dem Hofamtmann in Celle, Johan Just Nolte, den entsprechenden Bericht.

Zwischenzeitlich aber wandten sich die Herrendienstleute des Amtes Burgdorf am 1. September 1694 wieder an die Fürstliche Regierung: „(...) Alß nun unser Ambtmann zu Burgtorff hierüber, daß wir unß dieser Neuerung durch den Weg Rechtens gebührend entzogen, durch execution 42 rT. von unß fordert, und wann innerhalb 14 tagen, wovon bereits 8 Tage abgefloßen sind, solche Gelder nicht erleget werden, durch dieselbe einzutreiben dreuet; Wie aber dennoch niemahls in einem frembden Ambt zu dienen, und andern mehr bevölckerten Ambtern mit unserer schwachen Anzahl die Arbeit abzunehmen gehalten gewesen sind, Weiln wir fürhin in unserm eigenem Ambte Herrendienste und Arbeit genug ginden, indem in neulichkeit noch etzliche neue Mühlen bauen müßen (...)"

Hofamtmann Nolte, der seinen Befehl auch erst sehr spät, nämlich am 9. September 1694 (!), erhalten hatte, berichtete am 16. September, dass er nicht gewahr geworden wäre, wer auf der „Müggenburger Herrn Wiese" seinerzeit „Holtz zu Herrndienste daselbst gefället" hatte. Allerdings hätten sich in diesem Jahr auch die Burgwedeler, in deren Acht die Wiese gelegen war, des Mähens und Heumachens enthalten. Diese hätten sich aber ihren Teil durch Tagelöhner für 40 Taler mähen, fertigmachen und einfahren lassen.

Abb. 22: Der Bereich südlich der Müggenburg. Foto: Blazek

18

Großmoor: Die herrschaftliche Torfscheune

Das älteste Gebäude in der Gemarkung Großmoor war die herrschaftliche Torfscheune. Diese Lagerhalle, die zwei volle Jahrhunderte zur Lagerung des gestochenen Torfs gedient hatte, war bereits im Jahre 1890 der Straße durch das Moor gewichen, wie die alten Katasterkarten zeigen. Sie war von Bäumen umgeben und hatte sagenhafte Maße: 35 bis 38 Meter in der Länge und ca. 12 Meter in der Breite. Heute würde das gewaltige Bauwerk in den jüngeren Bereich des Großmoorer Friedhofes und dessen Nachbargrundstück hineinragen. Der „Anfuhr-Platz" war noch gewaltiger: Er hatte eine Länge von rund 850 Metern.

Die herrschaftliche Torfscheune befand sich, wenn man zum Vergleich mit jüngeren Landkarten die 1756 aufgenommene „Carte von dem Herrschafftlichen großen Müggenburger Moore" von Johann Andreas Schernhagen (1722-1785) heranzieht, auf dem jüngeren Teil des Großmoorer Friedhofes (westlich der „Martinskirche"). Umgeben war die „Torfscheure", wie sie in allen Überlieferungen genannt wurde, von mehreren, meist ausgestochenen Mooren verschiedener Ortschaften. Dass die umliegenden Moore bereits 1756 ausgestochen waren, hatte einen guten Grund: Die herrschaftliche Torfscheune diente zwei volle Jahrhunderte als Lagerhalle für Torf und wohl auch Holz. Hier konnte der Torf gegebenenfalls trocknen, ehe er über Dämme und Gräben zu seinem Bestimmungsort transportiert wurde.

So führte von ihr in nördlicher Richtung der so genannte Torfdamm (heutiger „Finkenweg" in Großmoor) und in östlicher Richtung der Torfschiffgraben, auf Schernhagens Landkarte als „der alte Schif-Grabe" bezeichnet, der heute eine südliche Abgrenzung der Sportanlage des SV Großmoor darstellen würde.

Südlich gegenüber der Torfscheune befand sich das einzige Gelände des Großen Moores, das Mitte des 18. Jahrhunderts nicht mehr als Moor bezeichnet worden war, die „Mädgen in Engsen Wiese". Noch heute wird diese Flur, durch welche die „Jägerheide" führt, als „Mädchenwiese" bezeichnet.

Südlich und westlich war die „Mädgen in Engsen Wiese" von dem herrschaftlichen Müggenburger Torfmoor umgeben. Dieses war zum Teil ausgestochen, weiter westlich im Jahre 1756 noch bearbeitet. In südlicher Richtung hat der heute noch vorhandene Mädchengraben von der Mädchenwiese weggeführt.

Südlich an das herrschaftliche Torfmoor grenzte ein „Moor der Dorfschaft Burg" (heute Jägerheide 33, Seewald) und ein im Jahre 1704 von Peter Biester und Wilhelm Michel Garmes aus Westercelle gegen Zins angeeignetes Moor. Südlich davon befand sich zunächst das „Neustadt-Zeller" (unter anderem heutiger „Holzweg") und das „Nienhäger Moor".

Östlich der „Mädgen in Engsen Wiese" befand sich das „Blumläger ausgestochene Moor", das seinerseits im Osten gegen die Neue Aue grenzte. Nördlich der Mädchenwiese und der Torfscheune befand sich ein ausgestochenes Moor der Dorfschaft Westercelle, weiter westlich hatten Bennebostel und Westercelle noch 1756 das Recht und die Möglichkeit, Torf abzubauen.

Schließlich stand allen Ortschaften zwischen Burg und Wettmar, Celle und Weferlingsen eine mehr oder weniger große Fläche des Großen oder Müggenburger Moores als Torfmoor zu.

Am 17. Januar 1665 richtete sich die Amtsvogtei Burgwedel mit einem Schreiben an ihren „Herrn Nachtbahrn", den Burgvogt Hans Georg Schäfer in Celle. Demzufolge hatte man „vor Jahren" dem Herrn Hofmarschall „den Schlüssel zu dem Holzhofe bey der Mückenburg übergesandt", welcher diesen seinerseits mit „nach dem Harze genommen" und dort verloren hatte. Man bat, den neu angefertigten Schlüssel besser zu verwahren „und mag nicht alle Jahr neue Schlüssel dazu müssen machen lassen".

Die Eingesessenen der Vogteien Fallingbostel, Hermannsburg, Bergen, Bissendorf und Essel schlugen am 15. Juli 1681 vor, den Holzhof an einen bequemeren Ort zu verlegen, „von welchen das Holtz, über einen Dam, durch den Hartz führt". Die fünf Vogteien waren seit vielen Jahren verpflichtet gewesen, Brennholz als Spanndienst aus dem Lachthorn über eine halbe Meile morastigen Weges in den Holzhof zu fahren. Die Entfernung zur Holzung selbst hatte für die Untertanen mitunter fast 40 Kilometer betragen. Es wurde gewünscht, den Holzhof dem Lachthorn so viel näher zu legen, „damit ein jeder Spandienst seine angesetzte quotam Beute einfahren, damit Unsere Pferde nicht gantz verdorben, undt zu nichte werden".

Namentlich wurde die Torfscheune erstmals im Burgwedelschen Geldregister vom 1. Mai 1680 bis 1. Mai 1681 als „Torf Scheüne ohnweit der Müggenburg" bezeichnet. Dann wird es ruhig um dieses Gebäude, welches damals noch gelegentlich zur Lokalisierung von Flächen, wie der angrenzenden „Mädchenwiese" im Jahre 1707, genannt wurde. Wir erfahren auch nicht, ob das Gebäude zwischenzeitlich erneuert wurde.

In einem Bericht des Cammer-Commissairs Julius Kirchner aus Oldenstadt vom 1. Dezember 1849, betreffend die Benutzung des herrschaftlichen großen Torfmoores bei Müggenburg, wurde die Wiederherstellung des alten Behre-Torfweges in Erwägung gezogen. Dieser Weg war von der Torfscheune ab zunächst auf einer Sandhöhe durch die Nienhagener und Otzer Abfindungen sowie durch die Kolonie Adelheidsdorf in direkter Richtung bis zum Gestüthof zur Behre verlaufen.

In seinem Schreiben stellte Kirchner beiläufig heraus, es sei „aber erwünscht, daß einige Anbauer auf dem herrschaftlichen Moore etwa bei der Torfscheure entstünden. Dadurch können doch einige Menschen in jene Oede ...". Diese ließen am Ende aber noch Jahrzehnte auf sich warten.

Im Jahre 1891 wurde mit dem Ausbau der Pflastersteinstraße von der Hannoverschen Chaussee zum Dasselsgut begonnen. Die alte herrschaftliche Torfscheune musste weichen.

19
Triangel wurde 1796 erstmals erwähnt

Triangel ist ein recht junges Dorf, das sein Wachstum vor allem der Moorkultivierung des Großen Moores im 19. Jahrhundert verdankt. Hauptsächlich durch zwei Neubaugebiete (etwa 180 Baugrundstücke) hat sich die Einwohnerzahl in den letzten 20 Jahren auf über 2100 Einwohner verdoppelt.

Seit 1974 gehört Triangel zur Gemeinde Sassenburg. Die Ortschaft liegt östlich der Ise und des Staatsforstes Dragen sowie nördlich der Aller. Im Norden und Osten geht ihre Gemarkung in einem schmalen Streifen in das Große Moor über. Beginnend bei Triangel führt eine Erschließungsstraße durch die Moorsiedlung Neudorf-Platendorf und weiter in nördliche Richtung bis Schönewörde.

Hermann Schulze schreibt in seinem Nachschlagewerk „Geschichtliches aus dem Lüneburgschen" (Gifhorn 1854) auf Seite 51:

Von den Privatanlagen ist die Errichtung einer Glashütte auf dem Triangel, zweier Cichorienfabriken (zwischen Gifhorn und Gamsen) und endlich die bedeutende Torfgräbern, welcher im hinteren Theile dieses Buches ein eigener Abschnitt gewidmet ist, besonders bemerkenswerth.

Die Bevölkerung mehrte sich und es entstanden die Ortschaften Bokel oder Neubokel 1776, mit 24 Feuerstellen und 171 Menschen), Winkel (6 Feuerstellen, 46 Menschen) und in der bisher wüstesten und unwirthbarsten Gegend des Amtes, auf dem Westerbecker Moore, seit 1793 die Ortschaften: Triangel, oder Gifhorner Glashütten (mit 5 Feuerstellen und 53 Menschen); Neudorf (mit 21 Feuerstellen und 115 Menschen); Platendorf (mit 26 Feuerstellen und 152 Menschen).

Der Salinenzöllner zu Lüneburg Urban Friedrich Christoph Manecke (1745-1827) geht in seinen „Topographisch-historischen Beschreibungen der Städte, Aemter und adelichen Gerichte im Fürstenthum Lüneburg" (Celle 1858, veröffentlicht von der Capaun-Karlowa'schen Buchhandlung) auf Seite 239 ebenfalls auf Triangel ein. Er beschreibt den Zustand um 1800 und wirft einen Blick auf die kurz zuvor erfolgte Dorfgründung:

Triangel, ein von 1793 an neu angelegtes Dorf im Westerbekermoor von 6 Hausstellen. Die Ribbentrop und Wagener zu Braunschweig legten hier 1795 eine Glashütte und Ziegelei an, von der sie einen jährlichen Zins von 20 Rthlr. und 6 Hpt. Rocken übernahmen. Diese kauften jenen nachmals ihre Rechte an dieser Anlage ...

Im Jahre 1796 erstmals amtlich als „Auf dem Triangel" erwähnt, gehörte Triangel zunächst zur damaligen Gemeinde Neudorf-Platendorf, von welchem es erst im 19. Jahrhundert abgetrennt wurde. Die einstige Dreiecksform, die dem Dorf seinen Namen gab, entstand dadurch, dass im 19. Jahrhundert eine Glasfabrik gebaut wurde und die Arbeiter um sie herum ihre Wohnungen erbauten.

Im „Vaterländischen Archiv, oder Beiträge zur allseitigen Kenntniß des Königreichs Hannover, wie es war und ist" von 1821, herausgegeben von Georg Heinrich Gerhard Spiel, wird in der Beschreibung des Amtes Gifhorn (dieses ging 1885 im Landkreis Gifhorn auf) auf Seite 197 ff. mitgeteilt, dass damals zur Hausvogtei unter anderem das Dorf „Triangel oder Gifhorner Glashütte" mit fünf Feuerstellen (Haushalten) und 53 Einwohnern gezählt habe.

In der Beilage zur „Staats und Gelehrte Zeitung des Hamburgischen und unpartheyischen Correspondenten" vom 17. April 1830 befindet sich folgende Anzeige:

Gerichtlicher Verkauf.

Zum öffentlich meistbietenden Verkauf des zum Concurs=Vermögen des Glasfabrikanten Ernst Kausche zum Triangel, auf dem Westerbecker Moore hiesigen Amts gehörigen Erbenzinsguts nebst Zubehör, namentlich

1) des sogenannten Triangels, 32 ½ Morgen groß, worauf: ein Wohnhaus, fünf kleinere Wohngebäude, ein Haus mit Wohnung, eine Hefenstube, 2 verschließbaren Glaswaaren=Lagern, Kuhstall und Boden, eine Kornscheure, ein Schaafstall, ein Gebäude, worin Stallung für Pferde und Hornvieh, ein Gebäude, die Hefenstube, ein Aschenlager, zwei Kuhställe, eine Glashütte mit 7 Glasöfen, ein Glaslaser, ein Backofen, ein Garten am Wohnhause, ein Garten bei der Glashütte, ein Garten hinter der Scheuer, ferner 100 Morgen Feldland, in Cultur gebrachten Forstgrundes;

2) 150 Morgen Moorlandes;

3) eines Districts von 17 Morgen Moorland;

4) 48 Morgen zum Theil mit Birken und Kiefern bestanden in dem ausgestochenen herrschaftlichen Torfmoore:

5) einer Anbauerstelle in Nendorf No. I, wobei 50 Morgen Moorland;

6) eines Moorcolonisten Platz No. 2 daselbst mit 50 Morgen Moorland;

ist 4ter Termin auf

Donnerstag, den 27sten Mai d. J., 11 Uhr,

angesetzt, alsdann Kaufliebhaber sich auf hiesiger Amtsstube einzufinden haben.

An Erbenzins von den gesammten Grundstücken werden jährlich 77 Rthlr. 2 Ggr 11 d, und an Meierzins 6 Rthlr. 16 Ggr. entrichtet.

Dem Käufer kann überlassen werden:

Das Glashütten-Inventarium, die noch vorräthigen Glaswaaren, und ein Vorrath Törfe.

Die Kaufbedingungen können beim hiesigen Amte und dem Concurs-Curator Gerichtshalter Sarrazin eingesehen werden. Gifhorn, den 2ten April 1880.

Königl. Großbritt. Hannov. Amt.

Kaufmann. Stelling. v. Lösecke. Flöckher.

„Das Königreich Hannover statistisch beschrieben, zunächst in Beziehung aus Landwirthschaft, Gewerbe und Handel", Erste Abteilung (Hannover 1839), vom Freiherrn Fr. von Reden, Dr. der Rechte, Generalsekretär des Gewerbevereins für das Königreich Hannover, tut auf Seite 315 kund: „Die Glasfabrik zum Triangel Amts Gifhorn ist jetzt Eigenthum von Neilson. Sie wird mit Torf betrieben, und arbeitet grünes und weißes Hohlglas, sowie Arzneigläser."

Literatur

Matthias Blazek: „Ein Blick in die Geschichte Triangels", in: Gemeindezeitung *Die Sassenburg* Nr. 9/2009

20
Wietzenbruch: ein Produkt aus der Generalteilung

Der Celler Ortsteil Wietzenbruch zählt zu den jüngeren Ansiedlungen des Landkreises Celle. Seine Entstehung hat Wietzenbruch der Teilung des Wietzenbruches in den Jahren 1815-1825 zu verdanken.

Die Bezeichnung „Wietzenbruch", vorliegend in verschiedenen Namensvariationen, reicht bis ins Mittelalter zurück. Es handelt es sich um eine ausgedehnte, bewaldete Niederung inmitten des Urstromtales der Aller. Dieses unwirtliche Gebiet wurde im Mittelalter von den Celler Bürgern in Gemeinschaft mit den Westerceller Bewohnern als Viehweide ausgenutzt. Man trieb die Rinder bis vor die Müggenburg und Behre, ja bis an den Thönser Brunnen. Auch stand den Cellern laut Privileg vom Jahre 1406 das Recht zu, Schweine zur Mastung in das Wietzenbruch zu schicken. Sehr ergiebig waren Jagden in diesem wildreichen Gebiet.

Im 18. Jahrhundert ließen die Celler Bürger von Frühling bis zur Ernte und danach ihr Hornvieh täglich ins Wietzenbruch gehen. Der weite Raum zwischen der Hannoverschen Heerstraße bis zur Müggenburg einerseits und dem Bruche andererseits bis nach der Jägerburg hin in der Westerceller Marsch[103], im Großen Moor, auf dem langen Klunde, im Viehbruch, in den Birken und im Witten Moor, in den Tiefen Bülten, im Müggenburger Moor und im Schönhoop (westlich des Adamsgrabens) stand ihnen offen, und zwar nicht nur als Weidebezirk, sondern auch zum Lesen von Fallholz, zum Heide-, Plaggen- und Bültehieb und zum Sodenstich an bestimmten dazu ausgesetzten Stellen. Durchtrift für das im Wietzenbruch grasende Hornvieh der Celler Bürger und Blumläger war die Trift in Celle gewesen.

Im Jahre 1778 trat die Königliche Kammer als dic Grundbesitzerin des Wietzenbruches mit dem Plan hervor, die vielen in dem Bruch zur Weide und anderer Nutzung berechtigten Gemeinden (Celle, Westercelle, Westerceller Vorstadt und Blumlage) abzufinden und die weiten, so wenig ertragreichen Flächen der Beackerung zu erschließen, insbesondere auch in der Gegend des ehemaligen Ententeiches eine Ansiedlung anzulegen. Das ließ man aber 1800 endgültig fallen, weil bei der schlechten Beschaffenheit des Geländes der zur Urbarmachung geeignete herrschaftliche Anteil nur sehr klein ausgefallen wäre. Der zur Entwässerung der sumpfigen Niederungen seinerzeit angelegte Fuhsekanal hatte nämlich durch sein starkes Gefälle seinen Zweck mehr als erfüllt. Anstelle des früheren Wasserüberflusses war Wassermangel eingetreten, der Heidewuchs hatte überhand genommen, Wiesen, Weiden und Ellernholzungen hatten sich erheblich verschlechtert, der ehemals lohnende Fischfang in der Ohe hatte ganz aufgehört, und der Entenfang, der früher fuderweise Geflügel nach Hildesheim geliefert hatte, war auf die Hälfte des Ertrages zurückgegangen.

[103] Eigentlich „Westenzeller Masch".

Aufgrund einer von der Kurfürstlichen Regierung zu Hannover an die Burgvogtei Celle gerichteten Verfügung vom 10. Dezember 1795, welche sich mit der Besiedlung des Wietzenbruchs befasste, wurde ein Besiedlungsplan entworfen. Man dachte zunächst daran, eine Dorfsiedlung mehr im Innern des Bruches anzulegen, vielleicht dort, wo „Copperschanze“[104] lag. Auf ein daraufhin erlassenes Ausschreiben meldete sich eine Anzahl Leute, die gewillt waren, sich in diesem Gebiet voll Wald und Heide, Moor und Sumpf niederzulassen. Wohl wegen der nachfolgenden Kriegsunruhen (1806/1813) kam dieser Plan nicht zur Ausführung. Gesuche um Überlassung von Siedlungsland mussten unberücksichtigt bleiben.

Ein großer Förderer des Siedlungsplanes von 1795 war der Ober-Landes-Oeconomie-Commissair Rat Friedrich Georg Ziegler aus Celle, der durch seinen Bericht vom 30. April 1821 die Angelegenheit wieder in Fluss brachte. Er prüfte die früheren Pläne auf ihre Durchführbarkeit und kam zu einer Ablehnung des Gedankens, eine Dorfsiedlung in das Bruch zu legen, da sie dann von den Verkehrswegen, auch von Kirche und Schule zu weit entfernt sei, da zudem große Schwierigkeiten bei der bevorstehenden Teilung des Wietzenbruches entstehen würden. Er machte daher den Vorschlag, das Gelände zwischen dem Fuhsekanal und dem fiskalischen Vorwerk Müggenburg westwärts der hannoverschen Heerstraße zu wählen und dort 600 Morgen für 20 Siedlungen zu je 30 Morgen verfügbar zu machen. Der Plan kam seiner Verwirklichung bedeutend näher, als in der Generalteilung des Wietzenbruches der Landesherrschaft im Jahre 1823 eine Fläche von 150 Hektar brauchbaren Bodens durch Austausch zufiel. Auf derselben legte die Domänenkammer die Kolonie Adelheidsdorf an.

Den Gedanken einer Aufteilung des Bruches an die darin berechtigten Gemeinden spann Professor Scheller weiter. Er rechnete den Eingesessenen der Neustadt, die vornehmlich das Bruch nutzten, vor, dass, wenn das Gemeinheitsteilungsgesetz von 1802 und die Gemeinheitsteilungsordnung von 1803 auf das Wietzenbruch Anwendung fänden, jedes Haus der Neustadt durch den ihm zufallenden Grundbesitz dreifachen Wert erhalten könne. Daraufhin erklärten sich von den 510 Hausbesitzern der westlichen und östlichen Vorstadt 355, also die Mehrheit, für solche Aufteilung, und der genannte Professor beantragte diese daraufhin am 21. Juni 1812 namens der Weideteilhaber der beiden Celleschen Vorstädte. Die beteiligten Bauern der mitberechtigten Dörfer standen der Angelegenheit, deren Tragweite sie nicht erfassten, kühl gegenüber. Ohnehin waren die Zeitverhältnisse der Ausführung eines Kulturwerkes von solchem Umfange noch hinderlich. Es bedurfte erst eines nochmaligen Antrages (16. März 1814), bis die Verkoppelungen in Fluss kamen.

Das Landesökonomiekolleg in Celle als die in Gemeinheitsteilungen und Verkoppelungen zuständige Behörde betraute den Kommissar Chappuzeau mit der Leitung. Geld wurde durch Veräußerung einiger kleiner, dem Aufteilungsganzen entnommener Grundstücke beschafft. Die Generalteilung des Wietzenbruchs war ein Riesenwerk, das in den Jahren 1815-1825 geschaffen wurde. Rund

[104] Bezeichnung von Dasselsgut zu Zeiten des 1876 gestorbenen Besitzers Heinrich Dassel.

79 000 Morgen Weidefläche kamen dabei in Betracht. Von ihnen entfielen auf den so genannten Celler Anteil des Wietzenbruches 21 000 Morgen. Beteiligt waren nicht nur zahlreiche Gemeinden der umliegenden Ämter der Burgvogtei, Winsen/Aller, Essel, Ahlden, Bissendorf, Burgwedel, Burgdorf und Eicklingen, sondern neben der Königlichen Domänenkammer mit 4 663 Morgen bekamen auch die Stadtteile von Celle erhebliche Flächen: Neuenhäusen 1049 Morgen, Neustadt-Altenhäusen 1925,[105] Blumlage 223 und der Magistrat 123 Morgen Anteile. Nach dem Rezess von 1826 im Städtischen Archiv waren unter den Beteiligten in Alten- und Neuenhäusen zahlreiche adlige Hausbesitzer verzeichnet: v. Dörnberg, General, Graf von Kielmannsegg, v. Bothmer, Major, v. Anderten, Major, v. Lenthe, v. Hammerstein, v. Schleppegrell, auch vornehme Bürgerfamilien: Lauenstein, Bürgermeister, Echte, Sekretär, Guizettis Erben, Tuve, Kaufmann.

Sache der Gemeinde war es, den ihnen aus der Wietzenbruchsteilung zugefallenen Grundbesitz auf die einzelnen Höfe, bei den drei Celleschen Vororten auf die einzelnen Häuser zu verteilen. Dies geschah in den sog. Spezialteilungen. Was an gemeinsamem Grundbesitz (wie beispielsweise für die Blumlage ein Torfmoor unweit der Müggenburg) und an gemeinsamen Nutzungsrechten überblieb, bildete (in Bezug auf Celle) das Vermögen der drei vorstädtischen Realgemeinden Neustadt-Altenhäusen, Westerceller Vorstadt und Neuenhäusen. Infolge der Wietzenbruchteilung erlosch zu Beginn des Jahres 1826 das Altenhäusen zustehende Weiderecht für Schafe innerhalb des Bezirks Neuenhäusen (einschließlich der jetzigen Triftanlagen).[106] Nach diesen Spezialteilungen setzte im Celler Anteil des Wietzenbruches die Bautätigkeit ein. Bei der Spezialteilung von 1837 erhielt jedes Haus in der Neustadt[107] 12 Morgen Anteil.

So entstanden zwischen dem Adamsgraben[108] und dem „Neuen Canal" (Fuhsekanal), am Rande des Neustädter Holzes und östlich des „Großen Kolks", ab 1838 die ersten Häuser von Wietzenbruch und Andertenhausen. Dass diese Gegend im Nordwesten der Westerceller Marsch mit der Flurbezeichnung „auf dem langen Klunde" zu der Zeit bereits parzelliert war, ist besonders gut aus

[105] Im Katasteramt Celle lagert die „Karte von denjenigen Grundstücken, welche der Gemeinde Neustadt-Altenhäusen durch die Theilung des Wietzenbruches zugefallen und hiernach unter die Interessenten dieser Gemeinde speciell getheilt sind – eingetheilt im Jahre 1834 und vom Originale copiert durch C. Hartmann Lieutn." Darin abgebildet sind insbesondere die Fluren „In den Diebesfuhren" (grob der Bereich des Celler Waldfriedhofs, damals „Gemeinde Forst") und „Der Enten-Teich".

[106] Cassel, Clemens, Geschichte der Stadt Celle, 2. Band, Celle 1934, S. 296.

[107] Nach dem von H.H.C. Blumenberg herausgegebenen Adress-Buch der Stadt Celle für 1842 lebten in der Neustadt (nach den Celler Hausnummern): 321 Heindorf, Heindorf, Wwe.; 322 Misselhorn; 323 Schlote, Böse, Martens, Wichmann, Wwe.; 324 Schele, Stetzel, Röper; 325 Noltemeyer, Hogrewe, Preer; 326 Bierwirth, Wiedenfeld, Steffenson, Wwe.; 327 Lüssmann, Rohrberg, Hartmann.

[108] Der Adams- oder Bockgraben wurde in den Siebziger Jahren des 16. Jahrhunderts zur Beschaffung von Vorflut und die Entwässerung des Wietzenbruches geschaffen. Celler Bürger hatten auf Veranlassung des Celler Herzogs Wilhelm des Jüngeren (regierte 1569-1592) dabei mitgeholfen.

dem 1839 erschienenen Topographischen Atlas des Königreichs Hannover und Herzogtums Braunschweig von August Papen ersichtlich.

Es war nicht möglich, dass jeder Besitzer diese kleinen Anteile für sich urbar machte und nutzte, so wurden viele Anteile bald verkauft. Die Freude am landwirtschaftlichen Besitz und dessen Bewirtschaftung war damals noch so rege, dass mehrfach neue Besitzungen weit draußen vor der Stadt entstanden.[109]

← Abb. 23: Der Premier-Lieutenant im Königlich Hannoverschen Ingenieurkorps August Papen (1799-1858) hat auf der 1839 veröffentlichten Karte 41 „Celle" von seinem Topographischen Atlas des Königreichs Hannover und Herzogtums Braunschweig in der Nachbarschaft von Wietzenbruch Rothe Brücke, Canalhaus im Wietzenbruch, Canal und die Jügerburg eingezeichnet. Über August Papen siehe Lars Ulrich Scholl: Ingenieure in der Frühindustrialisierung, Göttingen 1978, S. 51.

Ein Beispiel ist Andertenhausen. Der Generalmajor Heinrich v. Anderten in Celle hatte das Unglück gehabt, dreimal die Gattin bei der Geburt eines Kindes zu verlieren, als letzte am 31. Mai 1830 die wegen ihrer Schönheit von Heinrich Heine bewunderte „schöne Frau von Celle", Caroline, geborene du Plat. Der verbitterte Witwer beschloss, für seine Nachkommen draußen in der Einsamkeit ein Landgut zu schaffen, das nach seinem Geschlecht „Andertenhausen" genannt werden sollte. Nach und nach hatte er 160 Morgen Fläche im Neuenhäuser Anteil des Wietzenbruches erworben und errichtete dort 1838 ein Wohnhaus, Stallungen und Scheunen und schuf aus der Wildnis teilweise mit eigener Hand 53 Morgen Acker, 47 Morgen Wiesen und 43 Morgen Holzung. Auf den Schmuck des Wohnhauses, des Parks und der Gärten wurde von ihm größte Aufmerksamkeit verwendet. Von Anderten wohnte und wirtschaftete auf dem Landgut bis zu seinem Tode 1851. Obwohl der Vater Wert darauf legte, dass Andertenhausen Familienbesitz bleiben müsse, verkaufte sein Sohn William von Anderten, Rittmeister in Hildesheim, das Gut.[110] 1866 war das Gut laut Adress- und Handbuch der Stadt Celle und deren Vorstädte noch im von Andertenschen Besitz, dann werden als Gutsbesitzer beziehungsweise „Oeconomen" Jul. Giffhorn (1890), Radecke, Hahne und Thomas (1927) ausgewiesen. 1868 war noch ein Fräulein Ch. von Anderten an der Trift in Celle ansässig. Die Hausnummern waren zunächst Wietzenbruch 5, dann 277 und ab 1933 Andertenhäusen 29. 1932 hat also die bereits zum Zeitpunkt der Parzellierung entstandene Straße, die durch Häuser, Wald und Flur des Ortsteils Wietzenbruch auf das ehemalige Landgut zuführt, ihren heutigen Namen erhalten.

[109] Barenscheer, Friedrich, Die Hofnamen des Kreises Celle, Celle 1960, S. 168.

[110] Möller, R.W.L.E., Straßen in Celle, Celle 1995, S. 202.

Eingezeichnet ist in dem Papenschen Atlas von 1839, scharf am Rande der besagten Parzellierung, die Jägerburg. Diese lag somit entgegen früheren Berichten nicht im Westerceller Gemeindegebiet[111], sondern in den Celler Wiesen am Rande des Ententeichs (südöstlich der Straße Regeberg). Heute ist dort militärisches Sperrgebiet. Das Verwalterhaus von Gut Jägerburg, ursprünglich Bestandteil von Dasselsgut, wurde 1907/08 südöstlich, auf der entgegen gesetzten Seite seiner Fläche von rund 521 Morgen, im Norden der Flur „Im Viehbruche" in der Westerceller Gemarkung (heutiger Nordwesten der Gemeinde Adelheidsdorf) gebaut.[112]

August Papen hatte auch das „Canalhaus am Wietzenbruche" und daneben die „Rothe Brücke" eingezeichnet. Das Kanalwärterwohnhaus befand sich „Im Röthel", dort, wo der 1766-1769 gebaute, 11,5 Kilometer lange Fuhsekanal[113] in das Neustädter Holz eintritt. Es dient heute als Gastwirtschaft. Überlieferte Namen von Kanalwärtern sind Ahrbeck und Haupt.

---

111 Artur Müller-Davidi (†) schreibt in seinen „Hinweisen für die Erforschung der Geschichte des Dorfes Westercelle" (Celle 1981, S. 57): „Die Jägerburg, unmittelbar hinter dem ersten Knick des Fuhsekanals, hatte nach einer Handzeichnung in den alten Westerceller Gemeindeakten (Mappe 12) schon 1740 keine Gebäude mehr, muss also damals als Jagdort schon keine Bedeutung mehr gehabt haben. Der Standplatz ist noch gut zu erkennen. Es ist dort künstlich ein Plateau von etwa 50 x 80 m geschaffen worden. Die heutige Jägerburg an der Dasselsbrucher Straße erinnert daran." Müller-Davidi wird sich vermutlich geirrt haben: Auf Blatt 41 „Celle" (1838) der PAPENSCHEN KARTE des Königreiches Hannover und des Herzogtums Braunschweig 1832-1847 ist „die Jägerburg" eingezeichnet, allerdings weiter westlich gelegen. Ein Plateau wird der ehemalige Bürger Westercelles dort aber in der Tat nicht mehr ausgemacht haben können, da sich dort, im äußersten Westen der An- und Abflugschneise des Fliegerhorstes Immelmann-Kaserne (unweit südlich des Sanitätszentrums), nur ebener Rasen befindet. Allerdings hat sich vermutlich selbst August Papen (1799-1858, über denselben siehe Lars Ulrich Scholl: Ingenieure in der Frühindustrialisierung, Göttingen 1978, S. 51) geirrt. Der Premier-Lieutenant im Königlich Hannoverschen Ingenieur-Corps wird mit dem Begriff „Jägerburg" zwingend ein Bauwerk erwartet haben und in dem Bereich, in dem „Jaeger Burg" in den Jahren 1769 und 1775 eingezeichnet worden war, einen Schuppen gefunden haben, der sich aber, im Vergleich mit den Karten des 18. Jahrhunderts, viel zu weit im Westen und zu nahe an der Parzellierung von Wietzenbruch befunden hatte. Heute stellt sich die Frage, was damals letztendlich als „die Jägerburg" bezeichnet worden war. Nach Auswertung von Karten des 18. Jahrhunderts war Jägerburg eine Holzung, durch die eine alte Aue, die so genannte „Jägeraue", floss.

112 An der Stelle der alten Bökerschen Scheune wurden im Jahre 1907/08 ein Wohnhaus (das spätere Verwalterhaus) für einen Großknecht und einen Pferdeknecht und ein Stall für vier Pferde gebaut. Dieser Komplex wurde entsprechend seiner Nähe zu einer gleich lautenden Flurbezeichnung „Vorwerk Jägerburg" genannt. (Ausführlich: Blazek, Matthias: Vorwerk heißt ab 1917 „Gut Jägerburg" / Wert 1929 nur auf 85000 Reichsmark geschätzt – „... weil durch den häufigen Besitzerwechsel das Gut etwas in schlechten Ruf gekommen ist", Sachsenspiegel 51, Cellesche Zeitung vom 22. Dezember 2007.)

113 Begonnen wurde der Bau des Fuhsekanals im Jahre 1766. Im Jahre 1767 war der Kanal bis zum Ententeich fertiggestellt. Die Bauarbeiten wurden 1769 abgeschlossen. Der Fuhsekanal nahm die Neue Aue und alle anderen Entwässerungsgräben auf, soweit sie nicht zum Adamsgraben orientiert gewesen waren. Er legte die Aue und den Adamsgraben teilweise und den Ententeich vollends trocken.

Aufgrund einer Vereinbarung vom 27. Dezember 1828 wurde mit Zustimmung der ehemaligen Königlichen Generaldirektion des Wasserbaues und ehemaligen Domänenkammer beschlossen, dass die Herrschaft eine Anzahl von Bauwerken und ferner die Besoldung der beiden Kanalwärter und die Unterhaltung der beiden Kanalwärterhäuser zu tragen hätte. Diese Vereinbarung galt bis 1856-57.

„Kanalwärter Haupt aus dem Wietzenbruche" wurde 1896, nachdem das von ihm, wie auch von dem Kanalwärter Wundram aus Bennebostel, gepachtete Dienstland in den Kolkwiesen in der Gemarkung Celle im Zuge der Verkoppelung der im Wietzenbruch belegenen Celler, Westerceller und Hambührener Wiesen „gefallen und in fremden Besitz übergegangen" waren, mit einer, nicht weit entfernt befindlichen Parzelle von einem Hektar abgefunden.[114]

Die Rote Brücke führte die Fuhrberger Straße, die im 19. Jahrhundert noch die idyllische Bezeichnung „Fuhrberger Sommerweg" hatte, über den Fuhsekanal.

Die Adress- und Handbücher der Stadt Celle und deren Vorstädte von 1861 und 1866 bedachten Wietzenbruch im Straßen- und Häuserverzeichnis mit zwei verschiedenen Bezirken. So wurde ein Bezirk der laufenden Celler Hausnummerierung unterworfen, ein zweiter wies eine selbständige Nummernfolge auf. Für 1866 ergibt sich folgendes Bild:

276 Schütte, Schenkwirth (z. Canal=Garten). v. d. Ohe, Wwe. 277 v. Anderten, Major (in Hildesheim). Meyer, Arbtsm. 278 Meyerhoff, Anbauer. 278a Krohne, Anbauer. 279 Schmedes, F., Anbauer. Schmedes, C., Arbtsm. 280 Heuer, Anbauer. Suhrburg, Arbtsm. 281 Busse, Anbauer.

1 Königliches Finanz-Ministerium. (Canalwärter=Wohnung). Wöhler, Schenkwirth. 2 Grünhagen, Abbauer.[115] *3 Bornhöfer, Abbauer.*[116] *4 Bormann, Abbauer. 5 Nachtwey, Abbauer. Steinwedel, H., Arbtsm. Steinwedel, A., Arbtsm.*[117] *6 Krüger, Abbauer. Dierks, Arbtsm.*[118]

Im Jahre 1869 wurde Wietzenbruch zusammen mit Andertenhausen in die Stadt Celle eingemeindet.

[114] Nds. HptStA Hann. 128 Celle Nr. 132 („Acta betreffend das fiscalische Kanalwärter-Dienst-Etablissement No. 2 am Fuhse Kanal im Wietzenbruch mit zugehörigen Grundstücken").

[115] 1861 wurde als Mitbewohnerin auch die Witwe Grünhagen aufgeführt.

[116] 1861 noch Bornhöver, H., Abbauer, und Arbeitsmann Gerke.

[117] 1861 noch Lohse, H., Abbauer.

[118] 1861 waren nur fünf Hausnummern genannt.

21

Ehlershausen: Der erste Einwohner stammte aus Kirchhorst

Der Burgdorfer Stadtteil Ehlershausen, an der Bundesstraße 3 südlich von Adelheidsdorf gelegen, wurde seit 1816 besiedelt.

Im Jahre 1816 war Heinrich Friedrich Ehlers, aus Großen Horst (heute Kirchhorst) stammend, seit einigen Jahren in Schillerslage ansässig gewesen, hatte dort eine für jene Zeit teure Mietwohnung und übte das Amt eines Meilenwärters zwischen Schillerslage und Müggenburg aus.[119] Er fand es jedoch „seiner Convenienz angemessener, unfern Otze an der Chaussee ein kleines Wohnhaus zu bauen". Seine vorgesetzte Behörde, die Wegebau-Intendanz, fand dieses Ansinnen recht und billig und unterstützte diesen Antrag, da der geplante Bau inmitten seines Arbeitsbereiches lag, während der Anmarschweg von Schillerslage aus doch recht weit gewesen wäre.

Einwände hatte zunächst nur das Forstamt Burgdorf, das Ehlers um die Bewilligung von Bauholz angegangen war. Man gab zu bedenken, dass aus der Gemeinde Otze in letzter Zeit etliche Anträge auf Holzzuweisung gekommen wären. Man hätte sie abschlägig beschieden. Wenn überhaupt, dann hätten diese vor Ehlers berücksichtigt werden müssen. Im Augenblick wäre aber an Ausweisungen nicht zu denken.

Dennoch wurde einige Wochen später, am 24. Juni 1816, ein „Termin an Ort und Stelle" abgehalten, zu dem außer Ehlers die Eingesessenen zu Otze Heinke Berend Meier, Heinrich Meier und Hans Heinrich Wiese als Geschworene, Baumeister Heine und Thiele Brake erschienen waren.

Dieselben suchten das Ausbleiben der übrigen Hauswirte mit wichtigen häuslichen Geschäften zu entschuldigen und gaben an, dass sie von denselben beauftragt worden wären, der Verhandlung beizuwohnen, doch nicht dahin, für sie zu beschließen. Der von Ehlers vorgeschlagene Bauplatz lag am so genannten Hütteberg. Dieser Ort östlich der Chaussee und hart an dieser gelegen, war „von Müggenburg 1/2 Stunde, von Schillerslage aber 3/4 Stunde weit entfernt, und zwar zwischen unfruchtbarer Heide gelegen, doch wegen einer etwas tieferen Lage mehr artbaren Bodens, auch mit einem Wasserkolke versehen. Comparent Ehlers bat, ihm hier einen Raum von 30 Schritt von Süden nach Norden und von 60 Schritt von Osten nach Süden anzuweisen, um darauf ein kleines Wohnhaus aufzubauen und einen genügenden Hofraum und Garten einzurichten." Ansprüche an die Otzer Gemeinheit würde er nicht erheben, insonderheit keine Weide- oder andere Berechtigungen verlangen.

---

[119] Die Chaussee von Hannover nach Celle, die heutige B 3, war Ende 1781 bis Altwarmbüchen fertiggestellt, so dass schon 1782 der Postverkehr über diesen „neuen Postweg" geleitet werden konnte. In einem Müggenburger Pachtvertrag vom 19. Mai 1784 wird die Fertigstellung der Chaussee erwähnt: „Weil übrigens der neue Chausheen-Bau, von Hannover über die Müggenburg nach Zelle, nunmehr vollendet, und daher wegen des dafür zu entrichtenden künftigen Weggeldes eine neue Einrichtung bevorsteht ..."

Die Otzer Gemeindevertretung fanden gegen den Platz für ein Haus nichts einzuwenden. Aber Gartenland könnten sie ihm nicht zubilligen, da „sie keine überflüßige Hud und Weide und Plaggendistricte hätten, und am Hütteberge vorzüglich viele Plaggen oder doch Heide hauen könnten." Etliche Otzer hätten auch grundsätzlich etwas gegen den Anbau, weil sie in der Nähe Holz hätten und durch einen Anbau eine gewisse Feuersgefahr nicht ausgeschlossen werden könnte.

Amtmann Drost Georg von Holle entgegnete hierauf, „daß des Chausseewärters Ehlers Wünsche sehr bescheiden wären und daß die Ausführung sehr zum allgemeinden Besten gereicht, einer vorzüglichen Begünstigung wert wäre und daß es bekannt sei, wie ausgebreitet die Gemeinschaft des Dorfes Otze sowohl an Hut und Weide als auch an Heide und Plaggen wäre." Keiner der alteingesessenen Reihestellenbesitzer würde also Nachteile haben. Gefahr wegen Entwendung oder Beschädigung bräuchte keiner zu befürchten, „weil weit umher kein Hölzung stehen sei und auf diesem unfruchtbaren Boden schwerlich jemals Anpflanzungen von ihnen gemacht werden würden, weil sie dazu weit besseres und geräumigeres Terrain im Otzer Bruche besäßen."

Gegen diese Argumente vermochten die Otzer nicht viel zu erinnern, wollten sich aber erst mit den anderen Ortseinwohnern bereden. „Indes genehmigten dieselben für sich, daß dem Ehlers ein Raum von 21 Schritten lang und 30 Schritt breit angewiesen werde, welcher Platz sofort abgeschritten und abgesteckt worden ist." Dem Geschworenen Meier wurde aufgegeben, das Resultat der Unterhandlungen mit den anderen Grundbesitzern „demnächst dem Amt bekanntzugeben".

Im August 1816 konnte Heinke Berend Meier dem Amt Burgdorf berichten, dass der Chausseewärter Ehlers mit Einwilligung aller Eingesessen aus Otze – allerdings auf der entgegengesetzten Seite der Chaussee – aus eigenen Mitteln ein Haus bereits fertiggebaut hätte, „worin er für seine große Familie notdürftig Raum" haben würde. Uneinig wären sich die Gemeindemitglieder hingegen gewesen, ob ihm zudem ein Platz zum Garten genehmigt werden sollte. Weiter erklärte der Geschworene Meier, dass Ehlers die Erlaubnis zum Aufbau nicht hätte einholen können, „da der erste Beamte vom Amt Burgdorf mit Urlaub auf längere Zeit verreist war."

Am 22. November 1816 wurde Meier ein weiteres Mal beim Amt vorstellig. Diesmal gab er im Auftrag der nunmehr 32 Otzer Hauswirte zu Protokoll, dass Ehlers „zum Gartenlande neben dem Haus noch einen Raum von 50 Schritt lang und 50 Schritt breit" zugebilligt würden. Es blieb bei der Auflage, dass er „an die Gemeinheit gar keine sonstigen Ansprüche, weder Hud und Weide oder Plaggen und Heidhiebs-Gerechtigkeit, noch sonst auf irgendeiner Weise machen dürfe." Unmissverständlich gab man aber Amtmann Holle zu verstehen, er sollte doch bitte künftig verhüten, dass ihnen weitere Anbauern „aufgedrungen" würden. Ehlers war also in der neuen Dorfgemeinschaft akzeptiert, aber wohl kaum geliebt.

Die Behörden machten gute Miene zu dem eigenmächtigen Vorgehen der Otzer und Chausseewärter Ehlers. Nachträglich genehmigte auch die Kammer in Hannover Anfang Dezember 1816 den Anbau. Sie machte zur Auflage, dass Ehlers die üblicherweise geltenden Lasten eines Anbauers tragen müsste. Das waren jährlich

an	Hauszins	4 Groschen
	Gartenzins	4 Groschen
	stehendes Dienstgeld	1 Taler
	für ein Rauchhuhn	3 Groschen,

zusammen 1 Taler 11 Groschen für die Amtsregister. Ehlers erbat sich die üblichen sechs Freijahre, die ihm auch gewährt wurden.

Im Jahre 1821 stellte Ehlers bei der Gemeinde Otze den Antrag, ihm einen fünfhundert Schritte von seinem Haus entfernten Sumpf von fünf bis sechs Morgen Größe zuzuweisen. Hieraus wollte er Wiesen- und Weideland machen.

Zu den erforderlichen Beratungen wurden außer den Otzern als Eigentümer auch die dort servitutberechtigten Ramlinger Einwohner herangezogen.

Aufgrund der Verfügung der Kammer in Hannover erhielt der Chausseewärter am 29. April 1822 drei Morgen ausgewiesen, nachdem die Ramlinger zum wiederholten Mal versucht hatten, ihm eine Fläche im fünfhundert Schritte entfernten Hühnerbruche zuzuschieben. Die musste Ehlers jedoch ablehnen, da sie viel zu nass waren.

Abb. 24: Zeichnung eines alten Postmeilensteins bei Ehlershausen. Repro: Blazek

In den beiden Dörfern gab man aber keineswegs Ruhe. Als Ehlers am 29. April anfing, entlang seines neuen Grundstücks einen Graben zu ziehen, damit kein fremdes Vieh darauf laufen konnte, tauchten plötzlich acht Otzer und drei Ramlinger Einwohner auf und warfen kurzerhand den Graben wieder zu. Die Otzer gingen sogar noch einen Schritt weiter: Sie stießen einen Backofen um, den Ehlers schon vor Jahren neben sein Haus gesetzt und mit einem Überdach versehen hatte. Zu allem Überfluss zerschlugen sie auch noch die Ziegel.

Statt sofort die Übeltäter in ihre Schranken zu verweisen, fragte der Burgdorfer Amtmann erst einmal in Hannover an, wie er sich weiter verhalten sollte. Seine Unsicherheit rührte vor allem daher, dass Ehlers den Backofen zwar neben seinem Haus, aber auf dem Boden der Otzer Gemeinheit ohne besondere Genehmigung errichtet hatte. Bisher hatte aber niemand daran Anstoß genommen.

Die Kammer in Hannover stellte sich eindeutig auf Ehlers Seite und verlangte von den Gemeinden Otze und Ramlingen „die sofortige Herstellung der von ihnen zerstörten Vorrichtungen ... bei 10 rth. Strafe." Auf den Standort des Backofens ging man erstaunlicherweise nicht weiter ein.

Die Landdrostei in Lüneburg hatte großes Interesse daran, diese „öde Gegend" zwischen Schillerslage und Müggenburg durch weitere Anbaue zu beleben. So kamen als weitere Anbauern im Jahre 1827 der Chausseewärter Johann Heinrich Köneke aus Ramlingen und 1828 der Häusling Johann Heinrich Voltmer aus Weferlingsen. Im Jahre 1836 zählte die junge Siedlung mit den drei Familien 21 Einwohner. Wenig später werden die Stellen Hennings und Lehnhof dazugekommen sein.

Am 2. Juni 1830 erhielt Karl Ehlers, ein Sohn des Begründers der ersten Anbauerstelle, der bereits 1825 als Eigentümer „zum neuen Haus bey Ramlingen" bezeichnet worden war, vom Amt Burgdorf die Konzession zum Ausschank. Die Gastwirtschaft warf bald mehr an Erträgen ab als die kleine Landwirtschaft. Die günstige Lage an der Chaussee zwischen Hannover und Celle trug ihre Früchte.

Die Siedlung bekam im gleichen Jahr wie Adelheidsdorf ihren Namen: Am 29. Juli 1831 eröffnete die Königliche Landdrostei in Lüneburg ihren Beschluss, „den in der Nähe von Ramlingen, an der Chaussee von Schillerslage nach Hannover entstandenen Anbauerstellen den Namen ‚Ehlershausen' beyzulegen."

Für das Jahr 1841 erscheint im „Verzeichniß der Getrauten, Gebohrnen, Confirmirten und Verstorbenen des Kirchspiels Nienhagen Angefangen mit dem Jahre 1815 von Georg Wilhelm Friedrich Benecken Prediger daselbst." folgende Eintragung:

„Am 1sten Decembriß hieselbst nach allhier nur Statt gefundenen Aufgebot getraut worden Johann Heinrich Beinsen aus Ramlingen mit Ilse Dorothee Ehlers aus Ehlershausen."

Mit der Eröffnung der Eisenbahn von Lehrte nach Celle am 15. Oktober 1845 (Einweihung war am 9. Oktober 1845) wurde auch die Bahnstation Ehlershausen in Betrieb genommen. Trotz der geringen Einwohnerzahl richtete die Eisenbahn in Ehlershausen einen Haltepunkt ein. Den Einwohnern der nahe gelegenen Dörfer Ramlingen, Obershagen und Hänigsen sollte ermöglicht werden, das neue Verkehrsmittel zu benutzen. Als der fahrplanmäßige Verkehr zwischen Lehrte und Celle am 15. Oktober 1845 aufgenommen wurde, dürfte auch der erste Zug in Ehlershausen gehalten haben.

Haltestellenverwalter wurde Johann Heinrich Duensing, bis dahin Postillion, der in Ehlershausen in das Haus Nr. 3 (Voltmer) eingeheiratet hatte. Er erledigte seine Dienstgeschäfte im nördlichen Eckzimmer seines Bauernhauses neben der großen Diele. Nach dem Hannoverschen Staatskalender von 1883 war Joh. H. Duensing Expedierender Weichensteller und immer noch einziger Bahnbeamter der Haltestelle Ehlershausen.

Die auf Otzer Gebiet liegende Bahnwärterstelle Nordmeier kam 1849 nach Ramlingen. Zehn Jahre später endlich, 1859, wurde die Otzer und Ramlinger Grenzregulierung („Edentaltermin") durchgeführt.

22
Adelheidsdorf: Kolonie wurde 1824-1839 geschaffen

Im Jahre 1824 errichtete der Chausseeaufseher Gerhard Lindenbaum „im Westerzeller Felde, an der Hannoverschen Straße“ ein Wohnhaus und wurde damit erster Einwohner der neu gegründeten Kolonie Adelheidsdorf. Lindenbaum blickte zu der Zeit auf einen jungen Fuhsekanal und eine junge Chaussee von Hannover nach Celle.

Als Johann Gerhard Lindenbaum sein Wohnhaus errichtete, war der Celler Südkreis weitgehend unbesiedelt. Seit mehr als 50 Jahren war der Fuhsekanal fertiggestellt gewesen, der die Kolonie künstlich gegen Norden begrenzte. Lindenbaum musste zunächst noch ohne Nachbarn auskommen. Die alten herrschaftlichen Gebäude der Behre und der Müggenburg lagen weiter entfernt als Westercelle. Und ob der Chausseeaufseher sein Bier im „Neuenkrug“[120] oder in der Müggenburg getrunken hat, ist fraglich. Nach der Regelung der Parochialverhältnisse werden es aber wohl eher die Celler Schankwirtschaften gewesen sein.

Zwar kam der Neusiedler einige Jahre ohne Nachbarn aus; dafür wird er tagaus, tagein die vielen Gespanne gesehen haben, die über die junge und wohl auch noch schadlose Chaussee zogen.

Vor 250 Jahren wurde dem Amtsvogt Georg Eberhard Hedemann in Hermannsburg ein umfangreiches Projekt „wegen eines neu anzulegenden Dorfes“ auf den Amtstisch gelegt. Der Ober-Appellationsrat „auf der Adelichen Bank“ am Königlichen und Churfürstlichen Ober-Appellationsgericht zu Celle Reichsfreiherr Jürgen Reinhard Langwerth von Simmern war es, der diesen Plan einer Besiedlung unserer menschenarmen Lüneburger Heide ausgearbeitet hatte. Das neue Dorf sollte auf dem Bätzloh zwischen Hermannsburg und Rebberlah angelegt werden. Alle Einzelheiten über Gewinnung von Weide, Rodung von Äckern, Erbauung eines Kruges und einer Mühle waren in dem Plan ausgeführt. Das Projekt musste scheitern, weil keine Weide für Großvieh vorhanden war. Dies wies der Amtsvogt von Hermannsburg mehr als überzeugend nach.

Der Reichsfreiherr gehörte zu jenen Idealisten, die im Einzelnen immer falsch, im Großen aber immer Recht haben. Für unsere Heimat ist nun von Bedeutung, wo sonst noch im Kreise Celle dieser menschenfreundliche Jurist siedeln wollte; denn da hat er einen Vorschlag gefunden, der jetzt verwirklicht worden ist. Es heißt dort: „Den Westercellern ist von mir dies proponiert, daß zwischen Westercelle und der Müggenburg ein Dorf anzulegen, zumalen in der Gegend der Behrenkämpe seindt, wie man noch siehet, vor dem Land gewesen und haben die Leute wegen Wildfraß abandonieren müssen, dem aber leicht zu steuern ist. Ein Teil der Leute haben es approbiert und nachdem ihnen solcher Gewinn worden, solches in Bedenken gezogen, wollen der Sache nachdenken und mor-

[120] Am 12. März 1885 vermeldete die Cellesche Zeitung: „– (Feuer.) Vorgestern brannte die in Westercelle belegene Wirthschaft ‚Neuer Krug' ab.“

gen Antwort nebst seiner Meinung bringen."[121] Die Anlage des Dorfes erfolgte erst ein Menschenleben später, sodass Reichsfreiherr Langwerth von Simmern sie nicht mehr miterlebte.

Der Gedanke einer Besiedlung dazu geeigneter Teile des Wietzenbruchs nahm im Ausklang des 18. Jahrhunderts Formen an. Auf Grund einer an die Burgvogtei Celle gerichteten Verfügung vom 10. Dezember 1795 wurde ein Besiedlungsplan entworfen. Man dachte zunächst daran, eine Dorfsiedlung mehr im Innern des Bruches anzulegen, vielleicht dort, wo „Copperschanze" (jetzt Dasselsbruch) lag. Wohl wegen der nachfolgenden Kriegsunruhen (1806/1813) kam dieser Plan nicht zur Ausführung. Gesuche um Überlassung von Siedlungsland mussten unberücksichtigt bleiben.

Als nach den Freiheitskriegen wieder kräftig am Neubau des Vaterlandes gearbeitet wurde, nahm man den Gedanken der Besiedlung wieder auf. Ein großer Förderer des Siedlungsplanes war der Ober-Landes-Ökonomie-Kommissär Rat Friedrich Georg Ziegler aus Celle, der durch seinen Bericht vom 30. April 1821 die Angelegenheit wieder in Fluss brachte. Er prüfte die früheren Pläne auf ihre Durchführbarkeit und kam zu einer Ablehnung des Gedankens, die Siedlung in das Bruch zu legen, weil sie dann von den Verkehrswegen, auch von Kirche und Schule zu weit entfernt wäre und zudem große Schwierigkeiten bei der bevorstehenden Teilung des Wietzenbruchs entstehen würden. Er machte daher den Vorschlag, das Gelände zwischen dem Fuhsekanal und der Müggenburg westwärts der Chaussee von Hannover nach Celle zu wählen und dort 600 Morgen für 20 Siedlungen zu je 30 Morgen verfügbar zu machen.

Der Plan kam seiner Verwirklichung bedeutend näher, als in der Generalteilung des Wietzenbruchs, die in den Jahren 1815 bis 1825 erfolgte, der Landesherrschaft im Jahre 1823 eine Fläche von 150 Hektar brauchbaren Bodens durch Austausch zufiel. Sofort trat man in neue Erwägungen ein. Die Domänenkammer forderte unter dem 7. Oktober 1823 den Forstmeister Carl von Schlepegrell aus Fuhrberg und den Oberkommissar Johann Ludwig Greve aus Hoya zur Einreichung von Vorschlägen auf. Diese Männer machten sich in ihrem Bericht vom 24. Oktober 1823 den Vorschlag des Rates Ziegler zu Eigen. Nun waren alle Schwierigkeiten und Meinungsverschiedenheiten beseitigt; daher konnte schon am 4. Dezember 1823 durch eine Verfügung der Domänenkammer an die kürzlich geschaffene Königliche Großbritannisch-Hannoversche Landdrostei in Lüneburg die Genehmigung zur Besiedlung der ausgeworfenen Fläche erteilt werden.

Mit Eifer bereitete der Rat Ziegler die Ausführung des Planes vor; schon am 11. Januar 1824 machte er in einem Bericht Vorschläge über die Größe und Zusammensetzung der einzelnen Siedlungsgüter und über die den angehenden Siedlern zu stellenden Bedingungen. Für jede Siedlung wurden 30 Morgen bereitgestellt; davon sollten ein Morgen als Hofraum, ein Morgen als Garten und 28 Morgen als Ackerland dienen. Ferner sollte jeder Siedler Wiesennutzung für drei Fuder Heu zu je 12 Zentnern erhalten, dazu das Recht, jährlich 10 000 Stück

[121] Sachsenspiegel der Celleschen Zeitung vom 30. April 1955.

Torf in Größe von je einem Fuß Länge, vier Zoll Breite und vier Zoll Höhe im herrschaftlichen Moor zu stechen. Als Grundzins sollten nach 10 Freijahren 5 Taler gezahlt werden, für das Wiesenheu sofort 6 Taler, für den Torfstich 1 Taler. Zum Leidwesen der Siedler ging das Recht auf Wiesennutzung später wieder verloren, obgleich es vom Domänenfiskus als notwendig für die Lebensfähigkeit der Siedlungen bezeichnet worden war.

Die Liste der Bauwilligen war groß. Verschiedene Gesuche, so die von Conrad Brüggeboes, früher Kuhhirte in Klein Bülten, und Heinrich Gericke, beide Groß Solschen, Amt Peine (1823), Peter Lahmeyer zu Giersdorf (1824), Dreyer zu Oldenstadt (1824) und Johann Friedrich Christian Sternberg zu Hameln (1825, war Irrtum), mussten daher abschlägig beschieden werden.[122]

Der vormalige Postverwalter Dreyer in Oldenstadt richtete am 16. April 1824 sein Gesuch um Ausweisung eines Anbauplatzes in der Haide an die Königliche Großbritannisch-Hannoversche Cammer. Zuständigkeiten schienen dem Menschen, der sich „in der traurigen Lage" befand, „jetzt unthätig leben zu müssen," nicht bekannt zu sein. Gleichzeitig suchte er darum mit anderen Worten beim Staats- und Kabinettsministerium, Calenberger Str. 227 in Hannover, nach. Dort gelangte das Gesuch in das Departement der Policey- und Städtesachen, Ressort Seiner Exzellenz Staats- und Kabinettsminister Franz August von Meding, welcher es zuständigkeitshalber an die Königliche Landdrostei zu Lüneburg weiterleitete. Von Meding fügte in seinem Anschreiben vom 28. April 1824 hinzu, „daß es Uns angenehm seyn werde, wenn die Umstände es gestatten, dem Wunsche des Supplicanten zu willfahren." Dreyer hatte gegenüber der Königlichen Kammer ausgeführt:

Euer Excellences Hochwohl und Wohlgebohren nehme ich mir die unterthänigste Erlaubniß um eine Gnade zu bitten nehmlich, ich habe erfahren daß zu eingen Anbau Stellen auf der Heide, zwischen Celle und Müggenburg die hohe Erlaubniß der Königlichen Cammer ertheilt ist, und daß jeder Anbauer 30 Morgen aus der Heide erhält, so nehme ich mir die unterthänigste Erlaubniß darum zu bitten, mir eine dieser Anbau Stellen, mit der großen Gnade zu verleihen und mir etwas Holz aus den Königlichen Forsten dazu zu schenken um ein Haus daselbst bauen zu können. Diese hohe Gnade werde ich die Zeit meines Lebens mit dem Ehrerbietigsten Danke erkennen, und bitte ich mir eine baldige gnädige Resolution ertheilen lassen zu geruhen, wie ich den noch diesen Frühjahr den Anbau besorgen könnte.

Euer Excellences Hochwohl und Wohlgebohren unterthänigster
Dreyer
vormaliger Postverwalter

Bald nach Bekanntwerden der Bedingungen fand sich als erster Siedler der Chausseeaufseher Johann Gerhard Lindenbaum aus Westercelle. Wann er mit dem Hausbau anfing, steht nicht genau fest, doch muss aus den Berichten geschlossen werden, dass er im Frühjahr 1824 begonnen hatte, wurde doch in ei-

[122] Nds. HptStA Hann. 80 Lüneburg I 1294: „Acta betr. die Ansetzung neuer An- und Abbauer und die Regulierung deren Communal=Verhältnisse und Abgaben. 1817-1825".

nem Schreiben der Königlichen Deputation in Lüneburg vom 3. Januar 1825 erwähnt, dass die Siedlung Lindenbaums fertiggestellt sei. Er hatte den Platz am Fuhsekanal erhalten. Örtlich beschrieben wurde die Siedlung als „im Westerzeller Felde, an der Hannoverschen Straße". Nach Bekundungen seiner Großtochter Doris Kühnel aus Hannover wurde Lindenbaum auf dem „Lindenbaumhof" bei Münster i. W. geboren. Der Hof war seit langem in der Familie seiner Voreltern. Mit seinem Bruder Anton floh er als junger Mann von seinem Hof, als er von den Franzosen zum Kriegsdienst gegen sein Vaterland eingezogen werden sollte. Auf seiner Flucht wurde er in Bremen von Christine Louise Blume, seiner späteren Frau, tagelang vor den französischen Häschern verborgen.

Nach mündlichen Überlieferungen erhielt Lindenbaum den Grund und Boden zum Anbau wegen seiner Treue zum Vaterland geschenkt. Zudem wurde er der erste Ortsvorsteher der jungen Kolonie. Im Jahre 1836 zählte seine Familie insgesamt 12 Mitglieder. Interessant ist, dass eins der Kinder katholisch war, alle anderen hingegen „Lutheraner".

Aufschluss über Lindenbaums Nachkommen geben die Kirchenbücher der Stadt Celle und des Kirchspiels Neuenhäusen. So wurde dem „Register der Gebohrnen und Getauften im Kirchspiel der Stadt Zelle vom 13ten Octbr 1822 bis 2ten Febr. 1828 Erstes Exemplar" zufolge am 22. Januar 1823 seine Tochter Ilse Marie geboren. Getauft wurde sie am 9. Februar 1823. Als Gevatterin (Taufpatin) wurde Ilse Marie Lindenbaum zu Wolthausen genannt. Am 7. Februar 1825 folgte die Geburt seiner Tochter Dorothee Christina Maria Eleonora, die am 20. Februar getauft wurde. Ihre Gevattern waren Margaretha Dorothea Höpern, Catharina Christina Maria Wietfeldt und Eleonora Ehlers. „In des Herrn Pastor Knauers Woche" wurde am 10. Februar 1827 sein Sohn Christoph Wilhelm Conrad geboren, dessen Taufe am 25. Februar erfolgte. Er hatte gleich vier Gevattern: 1) Conrad Blancke aus Celle, 2) Christoph Nußbaum aus Bennebostel, 3) Joh: Christoph Heinecke aus Nienhagen, 4) Wilhelm Blume aus Kirchboitzen. Unschwer ist hier zu erkennen, dass seinerzeit nicht die Vornamen der Elternteile, sondern die der Taufpaten für die Namengebung herangezogen wurden. Schließlich ergibt der Einblick in das „Erste Kirchenbuch der neuenhäuser Gemeinde, 2ter Band, angefangen mit dem Jahre 1814, von Christoph Nikolaus Eggers, Pastor.", dass am 23. September 1831 eine weitere Tochter des Chausseeaufsehers, Marie Friederike, geboren wurde (Tauftag 13. November).

Lindenbaum und einige Jahre später seine wesentlich jüngere Frau starben in ziemlich jungen Jahren an den „Schwarzen Blattern". Die fünf Kinder, die 1845 noch mit ihrer Mutter in dem Haus gelebt hatten, kamen unter einen Vormund, „der so untreu gewirtschaftet hat, daß die Kinder bei fremden Leuten ausgetan werden mußten".

Die Regierung war sehr vorsichtig bei der Auswahl der Siedler; es erging daher auch keine öffentliche Aufforderung zur Besiedlung. Der angeführte Bericht vom 3. Januar 1825 wies auf die schlechten Bodenverhältnisse hin und bemerkte, dass immerhin ein gewisses Kapital erforderlich wäre, um hier zu siedeln, und wer über ein solches verfügte, sich bessere Plätze zum Anbau aussuchen könnte. In einer Verfügung vom 2. Februar 1825 erklärte sich die Domänenkammer einverstanden, dass die Siedlungen im Wege des Meierrechtes und nicht des Erbzinsenrechtes vergeben würden, weil sie dann eine bessere Vormundschaft über die einzelnen Siedler hätte und es ihr leichter fiele, „unzuverlässige Elemente auszuscheiden". Weitere Siedler fanden sich denn auch vorerst nicht; der zweite Anbau (Lindenbaums Bruder Anton) erfolgte 1827.

Friedrich Joseph Anton Lindenbaum gründete das Kolonat Nr. 2 mit zwei Wohngebäuden. Im Jahre 1836 lebten hier zwei Ehepaare mit insgesamt 11 Personen. Als wäre aber die kopfstärkere Familie „ausradiert" worden, blieb zum Zeitpunkt der Zählung der Volksmenge und der Wohngebäude am 1. Juli 1839 alleine Anton Lindenbaum mit seiner Ehefrau Catharine Dorothee (geb. Elvert, „des weil. Hauswirths in Boye Hans Heinrich Elvert, ehel. Tochter", war mit Anton Lindenbaum am 5. November 1837 von Pastor Heimbürger[123] in Celle „copuliret" worden) zurück. Und bereits am 1. Juli 1842 wurde als Hauseigentümer Friedrich Lindenbaum genannt. Jetzt waren es wieder drei Familien mit insgesamt elf Personen, die die zwei Wohngebäude bewohnten. Offensichtlich nahm eine der Familien das katholische Kind von Gerhard Lindenbaum auf.

Der Zimmermann Heinrich Friedrich Sürig hatte bereits vor seiner Ansetzung in der Kolonie im Jahre 1829 im Bereich des Kirchspiels Neuenhäusen gelebt. Laut dem Ersten Neuenhäuser Kirchenbuch wurde ihm von seiner Ehefrau Marie Dorothee, geborene Rättig, am 11. September 1823 eine Tochter geboren, „welche den 24sten September getauft und genannt worden Marie Margarethe Friederike." Als Gevatterinnen wurden Marie Sietenhagen, Margarethe Heynemeier und Friederike Dorjen aufgeführt. Sürig diente zu der Zeit noch als Soldat. Am 28. März 1827 wurde sein Sohn Heinrich Friedrich Wilhelm geboren (Tauftag 15. April). Die Gevattern waren Heinrich Friedrich Völker, Heinrich Wilhelm Rathe und Johann Heinrich Friedrich Dünsing. Christian Ludwig Sürig schließlich wurde am 29. Mai 1832 geboren. Seine Taufe erfolgte am 23. Juni 1832. Folgende Bemerkung findet sich hierzu im Neuenhäuser Kirchenbuch: „Das Kind wurde im Nachbarhause getauft, nachdem das elterliche am 20sten abgebrannt war."

Die neue Siedlung wurde im Volksmund zuerst nach dem Chausseeaufseher Lindenbaum „Lindendorf am Kanal" benannt. Der Amtmann der Burgvogtei Celle, Wilhelm Heinrich Schaer, schlug den Namen „Friedrichsfeld" oder „Adolfsdorf" nach dem beliebten Herzog Adolph Friedrich von Cambridge vor. Das Kabinettsministerium zu Hannover verfügte schließlich, auf einen Bericht der Königlichen Landdrostei in Lüneburg vom 14. Februar 1831 hin, unter dem 31. Mai 1831, dass die Siedlung nach der Gemahlin König Wilhelms IV., des „Matrosenkönigs" (1830-1837), den heutigen Namen führen sollte. Das war die Königin Adelheid.[124]

---

123 Dr. Heinrich Christian Heimbürger, Prediger an der Celler Stadtkirche, * 27.04.1801, † 29.12.1859.

124 Sachsenspiegel der Celleschen Zeitung vom 21. Mai 1960. Adolph Friedrich von Cambridge, Graf von Tipperary und Baron von Culloden, General-Gouverneur des Königreichs Hannover seit dem 24. Oktober 1816, wurde am 24. Februar 1774 geboren und am 7. Mai 1818 mit Auguste Wilhelmine Louise, Tochter des Landgrafen Friedrich von Hes-

Die Familie Mähnz wird nur kurz, zur Zeit der Koloniegründung, in Adelheidsdorf gelebt haben. Sie findet in Bezug auf die Kolonie lediglich im 2. Band des Neuenhäuser Kirchenbuchs Erwähnung. Am 13. Juli 1831 wurde nämlich Heinrich Friedrich Mähnz und seiner Ehefrau Marie Dorothee, geborene Heitmann, die Tochter Marie Magdalene Luise geboren, die am 31. Juli 1831 getauft wurde. Im Jahre 1833 lebten in der Kolonie in 11 Wohngebäuden 60 Einwohner. Hinzu kamen im gleichen Jahr am 28. Juli Hermann Gerhard Johann Friedrich Heinrich Heins (Tauftag 11. August), Sohn des Einwohners Hans Christian Heins und seiner Ehefrau Marie Dorothee, geborene Fricke, sowie am 7. August Marie Sophie Dorothee Stünkel (Tauftag 25. August), Tochter des Einwohners Johann Friedrich Stünkel und seiner Ehefrau Sophie Dorothee Wagener.

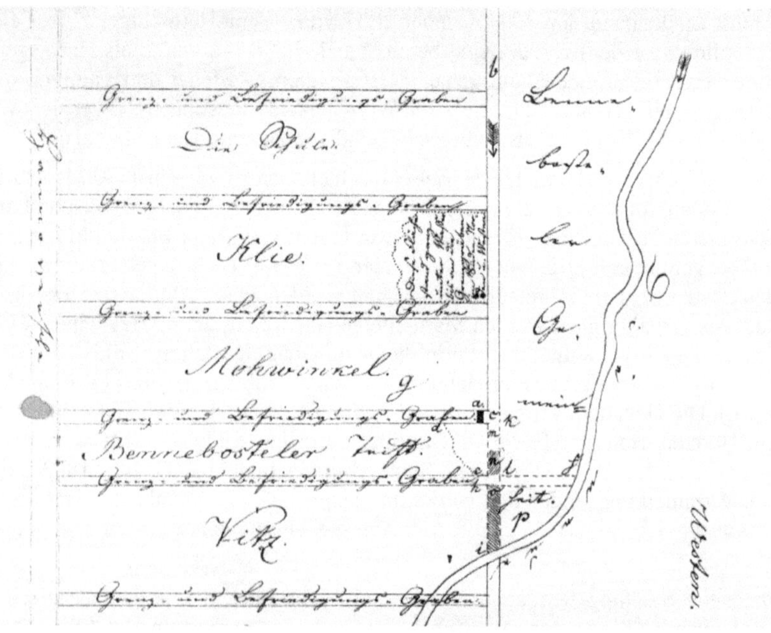

Abb. 25: Grenz- und Befriedigungs-Gräben und die Hannoversche Chaussee dienten in der Kolonie Adelheidsdorf als Grundstücksgrenzen. Auf dieser Karte um 1836 heißt es bei Klie (heute Brenneke): „Diese Fläche stand ganz unter Wasser bis an die Grenzgräben im Süden, Norden und Westen." Die Neue Aue schlängelte sich mäanderförmig durch das Gelände und floss teils durch das Grundstück von Vitz (heute Soeder). Im Osten hatten die Bennebosteler Landwirte Rechte, daher die Bezeichnung „Bennebosteler Gemeinheit" (die über die Bennebosteler Viehtrift, die heutige Trift, zu erreichen war). Skizze: Kreisarchiv Celle, Repro: Blazek

sen-Cassel, vermählt. Damals war es im Königreich Hannover üblich, Mitglieder des Königshauses als Namenspatrone für Neuansiedlungen auszuwählen. Im Jahre 1827 kaufte der hannoversche Weinhändler Siemering mit Hilfe des Stadthalters Adolph von Cambridge auf der Dolger Heide bei Hämelerwald 250 Hektar Acker- und Weideland. So wurde der Bruder des Königs von England und Hannover Namensvetter für das Gut Adolphshof.

23
Westercelle: Die Feuersbrunst von 1852 forderte Todesopfer

Eine Feuersbrunst von größerer Ausdehnung wütete in Westercelle. Hier brach in der Nacht vom 26. zum 27. Juli 1852 ein Brand aus, der sich mit unheimlicher Eile über den ganzen Ort ausdehnte. In wenigen Stunden waren die Wohnhäuser, Nebengebäude und Wirtschaftsräume auf neun Vollhöfner-, vier Halbhöfner-, zwei Kötner- und zwei Abbauerstellen gänzlich zerstört, ebenfalls das Schulhaus. Insgesamt waren 28 Wohnhäuser und 30 Wirtschaftsgebäude den Flammen zum Opfer gefallen. 40 Familien mit 151 Personen waren obdachlos geworden. Nicht nur viel Vieh verbrannte, sondern die ganze erste Heuernte des Jahres und ein großer Teil der Roggenernte waren vernichtet worden. Von den Ackergeräten, Betten, Kleidungsstücken und dem Leinenzeug hatte nur sehr wenig gerettet werden können.[125]

Es kam allerdings auch eine Familie in den Flammen um, nämlich der Hofbesitzer Friedrich Krüger zusammen mit seiner Ehefrau und zwei Töchtern, wie ein Eisengrabkreuz auf dem Westerceller Friedhof kundtut. Krügers Hofgebäude wurde nicht wieder aufgebaut.[126]

Genaue Zahlen über die Schadenshöhen der einzelnen Höfe gibt es heute nicht mehr. Die Unterlagen der Landschaftlichen Brandkasse in Hannover wurden im Zweiten Weltkrieg vernichtet. Belegt dagegen ist die Tatsache, dass eine Welle der Hilfsbereitschaft über den „Abgebrannten“ zusammenschlug.

Weil die Not in Westercelle so groß war, „wird die so oft und schön bewährte Menschenliebe und Wohltätigkeit in der Nähe und Ferne inständigst angesprochen“, hieß es in einem Aufruf.

Bereits am 27. Juli trat ein „Provisorisches Comité“ zusammen, das, um die erste dringende Not zu lindern, in einem Aufruf um Spenden bat. Der Aufruf muss ein voller Erfolg gewesen sein. Die damaligen Celleschen Anzeigen sind voll von Berichten über Spenden und Aktionen zugunsten der vom Brand Betroffenen. So heißt es: „Zum Besten der Abgebrannten in Westercelle wird am Donnerstage und Freitage, dem 29. und 30. Juli, auf dem Schützenhause um eine anerkannt gute, mit Percussion, Patentschraube zu Spitz- und runden Kugeln eingerichtete Standbüchse nebst Zubehör geschossen. Der ganze Betrag ist für

[125] Celler Heimatkalender der Celleschen Zeitung auf das Jahr 1936, Celle 1935.

[126] Müller-Davidi, Artur, Hinweise für die Erforschung des Dorfes Westercelle, Celle 1981, S. 45. Müller-Davidi nennt auch die übrigen abgebrannten Höfe namentlich. Das waren die Höfe von Heinrich Hasselmann, von wo der Brand ausgegangen war, ferner Heinrich Heinecke, Friedrich Krüger, Friedrich Olshausen, Heinrich Lambrechts Erben, Ludolf von der Brelie, Friedrich Rehwinkels Erben, Christoph Langspecht (der an gleicher Stelle wieder aufbaute), Heinrich Burgtorf, Friedrich Langspecht II (Kötnerhof), Heinrich Winkelmann. Glück hatte der Hof von Heinrich Rodewald, der zwar in unmittelbarer Nähe der brennenden Höfe lag, aber dennoch verschont blieb, weil das Gebäude am weitesten im Nordwesten gelegen hat. Verschont blieb aber auch der Hof von Heinrich Stöckmann, vielleicht wegen seiner günstigen Lage unmittelbar an der damaligen Fuhse. Nach Müller-Davidi brannten 28 Wohnhäuser und *32* Wirtschaftsgebäude ab.

obige Unglückliche bestimmt. Sätze unbeschränkt, ein Satz 4 Ggr. à 4 Schüsse. Für nicht selbst Schießende wird durch Loos ein guter Schütze gewählt. Anfang jeden Tag 2 Uhr. Schluß am 2ten Tage 7 Uhr Abends. Überzeugt, daß rege Anteilnahme stattfinden wird, laden dazu ergebenst ein die zeitigen Schützen-Deputierten."

Am Sonnabend, dem 31. Juli, gab im Französischen Garten das Musikcorps des Regiments Herzog von Cambridge Dragoner ein Konzert für „die Abgebrannten zu Westercelle". Entree à Person: 2 Gutegroschen.

Am 30. Juli bildeten die Gemeindeschwester L. v. d. Brelie, der Amtsgeschworene Kraul und die Vollhöfner Ch. Enghausen, Heinecke, Hasselmann und F. Meyer ein weiteres „Comité", um „eingehende milde Gaben dem Bedürfniß nach zweckmäßig vertheilen zu können".

Die Not muss groß gewesen sein. Einige der Obdachlosen mussten sich trotz der umfangreichen Hilfe nicht anders als durch Bettelei zu helfen gewusst haben. Denn in dem Gründungsaufruf des Komitees heißt es weiter: „Zugleich bitten wir, etwa stattfindende Bettelei Seitens der Abgebrannten streng zurückweisen zu wollen."

Zugunsten der Abgebrannten wurde nicht nur geschossen, gesammelt und musiziert. Auch das Theater und die Magie traten für die gute Sache auf die Bühne. Am 3. August fand eine „Theater- und Zauber-Vorstellung" statt. Gegeben wurde im Saale auf dem Cropshof das Stück „Die Seelenwanderung oder der Schauspieler wider Willen". In der Anzeige wird nach der Aufführung die Unterhaltung in der Magie und anschließend Tanz versprochen. „Billets hierzu, à 2 Ggr." waren an der Abendkasse zu haben. Die Unterzeichner E. Tribler, E. Brand und W. Gorde legten Wert darauf, dass der Anfang „präcise 8 Uhr" war, und erwähnten weiter: „Da die Einnahme zu oberwähntem wahrhaft milden Zwecke bestimmt ist, glauben wir der Hoffnung leben zu dürfen, keine Fehlbitte zu thun, wenn wir zu recht zahlreichen Besuch ergebenst einladen."

So ganz einig müssen sich die Helfer allerdings auch nicht immer gewesen sein. So heißt es in einer anderen Anzeige: „Ich erlaube mir ergebenst anzuzeigen, daß ich das für mich bereits angekündigte Benefiz gar nicht erhalte, daß ich seit dem 1. August aus dem Engagement des Herrn Thalheim ausgetreten und vor meiner Abreise ein Concert auf Dienstag, den 10. August, im Kettembeil'schen Saale arrangiert habe, und zwar unter gefälligster Mitwirkung des Fräulein Verclass, Sängerin, des Königl. Hof-Opernsängers Herrn Savade und des Königl. Cammermusicus Herrn Lorenz aus Hannover. Indem ich ein verehrungswürdiges Publicum um geneigte Theilnahme ersuche, zeichnet sich hochachtungsvoll A. Doß, Schauspieler."

Trotz der großen Not gaben aber die Abgebrannten nicht auf. Viele siedelten sich wieder neu an, bauten ihre Häuser an anderer Stelle neu auf. Daher erklärt sich auch die zerstreute Lage der Häuser.[127]

---

[127] NN, „Die Feuersbrunst 1852", Aufsatz in: Die Gemeinde Westercelle, Westercelle 1972, S. 23 ff.

24

Dasselsbruch: Wasserbauinspektor stand beim Namen Pate

Die Geschichte des Adelheidsdorfer Ortsteils Dasselsbruch lässt sich bis September 1850 zurückverfolgen. Seinen heutigen Namen hat Dasselsbruch erst im Jahre 1938 erhalten. Dasselsbruch wird von dem bereits im 16. Jahrhundert von Celler Bürgern ausgeworfenen Adamsgraben umflossen. Der 1769 fertiggestellte Fuhsekanal bildet die Begrenzung im Norden.

Die früheste Nachricht aus der Gegend von Dasselsbruch erhalten wir im Jahre 1848, als der Kötner Elvers aus Groß Hehlen Wiesen bei „Koppers Schanze" zum Verkauf anbot. In den Celleschen Anzeigen vom 5. und 8. Juli 1848 verlautete:

Am nächsten Sonntage, den 9. Juli, Nachmittags 4 Uhr, beabsichtige ich das Gras auf meinen, im Wietzenbruche in den Bährenstellen und bei Koppers Schanze belegenen Wiesen kabelweise öffentlich meistbietend zu verkaufen, und ersuche die Kaufliebhaber, sich zur bestimmten Zeit beim Gastwirth Balke im Wietzenbruche einfinden zu wollen.

Elvers,
Köthner in Großenhehlen.

Artur Müller-Davidi ging in seiner Geschichte Westercelles, „Hinweise für die Erforschung der Geschichte des Dorfes", näher auf den Ort ein. Danach war nach dem großen Brand in Westercelle vom 26./27. Juli 1852 ein Heinrich Winkelmann nach dem jetzigen Dasselsbruch gezogen.

In Westercelle war in der besagten Nacht vom 26. zum 27. Juli 1852 eine Feuersbrunst ausgebrochen, bei der in wenigen Stunden die Wohnhäuser, Nebengebäude und Wirtschaftsräume auf neun Vollhöfner-, vier Halbhöfner-, zwei Kötner- und zwei Abbauerstellen gänzlich zerstört waren, auch das Schulhaus.

Dass sich Winkelmann schon vor dem Brand häufiger im Wietzenbruch aufgehalten haben muss, belegt ein Brief des Wasserbauinspektors Heinrich Dassel an die Königliche Burgvogtei in Celle vom 9. September 1850: „... Schließlich finde ich mich veranlaßt, der Königlichen Burgvogtei anzuzeigen, daß Winkelmann in Westercelle eine aus alten abgängigen Balken und Heidsoden bestehende Brücke über den Adamsgraben bei Koppers Schanze angelegt hat, welche zum Theil im Wasser liegt und den Wasserabfluß durch den Adamsgraben hemmt. Die Königliche Burgvogtei ersuche ich daher gehorsamst, den Winkelmann gefälligst aufgeben zu wollen, fördersamst die Brücke entweder ordnungsmäßig herzustellen, oder sie wegzuräumen, und das Flußbette des Adamsgrabens von dem hineingefallenen Brückenmaterial zu befreien ...".

Im Jahre 1854 erhalten wir in den Celleschen Anzeigen zwei gerichtliche Mitteilungen, in denen es um den Vollkötner Heinrich Winkelmann im Wietzenbruch geht. Die gerichtlichen Bekanntmachungen datieren vom 1. März und 5. April 1854.

Die Bekanntmachung vom 1. März 1854 stand in den Celleschen Anzeigen vom 8. März des Jahres:

Gerichtliche Bekanntmachung.

Da der Vollköthner Heinrich Winkelmann, früher zu Westercelle, jetzt im Wietzenbruche, wegen eines ihm aus der Landescreditanstalt in Hannover zu bewilligenden Darlehns Hypothek mit seinem Hofe und sämmtlichen dazu gehörigen Gebäuden, Grundstücken und Berechtigungen, namentlich den in der Grundsteuer=Mutterrolle von Westercelle unter Hpt.=№ 93, lauf. № 1, 2, 11, 12, 17 bis 20, 22 bis 28, 30, 32 bis 42 und den in der Grundsteuer=Mutterrole der Altencellervorstadt unter Hpt.= № 239, lauf. № 1 bis 5 zu insgesammt 181 Morgen 103 □Ruthen veranlagten Garten= und Ackerländereien, Wiesen, Weiden und Forsten zu bestellen beabsichtigt, auch als verfügungsfähiger Eigenthümer dieses Grundbesitzes sich allhier vorläufig ausgewiesen hat: so werden unter Bezugnahme auf die §§ 25 und 26 der Verordnung vom 18. Juni 1842 und den § 18 des Gesetzes vom 12. August 1846 alle Diejenigen, welche an die bezeichneten Pfandgegenstände Ansprüche irgend einer Art erheben zu können glauben, mögen diese in Eigenthums= oder Ober=Eigenthumsrechten, in hypothekarischen oder sonst bevorzugten Forderungen, in Altentheils=, Abfindungs= oder Dotal=Ansprüchen, Reallasten oder anderen Verhaftungen und Belastungen bestehen, hierdurch vorgeladen, solche Ansprüche in dem dazu auf

Mittwoch den 5. April, Mittags 12 Uhr,

angesetzten Termin anzumelden. Die nicht angemeldeten Ansprüche sind ihres etwaigen Vorzugsrechts vor dem aus der Landescreditanstalt zu bewilligenden Darlehne verlustig, ohne daß eine Wiedereinsetzung in den vorigen Stand zulässig ist.

Von der Anmeldungspflicht sind nur Diejenigen befreit, denen über ihre Ansprüche von der Direction der Landescreditanstalt Certificate ausgestellt worden.

Decretum Celle, den 1. März 1854.
Königliches Amtsgericht. III. Abtheilung.
Siemens.

Die nächste gerichtliche Bekanntmachung war der Ausschlussbescheid, abgedruckt in den Celleschen Anzeigen vom 15. April 1854:

Gerichtliche Bekanntmachung.

Ausschluß=Bescheid.

Alle Diejenigen, welche auf die Edictalladung vom 1. v. Mts. mit ihren Ansprüchen und Forderungen an den in der gedachten Edictalladung näher bezeichneten Grundstücken des Vollköthners Heinrich Winkelmann im Wietzenbruche sich in dem dazu auf heute angestandenen Termine nicht gemeldet haben, werden angedroheter Maßen ihres etwaigen Vorzugsrechtes vor dem, dem p. Winkelmann aus der Landes=Creditanstalt zu bewilligenden Darlehne verlustig erkannt.

Erkannt Celle, den 5. April 1854.
Königliches Amtsgericht. III. Abtheilung.

Ein weiteres Dokument, das auf den Winkelmannschen Hof im späteren Dasselsbruch hinweist, ist eine Urkunde des Königlichen Amtes in Celle vom 9. Juli 1861. Es ist eine „Resolution" an den Großkötner Johann Heinrich Winkelmann im Wietzenbruch. Die Urkunde lautet (auszugsweise):

„... Dem Großköthner J.H. Winkelmann wird hierdurch eröffnet, daß Königliche Landdrostei mittelst ... vom 12.v.M.tes genehmigt hat, daß dem Antrag desselben auf Bildung zweier Hofstellen aus seinem Grundbesitze stattgegeben, sowie daß eine Köthnerstelle im Dorf Westercelle behuf Übergabe an seinen ältesten Sohn und Anerben Heinrich gegründet, und aus dem übrigen, im Wietzenbruch belegenen Grundbesitze eine von ihm selbst zu bewirtschaftende Neubauerstelle gebildet werde, welche gleichfalls der Gemeinde Westercelle ferner angehören wird ... Der Neubauer Johann Heinrich Winkelmann ist verbunden, seinem Anerben Heinrich zu gestatten, daß derselbe seine 150 Schafe auf seiner, des Vaters, Weide bei seinem Gehöfte im Wietzenbruch stehen läßt ..." Erst 1861, zum Zeitpunkt der Teilung seines Besitzes, als von seinem „Gehöft" und „verbleibenden Hofe" die Rede war, ist eine Bebauung nachweisbar. Als der Winkelmannsche Hof geteilt wurde, bekam Sohn Heinrich zu seiner Großkötnerstelle in Westercelle 114 Morgen und 45 Quadratruten (der hannoversche Morgen hatte nach katasterüblicher Umrechnung 0,2621008 Hektar, die Quadratrute 21,8417 Quadratmeter, ein hannoverscher Morgen hatte 120 Quadratruten) dazu. 381 Morgen und 115 Quadratruten verblieben für die väterliche Neubauerstelle im Wietzenbruch.

Schließlich dokumentiert eine Abschrift an das Königliche Amt, „Geschehen Westercelle, im Langspechtschen Wirtshause am 19. September 1871", die die Verkoppelung der Westerceller Feldmark zum Inhalt hat, die Existenz des Winkelmannschen Anwesens. Darin wird „der Weg nach dem frühern Winkelmannschen jetzt Daßelschen Etablissement" aufgeführt. Nicht lange erfreute sich Johann Heinrich Winkelmann seines Besitzes im Wietzenbruch. Das Sterberegister der Stadtkirchengemeinde Celle, zu der Westercelle gehörte, datiert seinen Tod („Brustwassersucht") auf den 21. Juni 1863.

Es ist nicht bekannt, warum der Winkelmannsche Hof im Wietzenbruch verkauft worden ist. Mündlichen Überlieferungen zufolge sollen größere Summen zur Auszahlung der Geschwister benötigt worden sein. Vielleicht war es dem Sohn Heinrich im Bruch auch zu einsam, und er konnte überdies aus dem Erlös seinen Hof in Westercelle vergrößern. Zeugnis von dem Verkauf der Winkelmannschen Besitzungen geben die Celleschen Anzeigen vom 5. Juli 1862:

Am Montage, den 7. Juli d. J., Nachmittags 2 Uhr, sollen im Auftrage des Anbauers Winckelmann in Folge des Verkaufs seiner Besitzung im Wietzenbruche

5 Pferde, 2 Bullen, 1 Ochse, 4 Rinder, 40 Hammel und 2 tragende Sauen auf dem Hofe des Köthners Winckelmann in Westercelle öffentlich meistbietend verkauft werden.

Kaufliebhaber wollen sich zur bestimmten Zeit im Hause des Köthners Winckelmann in Westercelle einfinden.

Celle, den 30. Juni 1862. ***Schmidt,*** *Amtsvoigt.*

In einem Protokoll des Gemeindeausschusses von Westercelle vom 13. August 1864 wurde der Dasselsche Grundbesitz im Wietzenbruch erwähnt. Es hieß: „... die Einfriedigung des Dassel'schen Grundbesitzes im Wietzenbruch, soweit derselbe der Gemeinde Hut und Weide unterworfen ist, betreffend, so soll zuvörderst nochmals eine gütliche Einigung versucht werden. Im Fall des Fehlschlagens aber, die Befriedigung, soweit sie dem Weidegang hinderlich, von Gemeindewegen beseitigt werden ..."

Heinrich Dassel kaufte die Anbauerstelle, zu der damals etwa 600 Morgen Wiesen, Holz, Heide, Moor, Ackerland, ein kleineres Wohnhaus und Stallungen gehörten. Die vorhandenen Gebäude waren ihm wohl zu beschränkt, sodass er bald nach seinem Antritt ein neues Wohnhaus (massiv einstöckig mit Erker und das ganze Haus unterkellert) und umfangreiche Stallungen erbauen ließ. Ferner ließ er einen großen Gemüsegarten und einen parkähnlichen Garten anlegen, Wiesen in Ordnung bringen, Heideflächen zu Ackerland machen usw. Aus der Siedlung wurde „Dassels Gut".

Dassel wurde erst 1867 als Wasserbauinspektor im Wählerverzeichnis (Wählerklasse I; Wähler mit Grundbesitz und hohem Einkommen hatten mehr Stimmen als Besitzlose) der Gemeinde Westercelle geführt. Dieses Wählerverzeichnis wurde allerdings nicht jährlich fortgeschrieben. Es ist auch möglich, dass Dassel von seinem früheren Wohnsitz Celle aus Ländereien im Wietzenbruch erworben hat.

Das Kataster vermerkt den Grundbesitz erst um die Mitte der siebziger Jahre: „Daßel, Heinrich, Abbauer in Westercelle (Hs. Nr. 75 und 76). Die Größe beträgt 127 ha, 68 ar, 38 qm."

Auf einer Lageskizze aus dieser Zeit im Maßstab 1:2000 erkennen wir drei Gebäude: das spätere Gutshaus, einen Stall von 10 x 20 Quadratmetern (der bei der späteren Aufsiedlung 1937 als Schweinestall übergeben wurde) und das spätere Melkerhaus, in dem später August Bratzke wohnte. Da für Dassel zwei Hausnummern ausgewiesen wurden, müssen zwei Gebäude damals schon bewohnbar gewesen sein.

Der Name der Siedlung, eine frühere Gewannbezeichnung, lautete zu Dassels Zeit „Copperschanze". Der Name ist noch heute in der Flurbezeichnung „Hinter der Copperschanze" erhalten. Das „amtliche Verzeichnis der zum hiesigen Landbestell-Bezirk gehörigen Ortschaften, nach welchen die Frankierung gewöhnlicher Briefe mit 5 Pfg. genügt", führte auch im Juli 1882 noch den Namen „Copperschanze".

Im „Staatshandbuch" von 1857 wurde Heinrich Dassel als „Fähnrich und Wasserbauinspector" geführt. Wie damals üblich, hatte er seinen Wehrdienst abgeleistet. 1865 wird er letztmalig in der Offiziersliste vermerkt. Seine Ausbildung als Wasserbauinspektor hatte er in der Wasser- und Wiesenbauschule Suderburg erhalten.

25

Celle: die ersten zwei Jahre der freiwilligen Feuerwehr

Die Freiwillige Feuerwehr Celle, 1864 gegründet, zählt zu den zehn ältesten freiwilligen Feuerwehren Norddeutschlands. Eng verbunden ist die Gründung der aus den Männerturnern hervorgegangenen Wehr mit dem Namen Carl Elleke I. Wir werfen einen Blick in die bisweilen vernachlässigten ersten 25 Jahre 1864 bis 1889 und darüber hinaus.

Einen ersten historischen Rückblick liefert die Cellesche Zeitung vom 2. April 1889. Der Feuerwehrtag vom 27. bis 29. Juli 1889 wurde lange im Voraus geplant und organisiert und warf inzwischen seine Schatten voraus. Dieser knappe Rückblick soll als Einstieg genügen, ehe die Etappen im Einzelnen beleuchtet werden.

Lokales.

Celle, den 2. April 1889.

— (Feuerwehrtag). Im Jahre 1857, nach dem großen Brande in der Neuen= und Schuhstraße, wo sich in so schauriger Weise die Unvollkommenheit der Feuerlöscheinrichtungen unserer Vaterstadt erwiesen hatte, war man sich in der Bürgerschaft darüber klar, daß hier Wandel geschaffen werden müßte. Alle derzeit gemachten Versuche, das Feuerlöschwesen zu reorganisiren, scheiterte jedoch an der Kostenfrage. Es bedurfte noch einer zweiten traurigen Mahnung, es mußten erst noch einige 100 Familien durch den Brand auf der Neustadt im Jahre 1862 obdachlos werden, bis die Nothwendigkeit einer Besserung allgemein als unabweislich eingesehen wurde.

Der damalige Leiter des Männer = Turnvereins, unser leider so früh verstorbener Mitbürger Elleke, wollte nun nach dem Vorbilde des Altmeisters der freiwilligen Feuerwehren, Karl Metz in Heidelberg, aus dem hiesigen Turnverein eine Turner=Feuerwehr bilden. Wie an so manchen anderen Orten würde der Plan auch hier gelungen sein, wenn nicht Zwistigkeiten im Verein die Gründung verhindert hätten.

Elleke schied aus dem Turnverein aus und fand in der Bürgerschaft eine Anzahl Männer, welche bereit waren, seine Bestrebungen mit Wort und That zu unterstützen. Gerade jetzt vor 25 Jahren war es ihm möglich, die erste Feuerwehr=Uebung abzuhalten.

Zu dieser Uebung waren die Spitzen der Behörden, sowie eine große Anzahl der besten Männer unserer Stadt geladen und waren dieselben von den vorgeführten Leistungen so sehr befriedigt, daß bereits am 17. April 1864 nach dem Schützenhause eine Versammlung berufen werden konnte, in welcher unsere heutige Freiwillige Feuerwehr gegründet wurde und die Herren Posamentier C. Elleke und Buchbindermeister Ludwig Haupt zu Kommandeuren und der damalige Bierbrauereibesitzer Paulmann zum Adjutanten gewählt wurden.

Infolge der Opferwilligkeit der Bürgerschaft und vor allem der fast alljährlichen Bewilligungen des landschaftlichen Kollegiums des Fürstenthums Lüneburg zu den Kosten der Neubeschaffung und Unterhaltung der Geräthe und

Ausrüstungsgegenstände des Korps bestätigten sich auch nicht die Befürchtungen, daß der Stadt aus dem Unternehmen drückende Kosten erwachsen würden. Auch sind dadurch, daß seit langen Jahren größere Brände fast ganz verhindert werden konnten, die Prämien der Versicherungs=Gesellschaften fast auf den niedrigsten Satz gesunken.

Wie wir seiner Zeit an dieser Stelle mittheilten, hat das jetzige Kommando des Korps, im Einverständniß mit dem Magistrat vor zwei Jahren auf dem Feuerwehrtage zu Osterode am Harz, die Feuerwehren des Verbandes, welcher die Provinz Hannover mit 193 Feuerwehren umfaßt, eingeladen, den nächsten Feuerwehrtag in unserer Stadt abzuhalten. Am Sonntag, den 24. März, hat hier nun eine Verbands=Vorstands=Sitzung stattgefunden und ist in derselben beschlossen, den Verbandstag am 27., 28. und 29. Juli d. Js., in Verbindung mit der Feier des 25jährigen Stiftungsfestes der freiwilligen Feuerwehr, hier abzuhalten. (...)[128]

Reger Schriftverkehr musste erst ergehen, ehe die Gründung der Freiwillige Feuerwehr Celle erfolgen konnte. Den Stein brachte der Männerturnverein ins Rollen. Es verlautete zunächst im Protokoll der Sitzung des Gemeinderats und Vorstands der Gemeinde Neuenhäusen am 5. April 1861: „Rücksichtlich der schon in der letzten Sitzung besprochenen Leistung eines Zuschusses von 100 rT zu den Kosten der Anschaffung von Geräthen, welche von der zu bildenden Rettungsschaar beabsichtigt wird, waren ein Gesuch des Männer-Turn-Vereins und Anschläge über die Kosten für die anzuschaffenden Geräthe eingegangen. Man war einstimmig der Ansicht, die auch schon in voriger Sitzung ausgesprochen worden, daß für die Verhältnisse unserer Gemeinde das vorgeschlagene Institut nicht erforderlich sey, (wobei jedoch die Zweckmäßigkeit desselben im Allgemeinen nicht geleugnet wurde) ...“

Die Gründung der Freiwilligen Feuerwehr Celle erfolgte schließlich am 17. April 1864 in der Concerthalle des Schützenhauses. Das politische Leben wurde damals von dem Schleswig-Holsteinischen Krieg bestimmt. Christian IX., König von Dänemark, hatte eine Verfassung bestätigt, die im Widerspruch zu den Vereinbarungen mit Preußen und Österreich die Einverleibung Schleswigs in Dänemark vorsah. Österreich und Preußen forderten die Aufhebung dieser Verfassung und marschierten, als Dänemark ablehnte, in Schleswig ein. In Celle bildete sich ein Hilfskomitee, das einmalige und regelmäßige Spenden für notleidende Schleswig-Holsteiner einsammelte. Am 3. April 1864 waren nach den Angaben von Schatzmeister Carl Meyer bereits 1937 Taler eingegangen, am 5. August waren es bereits 2386 Taler.

Über die Gründung der Freiwilligen Feuerwehr Celle verlautete in den Celleschen Anzeigen vom 19. April 1864:

---

[128] Der Einstieg der Pressemitteilung lautet: „Im Jahre 1875, nach dem großen Brande ...“ Hier liegt ein Zahlendreher vor. Der große Brand, der den „Brandplatz“ in Celle begründet, ereignete sich in der Altstadt am 27. Juli 1857 und fügt sich insofern in die Chronologie des Berichtes ein. Über den angeführten Posamentier Carl Elleke siehe ausführlich: Carla Meyer-Rasch, Liebes altes Haus an der Fritzenwiese [Fritzenwiese 13], Heimatkalender für die Lüneburger Heide 1960, Celle 1959, S. 39 ff.

Am Sonntag Nachmittag wurde in der Concert=Halle auf dem Schützenhause eine vom Comité für Errichtung der Feuer=Rettungsgesellschaft durch Circular berufene constituirende Versammlung abgehalten, in welcher der Vorsitzende Herr Kaufmann H. B. Lauenstein die bisher gethanen Schritte mittheilte und man dessen Vorschlage gemäß sofort ein provisorisches Commando, aus 3 Personen bestehend und mit der Befugniß sich zu cooptiren, wählte. Die Wahl wurde durch Stimmzettel vorgenommen und fiel auf folgende drei Herren: Posamentirer Elleke I. (47 St.), Bürgervorsteher Haupt jun. (42 St.) und Brauereibesitzer Paulmann (27 St.). Kupferschmiedemeister Chr. Krüger erhielt 17 Stimmen. Die zur Ausrüstung der Schaar nöthigen Gelder betreffend, sind, Herrn Lauenstein's Vertrage zufolge, 305 rT 1 gr 7 d beim hiesigen Magistrate disponibel (außerdem hofft man auch auf Ueberweisung der früher bereits einmal bewilligten aber wieder zurückgezogenen 200 rT), 200 rT hat die Lüneburgsche Landschaft zur Anschaffung einer Spritze und Herr Registrator Kaufmann, Agent der „Colonia", aus eigenen Mitteln 20 rT zugesagt, — so daß die hiesige Stadt nun wohl nicht mehr lange ein so wichtiges und nothwendiges Institut wird zu entbehren brauchen; gegen 70 Mitglieder sind der Schaar bereits beigetreten. — Für die in der Angelegenheit bewiesene Thätigkeit gab die Versammlung dem Vorsitzenden schließlich durch Aufstehen ihren Dank zu erkennen.

Der Ausschussvorsitzende, Lauenstein, wandte sich am 22. April an die Obrigkeiten der Stadt Celle und deren Vorstädte: „Das verehrliche Schreiben vom 3. Dec. 1863 hat der gehorsamst unterzeichnete Ausschuß erhalten, daraus das Nöthige zur Nachricht sich dienen lassen, und berichtet zufolge der darin gemachten Auflage, daß in einer am 17. d. M. abgehaltenen Versammlung, der dem Rettungsvereine beigetretenen Männer, ein Commando provisorisch gewählt ist, bestehend aus Posamentir Elleke I, Bürgervorsteher Haupt jr, Brauereibesitzer Paulmann. Wir haben noch zu bemerken, daß diesem Commando aufgegeben ist, dic nöthigen Vorlagen wegen der anzuschaffenden Gegenstände, sowie das Verzeichnis der Mitglieder anzufertigen und an geeigneter Stelle einzureichen. Der Ausschuß hält damit seine Aufgabe für erledigt, hat die behufigen Schriftstücke dem provisorischen Commando eingehändigt und ersucht die verehrten Obrigkeiten noch gehorsamst, mit demselben diese Angelegenheit weiter führen und ins Leben rufen zu wollen."

Das „provisorische Commando der Rettungsgesellschaft" wandte sich mit Schreiben vom 27. April 1864 an die Obrigkeiten der Stadt Celle und deren Vorstädte: „Unter Bezugnahme auf das Schreiben des Ausschusses behuf Bildung einer Rettungsgesellschaft vom 22ten dM erlauben sich die gehorsamst Unterzeichneten [Carl Elleke I, Ludwig Haupt jun., Theodor Paulmann] anzuzeigen, daß mit den Exercitien der Mannschaft, deren Namen wir aus der anliegenden Liste zu ersehen bitten, sofort der Anfang gemacht werden kann, wenn die nöthigen Ausrüstungsgegenstände vorhanden sind. Da nun aber die vorhandenen Geldmittel nicht ausreichen, das ganze Corps auszurüsten, so haben wir beschlossen vorerst die Steiger, als die wichtigste Abtheilung des Corps einzukleiden und erlauben uns den Kostenanschlag hierüber anzulegen.

Wir erlauben uns nun zu beantragen die vorhandenen Gelder zu unserer Disposition zu stellen, und werden wir seiner Zeit nach Anschaffung laut Anlage Rechnungen zur Zahlung vorlegen, damit unverweilt das Corps vollständig ausgerüstet seine Exercitien ausführen kann und bemerken dabei, daß jetzt schon ohne Ausrüstung der ganzen Mannschaft die Exercitien, soweit thunlich, beginnen sollen."

Die Namen der Mitglieder „der zu bildenden freiwilligen Feuerwehr", wie sie dem Schreiben angelegt wurden, sind folgende:

P.L. Richelmann, 39 Jahre, Produktenhändler, L. Schulze, 37, Gerätemacher, H. Ulrich jun I, 24 Schuhmacher, Ulrich II, 21, Schuhmacher, H. Hanking, 24, Schumacher, Carl Elleke I, 53, Posamentier, Carl Elleke II, 22, Posamentier, W. Elleke III, 18, Posamentier, D. Hoffmann, 25, Knopfmacher, Theodor Paulmann, 29, Brauereibesitzer, W. Bode, 24, Schirmmacher, L. Hörichs, 28, Klempner, W. Höbermann, 27, Former, H. Hoffmann, 20, Former, F. Bolsch, 25, Schuhmacher, F.W. Harms, 27, Böttcher, H. Bost, 20, Maler, H. Wordmann, 32, Dachdecker, H. Baumgart, 40, Arbeiter, C. Schmalzbaum, 28, Korbmacher, C. Kreutz, 27, Buchführer, A. Struß, 30, Schneidermeister, H. Dreyer, 30, Zimmermann, D. Daute, 30, Kaufmann, T. Brüggemann, 21, Schlosser, E. Kork, 32, Sattler, C. Krüger, 30, Kupferschmied, G. Kuphal, 26, Klempner, T.W. Lindmüller, 22, Klempner, E. Gull, 19, Buchhändler, Norden, 22, Kaufmann, Behrens, 28, Drechslermeister, A. Blume, 26, Schuhmacher, W. Wandler, 24, Kopist, H. Brand, 19, Kopist, G. Brehm, 19, Kopist, A. Springer, 19, Kaufmann, Surborg, 19, Kopist, Wollbrück, 33, Buchdrucker, Köneke, 22, Kopist, F. Wünning, 19, Schreiber, C. Jahns, 20, Kellner, Pruße, 26, Schirmmacher, Köhn, 32, Uhrmacher, W. Rumpeltin, 23, Schriftsetzer, W. Tolle, 27, Gärtner, E. Wortmann, 36, Dachdecker, Paul Müller, 21, Klempner, H. Kleinhans, 33, Schuhmachermeister, W. Wilkens, Schuhmachermeister, L. Jeep, 23, Schlosser, D. Hacke, 24, Zigarrenmacher, Dörffler, 38, Kaufmann, Ludwig Haupt, 41, Buchbinder, E. Daute, 60, Schmied, Scharnhorst, 44, Lehrer, F. Minnemann, 35, Schneider, A. Müller, 23, Färber, C. Schneider, 26, Schuhmacher, Fr. Oetling, 31, Lithograph, Meyer, 24, Dachdecker, Stender, 36, Maler, Pistel, 22, Copiist, Bertz jun., 27, Sattler, Krasemann, 25, Tischler, Schröder jun., 28, Zinngießer, Th. Meyer, 27, Gastwirt, G. Buhlert, 29, Schirmmacher, Schulz jun., 27, Schlachter, Bock, 29, Kürschner, Kruse, 32, Tischler, Wächter, 24, Schirmmacher, Funke, 48, Klempnermeister, J. Kracke, 47, Cigarrenfabrikant, Jungk, 39, Cigarrenfabrikant, T. Plam, 57, Schuhmacher, G. Rost, ..., Seiler, August Müller, 23, Copiist, G. Schmidt, 19, Buchbinder.

Diese Liste scheint einer Sitzordnung zu entsprechen, da alters- und berufsmäßige Gruppierungen zu erkennen sind.

Beigefügt waren dem Schreiben vom 27. April 1864 weiterhin Kostenanschläge für 24 Steiger nebst Bedienungsgeräten für dieselben, für 24 Retter und für 32 Bedienungsmannschaften. Ermittelt wurde eine Gesamtsumme von 748 Reichstalern.

Wenn wir anfangs die Bezeichnung „Freiwillige Feuerwehr“ explizit nicht vernehmen, so drückt sich die vom Kameraden Theodor Paulmann geschaltete Einladung zur Generalversammlung schon eindeutig aus (Cellesche Anzeigen vom 3. und 5. Mai 1864):

Vermischtes.
Freiwillige Feuerwehr.
General=Versammlung des Corps auf dem Schützenhause am
Donnerstag den 5. Mai, Nachmittags präcise 5 Uhr.
Bericht=Erstattung. *Uniformirung.*
Für das provisorische Commando.
Th. Paulmann.

Direkt über die Anzeige erfahren wir von der beabsichtigten Verpachtung des Michaelis d. J. außer Pacht fallenden Bodenraums über dem städtischen Spritzenhaus.

Die besagte erste Generalversammlung der Freiwilligen Feuerwehr am 5. Mai 1864 wurde von Carl Elleke I eröffnet, worauf Theodor Paulmann im Namen des provisorischen Kommandos mitteilte, dass die Celler Behörden die Feuerwehr als konstituiert betrachtet und die vorhandene Summe von 305 Talern 1 Groschen 7 Pfennigen zur Disposition gestellt hätten. Paulmann teilte ferner die Uniformierung betreffend mit, dass man beschlossen habe, zunächst die Steiger auszurüsten, bei denen die Ausrüstung 10 Taler 25 Groschen betragen würde. Die Equipierung der übrigen Mannschaft (im Ganzen 80 Mann) würde einschließlich der Steiger, ausschließlich Spritze, Wasserfass und Feuereimer 748 Taler beanspruchen.

Danach wurden Proben von Stoffen zu den nötigen Joppen vorgezeigt. Die Versammlung entschied sich für einen in Simmern bei Koblenz fabrizierten grauen Wollstoff. Hinsichtlich der Helme wurde beschlossen, dieselben aus Filz anfertigen zu lassen. Der Wunsch, „es möge das Corps behuf theoretischen und praktischen Unterrichts wöchentlich mindestens einmal zusammenkommen“, fand allseitige Zustimmung. Das Lokal des Conditors Buchholtz in der Bergstraße 517 wurde als Versammlungsort, der Sonnabend als Tag der Zusammenkünfte bestimmt. Am 7. Mai, 20.30 Uhr, sollte die erste Versammlung sein. Durch Stimmzettel wurde Fr. Oetling zum Protokollführer der Feuerwehrversammlungen gewählt, „welche Versammlungen einem Beschlusse hiesiger Königl. Polizei-Direction zufolge künftig stets ohne vorherige Anzeige abgehalten werden dürfen“. Schließlich wurden alle Anwesenden einzeln aufgerufen und ihnen die Frage vorgelegt, ob sie sich die Feuerwehrjoppe auf eigene Kosten beschaffen wollten oder die Lieferung derselben beanspruchten, worauf sich der größte Teil für letzteres entschied.

Die nächste Generalversammlung folgte auf dem Fuße. Am 12. Mai 1864 hatten sich die Kameraden präzise um 20.30 Uhr im Buchholtzschen Lokal einzufinden. Tagesordnung: „Eintheilung des Corps“.

Das Ergebnis wird uns in der Tagespresse am 14. Mai kundgetan. Die Einteilung fand durch freiwillige Anmeldung statt. Die 25 Steiger und ebensoviel Retter waren sofort zusammen, außerdem meldeten sich 23 der Anwesenden für die Bedienungsmannschaft. „Wegen fortgeschrittener Zeit wurde beschlossen, daß die Zugführer und die beiden Obersteiger etc. heute über acht Tage im Buchholtz'schen Locale, gelegentlich der regelmäßigen Versammlung, gewählt werden sollten." Der Beschluss der Versammlung vom 5. Mai, demzufolge die Joppen von dem so genannten „Diertech-Stoff" angeschafft werden sollten, wurde einstimmig wieder aufgehoben. Man entschied sich für eine von Carl Elleke I vorgezeigte, in Braunschweig gekaufte Joppe (ganz aus Wolle), da diese von der dortigen Feuerwehr als „außerordentlich practisch" bezeichnet war und auch nur 2 ½ Groschen höher (2 Reichstaler 17 ½ Groschen) zu stehen kam, als die von „Diertech". Die Joppen sollten nicht mit einem Steh-, sondern mit einem Umklappkragen versehen werden.

In der Ausgabe vom 19. Mai 1864 folgte der Hinweis, dass sich die Mitglieder der Freiwilligen Feuerwehr, die dem Rettungskorps beigetreten waren, zu einer Beratung am 20. Mai im Buchholtzschen Lokal einfinden sollten. Am 7. Juni 1864 verlautete in den Celleschen Anzeigen, dass sich die Steiger des Korps am Abend des 9. Juni in der Englischen Brauerei bei Herrn Paulmann zur Entgegennahme der Armaturstücke einzufinden hatten.

Zwischenzeitlich war am Nachmittag des zweiten Pfingsttages im Neustädter Holz ein Feuer ausgebrochen, das gegen sechzig Morgen etwa 20-jährigen Fuhrenbestandes zerstörte. Dasselbe war bereits von den Bewohnern der Schäferei gelöscht, als das Militär aus Celle eintraf.

Am 19. Juni 1864 hatten sich alle Korpsabteilungen beim Schützenhaus zum Exerzieren (Üben) einzufinden. Interessant für die Gegenwart: Der 19. Juni war ein Sonntag, und der Beginn war um 6 Uhr morgens! Am 21. Juni folgte ein Exerzieren aller Abteilungen, diesmal allerdings um 20.30 Uhr.

In den Celleschen Anzeigen vom 7. und 9. Juli 1864 wurde ein „Exerciren aller Abtheilungen" für Sonntag, den 10. Juli, morgens 6 Uhr, angekündigt. Sammlung (Antreten) war „auf dem Walle am Hehlenthore". Gleichzeitig kündigte Theodor Paulmann die Einkleidung der Bedienungsmannschaft für den 9. Juli, 19.30 Uhr, an.

Beim Exerzieren am 10. Juli musste offensichtlich noch viel improvisiert werden. Am 12. Juli 1864 wurde auf der Titelseite der Celleschen Anzeigen berichtet:

Locales.

[Feuerwehr]. Kaum sind einige Wochen vergangen, als wir zum ersten Male der, von einigen Mitgliedern der damals eben in's Leben getretenen hiesigen freiwilligen Feuerwehr veranstalteten Probe beiwohnten und darüber unsern Lesern berichteten. Jetzt sind nicht allein sämmtliche Abtheilungen des Corps bereits eingekleidet, sondern sogar schon soweit eingeübt, daß, wie die vorgestern Morgen hinter dem Walle an den Bruns'schen Fabrikgebäuden stattgehabte Probe zeigte, bei einem etwaigen Brandunglück die Feuerwehr schon mit Erfolg in Thätigkeit würde treten können. Freilich fehlt noch viel, sehr viel,

bevor dieselbe mit allen nothwendigen Geräthen ausgerüstet sein wird, aber bei dem großen erfreulichen Interesse, welches sämmtliche hiesige Behörden dem jungen Institute widmen, unterliegt es keinem Zweifel, daß man alles Fehlende recht bald wird beschafft haben. — Die kleine Spritze, welche am Sonntag Morgen probirt wurde, hatte bislang im hiesigen Spritzenhause unbenutzt gestanden, dieselbe lieferte jetzt, nachdem Herr Kupferschmiedemeister Chr. Krüger sie einer gründlichen Reparatur unterworfen, ein äußerst erfreuliches Resultat; 70 bis 80 Fuß hoch reichte ihr Strahl. — Wir glauben im Sinne der gesammten hiesigen Einwohnerschaft zu sprechen, wenn wir dem provisorischen Commando hier Anerkennung für den Eifer und die rastlose Thätigkeit zollen, mit welcher bisher zu Werke gegangen wurde; dasselbe hat den Beweis geliefert, daß sich das Institut in den besten Händen befindet.

Am 17. Juli 1864 folgte ein weiteres Exerzieren aller Abteilungen. Morgens um 6 Uhr traten die Steiger und Retter vor dem Spritzenhaus und die Bedienungsmannschaft hinter dem Walle bei Stenderschen Hause an.

Der Dienst der Freiwilligen Feuerwehr Celle wurde in den ersten Monaten ihres Bestehens durch regelmäßiges Üben auf eine feste Grundlage gestellt.

Als blinder Alarm erwies sich der Einsatz am 28. August 1864. Kaum war gegen 22 Uhr vom Nachtwächter durch Blasen angezeigt worden, es sei Feuer, erschien bereits wenige Minuten später die Freiwillige Feuerwehr mit Spritze und Gerätewagen an der angeblichen Einsatzstelle, dem Markt, wo es sich jedoch nach genauer Untersuchung der Häuser, in deren Nähe man einen starken Rauch wahrgenommen hatte, herausstellte, dass es sich um „blinden Lärm“ gehandelt hatte. Die Celleschen Anzeigen berichteten in ihrer nächsten Ausgabe: „Wir können nicht unterlassen zu bemerken, daß bei dem sofortigen Erscheinen der Feuerwehr sich allgemeine Befriedigung kund gab und wünschen nur, dieselbe möge recht bald im Stande sein, die vielen noch fehlenden Geräthschaften anzuschaffen, denn dann erst wird sie bei einem etwaigen Brande, der ja möglicherweise jeden Tag vorkommen kann, mit ganzem Erfolge thätig sein können.“

In derselben Ausgabe der Celleschen Anzeigen (30. August) folgten allerdings auch kritische Töne über den Einsatz der Wehr:

Dank und Bitte.

Während meiner Abwesenheit wurde gestern Abend nach zehn Uhr meine Frau und die Mitbewohner meines Hauses auf eine wahrhaft erschreckende Weise in der nächtlichen Ruhe gestört. — Voran ein paar flüchtige Weibspersonen, drang der Oberst der Feuerwehr, begleitet von einem Theil des Corps, mit noch andern Personen in mein Haus. Der Oberst machte meinen über den nächtlichen Besuch erstaunten Knechten begreiflich, daß er der Befehlshaber der Feuerwehr sei, und daß jeder ihm sofort gehorchen müsse; darauf commandirte dieser mit überlauter Stimme: „Feuerwehr, Laternen vor!“ Kein Feuerwehrmann brachte eine Laterne; wohl aber stellte mein Knecht (der nicht zur Feuerwehr gehört) dem Herrn Commandeur sofort zwei von meinen Laternen zur Verfügung, mit Hülfe derer der Letztgenannte nach Feuer zu suchen begann, ungeachtet meine Leute versicherten, daß, da es zufällig Sonntag sei, seit mehr denn 30 Stunden kein Licht noch Feuer im Brauhause gewesen; dem war auch so, man fand ***kein Feuer,*** *nicht einmal eine Stelle, wo es geglimmt oder gebrannt haben konnte. —*

Da nun ein solches Suchen nach Feuer manche Nachtheile am Eigenthum hat, so danke ich sämmtlichen Suchenden und Anwesenden, daß nicht noch mehr von meinen Effecten zerbrochen, bemerke auch, daß, soviel ich bis jetzt beachte, mir nichts fehlt; zugleich bitte ich, mich doch nicht ohne triftigen Grund fernerhin so zu belästigen, wie ich auch glaube, daß die löbliche Feuerwehr Segen bringender sei, wenn dem Commando mehr als bei dieser Gelegenheit Folge gegeben wird.

Celle, den 29. August 1864. ***Otto Fischer.***

In der Versammlung am 29. Oktober 1864 wurde das vorläufige Kommando bestätigt und am 15. Oktober 1865 für fünf Jahre wieder gewählt.[129]

Das erste Offizierkorps der Wehr bestand aus folgenden Personen: Carl Elleke I, erstem Kommandeur, Ludwig Haupt jun., zweitem Kommandeur, Theodor Paulmann, Adjutant, D. Daute sen., Zugführer des Spritzenzuges, D. Daute jun., Zugführer der Rettungsmannschaft, Paul Müller, Zugführer der Steiger. Bei der Wahl am 29. Oktober 1864 wurden Beyer, Brüggemann und Behrens Zugführer.[130]

Im Jahre 1865 bildete sich aus Mitgliedern ein Musikkorps. Die Stadt überwies ihm die Instrumente der ehemaligen Bürgerwehr (einen Klappenbügel, eine Tube, zwei es- und drei b-Trompeten), doch mussten diese erst mit einem Kostenaufwand von zwölf Talern instand gesetzt werden.[131]

Magistratssekretär Strauch berichtet weiter über diese Zeit: „Die Vorsorge von Elleke richtete sich auch auf anscheinend kleine Nebendinge. So hielt er es für nötig, daß auf der Brandstätte, und zwar auf dem Kommandoplatze, stets ein Arzt zur Stelle war, der erforderlichenfalls gleich Hilfe leisten konnte. Für diesen war die Feuerwehruniform mit blauweißer Schärpe vorgesehen. Die Einrichtung scheint aber nicht lange bestanden zu haben. Es ist nur bekannt, daß Dr. Polak 1866, Dr. Brandmüller 1869 sich bereit erklärten, dem Korps bei seiner Tätigkeit zur Seite zu stehen."[132]

In seiner Aufstellung „Die Feuersbrünste in der Stadt Celle von 1817-1900", abgedruckt in der „Celleschen Zeitung" vom 12. Februar 1901, führte der an der Hannoverschen Heerstraße 10 in Celle lebende Rentier Theodor Sprenger folgende Brände im Bereich der Stadt für den Zeitraum 1864/65 auf:

1864. 13. April. Trübenbach, Zöllnerstraße 30.
9. Novbr. Heidorn, Fritzenwiese 36.
1865. 30. Juli. Fabrikgebäude Mühlenstraße 2.
10. Sept. Behrens, Westcellerthor 16.

---

[129] Strauch, Franz, Festschrift zum fünfzigjährigen Bestehen der Freiwilligen Feuerwehr Celle 1864-1914, Celle 1914, S. 16.

[130] Ebenda.

[131] Ebenda.

[132] Ebenda.

Freiwillige Feuerwehr.
Sonnabend, den 27. Mai, Abends **präcise** 8 Uhr: **Versammlung des ganzen Corps im Buchholtz'schen Locale** zur Verhandlung mehrerer wichtiger Vorlagen.
Sonntag, den 28. Mai, Morgens **präcise** 6 Uhr: **Exerzieren aller Abtheilungen. C. Ellefe I.,** Commandant.

Abb. 26: Cellesche Anzeigen vom 25. Mai 1865. Repro: Blazek

Beim Brand der Hugo'schen Schirmfabrik in der Altenceller Vorstadt am 4./5. Januar 1866 hatte die noch junge Freiwillige Feuerwehr Celle ihren ersten großen Einsatz. Die Celleschen Anzeigen berichteten darüber:

— *(Feuer.) Als vorgestern um Mitternacht das Allarmsignal ertönte, war es die freiwillige Feuerwehr, welche mit ihren beiden Spritzen zuerst auf der Brandstelle erschien. Das Feuer hatte seinen Sitz in dem, im Hofe stehenden massiven Fabrikgebäude des Herrn Commerzienraths Hugo rechts vom Wohnhaus und wüthete in der unter dem Dache befindlichen Trocknenstube, in welche hineinzudringen schon unmöglich geworden war. Mehrere Steiger begaben sich daher mit dem Schlauche auf's Dach und einer derselben, welcher durch ein Dachfenster auf den Boden gelangt war, näherte sich dem Feuer soweit als möglich; durch den Erfolg seiner Rohrführung wurden die anfänglich herrschenden Zweifel, ob man vom Dache aus fortfahren solle; zu arbeiten, gehoben. Die am Magnusgraben aufgestellte große Feuerwehrspritze versorgte die kleine Spritze mit der gehörigen Menge Wasser, so daß die Operation auf dem Dache, die jetzt durch die inzwischen herbeigeeilte Militairspritze und die städtische Spritze No. 2 wirksam unterstützt wurde, nach zweistündigem ununterbrochenen Arbeiten allein dem Feuer Einhalt that. Brach an einer Stelle die Flamme wieder durch das Dach, stieg kurz darauf ein dicker schwarzer Rauch auf, sie war von den mit dem Rohre immer weiter vorrückenden Steigern getroffen, die dann, das Feuer nicht mehr fürchtend, mit Hülfe ihrer Beile, so viel als nöthig das Dach öffneten und überall hingelangten. – Uebrigens war es anfänglich nicht ohne einige Verwirrung abgegangen, woran jedoch lediglich die noch immer unvollkommene Ausrüstung des Corps die Schuld trägt; so mangelte es an den nöthigen Schläuchen; es fehlte ein Gesimsebock, wodurch das Erklimmen des vorspringenden Daches außerordentlich erschwert wurde; Wasserfässer waren in ungenügender Zahl vorhanden u. dgl. m. Jedenfalls wird jedoch jeder Beobachter des Brandes mit uns übereinstimmen, wenn wir sagen, die Feuerwehr hat sich in glänzender Weise bewährt; es kann uns dabei nicht einfallen, das Verdienst schmälern zu wollen, welches sich z. B. die Mannschaft der Militairspritze und die der Spritze No. 2 erworben hat, obgleich letztere noch erfolgreicher hätte wirken können, wenn der Rohrführer mittelst einer Leiter sich näher an den Herd des Feuers begeben haben würde. Die Entstehung des Brandes betreffend, lassen sich nur Vermuthungen aufstellen, vielleicht ist derselbe durch Reibung der Trockenmaschine verursacht, da das Trocknen selbst durch Wasserdämpfe bewerkstelligt wird. In den untern Räumen des Gebäudes war bis kurz vor Mitternacht gearbeitet worden und hatten die Arbeiter, als sie, im Begriff zu Hause zu gehen, das Feuer entdeckten, anfänglich geglaubt, dasselbe ohne fremde Hülfe löschen zu können, wovon sie indessen glücklicherweise sofort abgekommen waren und das Commando der Feuerwehr in Kenntniß setzten. – Ein hiesiger Kaufmann soll beim Löschen einige unerhebliche Brandwunden erhalten haben.*[133]

Momentaufnahmen liefern die Adressbücher der Stadt Celle, die im Stadtarchiv Celle archiviert sind. Erstmals erfahren wir von dem Vorhandensein einer Freiwilligen Feuerwehr in Celle im Adress- und Handbuch der Stadt Celle und deren Vorstädte für 1866, III. Abteilung, S. 43. Während sonst die Wehrführung präsentiert wurde, erfahren wir in dieser frühen Vorstellung von den Leitlinien der Kameraden (in denen das Retten noch an zweiter Stelle stand):

Freiwillige Feuerwehr. *Die freiwillige Feuerwehr besteht aus erwachsenen unbescholtenen Einwohnern hiesiger Stadt und Vorstädte im Alter von nicht unter 18 Jahren. Zweck derselbe ist: Ausbrechende Brände möglichst rasch zu löschen; den durch Brände in Gefahr kommenden Menschen und Thieren Hülfe zu leisten; Mobilien der Feuersgefahr zu entreißen (namentlich werthvolle Gegenstände, als: Acten, Geschäftsbücher, Gold= und Silbersachen etc.); gerettete Gegenstände zu bewahren und Ordnung auf der Brandstätte zu halten. Regelmäßige Versammlungen des Corps finden jeden Sonnabend Abend von 8 Uhr ab im Vereins=Locale (bei Buchholz, Bergstr. 517) statt.*

1866 war das Jahr der Kriegshandlungen zwischen Preußen und Österreich, an deren Ende das Königreich Hannover, das neben allen Mittelstaaten Deutschlands, wie Sachsen, Bayern, Württemberg, Baden und so weiter, auf der Seite Österreichs gestanden hatte, seine Unabhängigkeit verlor. Mit der Schlacht von Langensalza am 27. Juni 1866 wurde das Schicksal Hannovers besiegelt. Es wurde danach in eine preußische Provinz umgewandelt.[134]

Franz Strauch notierte in der Wehrchronik: „Die kriegerischen Ereignisse von 1866 warfen auch auf unsere Stadt ihre Schatten. Von Langensalza kehrten die Soldaten zurück, um in Celle in die Heimat entlassen zu werden. Handel und Wandel stockten. Unsicher war, wie die politischen und geschäftlichen Verhältnisse sich in der Zukunft gestalten würden. Einige Fabriken waren zu Arbeiterentlassungen gezwungen. In dieser aufregenden Zeit wurde die Freiwillige Feuerwehr vom Amte mit der Wahrnehmung des öffentlichen Sicherheitsdienstes betraut und deren Führer auf treue Pflichterfüllung beeidigt. Die Wehr hatte die Aufgabe, die Polizeidirektion in Aufrechterhaltung der Ruhe, Sicherheit und Ordnung zu unterstützen."[135]

---

133 Entnommen aus: Hische, Hans; Schmidt, Werner, Chronik der Freiwilligen Feuerwehr Celle, Celle 1989, S. 26 f. Der Freiwilligen Feuerwehr Celle gehörten im September 1865 108 Mitglieder an, davon 71 aus der Stadt, 13 aus der Hehlenvorstadt, 13 aus der Altenceller Vorstadt, 9 aus der Westceller Vorstadt.

134 Vgl. *Officieller Bericht über die Kriegsereignisse zwischen Hannover und Preußen im Juni 1866 und Relation der Schlacht am 27. Juni 1866*, Wien 1866 (Nachdruck von 2005), *Vollständige Listen der Todten und Verwundeten der „hannoverschen" Armee in der Schlacht bei Langensalza am 27. Juni 1866. Mit einem poetischen Nachworte von von Dr. Adolph Koeler und einem Gedichte: „Die Löwen von Langensalza".*

135 Strauch, wie oben, S. 17.

In einer zeitgenössischen Darstellung der „Schreckenstage des Aufruhrs zu Celle am 18. und 19. Juli 1866“ heißt es zusammenfassend:[136]

Die Feuerwehr hat sich durch ihre aufopfernden Dienstleistungen auch bei dieser Gelegenheit wieder die gerechtesten Ansprüche auf die wärmste Anerkennung der Bürger erworben.

In den Celleschen Anzeigen vom 10. August 1867 verlautete:

Freiwillige Feuerwehr.

Sonntag, den 11. August, Morgens 6 Uhr, Uebung aller Abtheilungen.
Das Commando.

Das Adressbuch der Stadt Celle und deren Vorstädte für 1868 stellt in seiner II. Abteilung, S. 86, das Kommando der Freiwilligen Feuerwehr Celle vor:

Freiwill. Feuerwehr. *1. Commandeur C. Elleke I., 2. Commandeur L. Haupt jun., Adjutant D. Daute, Schriftführer Oertling, Pistel, Zugführer der Steiger F. Behrens, Zugführer der Retter Klempner Funke, Zugführer der Bedienungsmannschaft Schlosser Brüggemann jun., Sattler Bertz.*

Literatur

Matthias Blazek: Provisorisches Kommando gewählt / „70 Mitglieder sind der Schaar bereits beigetreten“ – Blick in die Gründerjahre der Freiwilligen Feuerwehr Celle / Von Pionieren und Idealisten ins Leben gerufen, Sachsenspiegel 14 und 15, Cellesche Zeitung vom 3. und 10. April 2004

Matthias Blazek: Celle erlebte 1868 zwei Großbrände / Sieben Wohnhäuser im Sommer vom Feuer zerstört – „Das helle Leuchten der Glut machte die Frage nach der Brandstelle überflüssig“ / „Hülfe“ aus Hannover konnte abbestellt werden, Sachsenspiegel 47, Cellesche Zeitung vom 22. November 2003

NN: Die Schreckenstage des Aufruhrs zu Celle am 18. und 19. Juli 1866, Celle, Verlag der Schulze'schen Buchhandlung, o. J. (1866, 16 Seiten)

Franz Strauch: Festschrift zum fünfzigjährigen Bestehen der Freiwilligen Feuerwehr Celle 1864-1914, Celle 1914 (Nachdruck von 2007, hrsg. von der FF Celle)

In Anerkennung der Verdienste, welche der verstorbene Commandeur der Celler Feuerwehr, Elleke, sich um das Feuerwehrwesen erworben, haben die Vertreter der zur Bestattung desselben versammelten Corps von Celle, Lüneburg und Uelzen heute beschlossen, daß die Feuerwehren des niedersächsischen Feuerwehrverbandes verpflichtet seien, dem Verstorbenen ein ihn ehrendes einfaches Denkmal zu setzen. Es ist beschlossen, daß die Unterzeichneten zu einem Ausschuß für diese Angelegenheit zusammentreten wollen, um die Mittel zu dem Denkmal durch freiwillige Beiträge der Feuerwehrleute des Verbandes zusammenzubringen, und daß die in Celle wohnhaften Unterzeichneten die Ausführung besorgen sollen.

Celle, den 2. April 1871.

Aus Celle:	Aus Lüneburg:	Aus Uelzen:
Ludwig Haupt jun.	R. Rathke.	L. Billeb.
A. Meyer.	F. H. Busse.	H. Harms.
Paul Müller.	Schäfer.	Georg Roloff.
Fr. Behrens.		H. Meyer.
Heinr. Bertz.		
Fr. Oetling.		

Abb. 27: Cellesche Zeitung vom 4. April 1871. Repro: Blazek

[136] Die Schreckenstage des Aufruhrs zu Celle am 18. und 19. Juli 1866, Celle, Verlag der Schulze'schen Buchhandlung, S. 13.

26

Prediger und Autor: Georg Friedrich Wilhelm Beneken

Georg Wilhelm Friedrich Beneken war Prediger im Lüneburgischen und Verfasser „einiger patriotischer Worte". Bei ihm lag die Konzession zur Herausgabe der erstmals am 2. April 1817 als *Zellescher Anzeiger nebst Beiträgen* erschienenen Celleschen Zeitung.[137]

Beneken, am 1. Januar 1765 in Sehnde geboren, wurde 1786 Prediger zu Mandelsloh und darauf Prediger zu Natendorf im Lüneburgischen. Laut dem Einband seiner Publikation *Athanasios, oder Versuch über die Freyheit und Fortdauer des Menschen im Tode* (1801) war er damals bereits „Prediger zu Natendorf im Lüneburgischen, und der Herzogl. Deutsch. Gesellsch. in Helmstädt Ehrenmitgliede." Von 1803 bis 1818 war er Prediger in Nienhagen bei Celle. Dort betrieb Beneken eine Privatschule („Knaben-Institut"), die unter anderem Johann Heinrich Christian Fricke (* 16. Januar 1784 in Drütte, † 20. Juli 1871 in Idensen), 1844 bis 1873 Pastor in Idensen, besuchte.[138]

Kritik an *Teuto*

Kritisch verlautete 1817 in den *Heidelbergischen Jahrbüchern der Litteratur* über seine viel beachtete Publikation *Teuto, oder Urnamen der Deutschen gesammelt und erklärt* (Erlangen 1816):[139]

Abgesehen von jedem andern Gebrauch fordert auch die Geschichte unserer Sprache ein gründliches und ausführliches Werk über die deutschen Eigennamen. Es sind schon mancherley Vorarbeiten dazu vorhanden, namentlich seit dem sechzehnten Jahrhundert von Aventin und Luther bis auf Wiarda, in welchen aber selten und unvollständig zu den wahren Quellen hinaufgegangen wird. Das vorliegende Buch, dessen 411 Seiten manches Fleißige und Gelehrte hätten fassen können, ist jedoch wiederum höchst mittelmäßig gerathen und hat sich weder des Stoffes zu bemächtigen, noch ihn glücklich zu behandeln vermocht.

Wer an eine dergleichen Arbeit gehen will, muß erstens der altdeutschen Grammatik kundig seyn. Hr. Beneken ist dieses aber nicht, wovon hier der Beweis folgt: er läßt (für seinen Zweck ganz unnöthig) Seite 206-211 den Text einer alten Beichte aus Lambek abdrucken und liefert Uebersetzung und Anmerkungen. Carl der Große solle sie höchst wahrscheinlich (!) abgefaßt oder sich ihrer bedient haben, denn wer niemand anders werde es gewagt haben, die kaiserliche Abolge zu reizen (diese gelehrte Affection im Styl ist schlecht gelungen, denn abulgi ist kein fem., sondern ein neutr.) und Carls Laster bey seinen Lebzeiten zu schildern. Wer aber die Beichte blos obenhin

---

137 Beneken gab die Konzession im Frühjahr 1818 an Schweiger & Pick weiter, die vom 1. April 1818 an das Blatt unter dem Titel *Zellescher Anzeiger nebst Beiträge* zweimal wöchentlich herausbrachten. (Peter Stein: Die nordostniedersächsische Tagespresse – Von den Anfängen bis 1945, hrsg. vom Landschaftsverband der ehemaligen Herzogtümer Bremen und Verden, Stade 1994, S. 146, ISBN 978-3-9801919-5-1.)

138 www.familienpuzzle.de.

139 Heidelbergische Jahrbücher der Litteratur, Zehnter Jahrgang, zweyte Hälfte: July bis December, Mohr und Winter, Heidelberg 1817, S. 889 f. Vgl. Dolz, Johann Christian, Die Moden in den Taufnamen mit Angabe der Wortbedeutung dieser Namen, Verlag von Johann Ambrosius Barth, Leipzig 1825, S. 20.

durchliest, sieht sogleich, daß sie eine allgemeine für alle Sünder passende und den Kaiser gar nicht individualisirende Formel ist, dergleichen viele in Latein und Deutsch gedruckt stehen. Bey diesem kleinen Stück, welches schon mehrmals übersetzt worden ist, macht Hr. B. gewaltige Sprachfehler. Von bigihtic (consitens) soll die Wurzel seyn gihu, bekennen. Der Infinitiv lautet aber gehan (nicht einmal gihan), und jenes gihu ist die erste Person des Präsens, consiteor. Statt Frau Maria sey Jungfrau gewöhnlicher, man darf aber für die alte Sprache blos das umgedrehte behaupten. Von Frau sey das keltische ffraw der Stamm! Noch unbegreiflicher soll unser Wort Schwan und schwanen aus dem alten suahan (suchen) abstammen.

Nach seiner Pastorentätigkeit in Nienhagen lebte Beneken als Emeritus in Hannover, wo er am 23. Januar 1824 starb.

Schriften

Einige patriotische Worte, mit dem Verfasser der Wahrheiten, ohne Schminke, zur Beherzigung teutscher Nicht-Aristokraten und Nicht-Demokraten, gesprochen. Bremen 1795.
Der Philosoph in der Lüneburger Heide; eine Quartalschrift, 4 Bände, jeder von 2 Heften. Lüneburg 1801-1802. Der 3. und 4. Band haben auch den Titel *Niedersächsische Zeitschrift für Sittlichkeit und Frohsinn.*
Athanasios, oder Versuch über die Freyheit und Fortdauer des Menschen im Tode. Voran das Grab. Aus dem Englischen Hugo Blair's übertragen von Georg Iustus Friedrich Nöldeke der Arzneykunde Doctor in Oldenburg. Göttingen 1801.
Teuto, oder Urnamen der Deutschen gesammelt und erklärt. Erlangen 1816.
Auswahl einiger Predigten. Celle 1817.
Leben des berühmten teutschen Malers Anton Raphael Mengs. In: *Hannöverisches Magazin.* 1789, Stück 86, S. 1361-1374
Beherzigungen. In: *Hannöverisches Magazin.* 1791, Stück 25, S. 383 f.
Auch ein Wörtchen Politik. In: *Hannöverisches Magazin.* 1793, Stück 7, S. 109-112.
Beantwortung der Anfrage im 13. Stck. 1793. woher kommt es, daß man, um etwas zu bezeichnen, welches aus England gekommen, sowohl mündlich als schriftlich so ausdrückt: englische Hüte, englisches Tuch, englisches Leder u. s. w. In: *Hannöverisches Magazin.* 1793, Stück 39, S. 623 f.
Ueber die seltsame Neigung, das Glück anderer zu unserm Unglück zu machen. In: *Hannöverisches Magazin.* Jahrgang 1808, 74. Stück, S. 1169-1184.
Sollten wir fremde Eigennamen nicht verdeuschen? In: *Hannöverisches Magazin.* 1809, Stück 87, S. 1383-1392.
Hans Heidmann zu Nienhagen, der älteste Westphale. In: *Hannöverisches Magazin.* 1810, Stück 84, S. 1333-1336.
Teutsche Urnamen. In: *Hannöverisches Magazin.* 1815, Stück 35, S. 567-574.
Sprachfehler. In: *Hannöverisches Magazin.* 1816, Stück 6, S. 93-96.

Literatur

Jürgen Gedicke: Nienhagen – Geschichte eines niedersächsischen Dorfes, 2 Bände, Nienhagen 1990/1993, Band 1, S. 151 ff.
Heinrich Wilhelm Rotermund: Das gelehrte Hannover, oder Lexicon von Schriftstellern und Schriftstellerinnen, die seit der Reformation in und außerhalb den sämtlichen zum jetzigen Königreich Hannover gehörigen Provinzen gelebt haben und noch leben, aus den glaubwürdigsten Schriftstellern zusammen getragen, Erster Band, Bremen, bei Carl Schünemann 1823, S. 135
Frank Stückemann: Johann Moritz Schwager (1738-1804) – Ein westfälischer Landpfarrer und Aufklärer ohne Misere, Veröffentlichungen der Literaturkommission für Westfalen, Band 36, Aisthesis Verlag, Bielefeld 2009, ISBN 978-3-89528-739-8

27

Angesehener Celler Bürger: Ernst Quietmeyer

Über den angesehenen Celler Bürger Ernst Quietmeyer ist heute nicht mehr viel bekannt. Selbst der Eintrag seines Todes im Celler Stadtkirchenbuch bezeichnet ihn schlicht als „Ehemann zu Celle".

Geboren wurde Ernst Heinrich Wilhelm Quietmeyer, wie er mit vollem Namen hieß, in Bergen am 16. Dezember 1815 als Sohn des Präzeptors Christoph Heinrich Quietmeyer und seiner Ehefrau Eleonore Magdalene Elisabeth, geb. Thiele.[140] Die Taufe erfolgte am 27. Dezember 1815 im Beisein der Gevattern Heinrich Christ. Winkelmann, Ernst Heinrich Wilhelm Thiele, Johann Heinrich Engelke, August Heinrich Wilhelm Thiele und Heinrich Wilhelm Quietmeyer.

Ernst Quietmeyer besuchte zunächst das Schullehrerseminar zu Hannover,[141] um dann ab Ende 1834 als „Präparand" und erster Lehrer in der Kolonie Adelheidsdorf überhaupt die Schulbildung im Dorfe vorzunehmen. Das Schulzimmer befand sich zunächst im Haus des Anbauers Lindenbaum, Kolonat Nr. 2, bis 1836 das erste Schulhaus in der noch jungen Kolonie gebaut wurde.

Quietmeyers Wirkungszeit in Adelheidsdorf dauerte bis 1838. Er wurde dann Lehrer an der städtischen Mädchenschule I in Hannover. Zusammen mit seinen Lehrerkollegen von der Stadttöchterschule zu Hannover Louis Münkel[142] und G. Gölitz brachte er bereits 1848 eine „Fibel" heraus, die im „Vierteljahres-Catalog der aller neuen Erscheinungen im Felde der Literatur in Deutschland" (Leipzig 1852) aufgelistet wurde. Die siebente Auflage (Hannover 1853, Helwingsche Hofbuchhandlung) umfasste 48 Seiten.[143] Im Pädagogischen Jahresbericht heißt es zu diesem Buch: „Die Verfasser sehen es in diesem Büchlein ausschließlich auf das Lesen ab und haben dafür eine angemessene, vom Leichten zum Schwerern fortschreitende Stufenfolge aufgestellt. Bis Seite 30 werden die Hauptwörter mit kleinen Anfangsbuchstaben geschrieben. Bei solcher Einrichtung wird das Lesen vollständig in der Elementarklasse isolirt, was einem recht gedeihlichen Elementarunterricht hindernd in den Weg tritt."[144]

---

[140] Christoph Heinrich Quietmeyer war von 1807 bis 1818 der Präzeptor (Rektor) der Bergener Elementar-Schule. Er hatte Eleonore Magdalene Thiele, eine Tochter des Organisten von Eschede, am 26. September 1809 geheiratet.

[141] Das Schullehrerseminar zu Hannover wurde 1750 von Kaufmann Ernst Christoph Böttcher (1697-1766) und Konsistorialrat Dr. Gabriel Wilhelm Goetten (1708-1781) gestiftet. Vgl. ausführlich: Blazek, Matthias, Ahnsbeck, Ahnsbeck 2003, S. 371 f.

[142] Über Louis Münkel (1810-1886), aus Hiddestorf stammender Lehrer an der Stadttöchterschule in Hannover, lies ausführlich: Heindl, Johann Baptist (Hrsg.), Galerie berühmter Pädagogen, verdienter Schulmänner, Jugend- und Volksschriftsteller und Componisten aus der Gegenwart, Erster Band, München 1859, S. 46 ff.

[143] Vgl. Diesterweg, Friedrich Adolph Wilhelm; Deiters, Heinrich; Alt, Robert; Hohendorf, Ruth; Ahrbeck, Hans; Günther, Karl-Heinz; Geissler, Gert, Sämtliche Werke, Band 8 (1956), S. 552 ff.

[144] Pädagogischer Jahresbericht für die Volksschullehrer Deutschlands und der Schweiz, Vierzehnter Band, Leipzig 1862, S. 672 (Preis der Fibel, 23. Auflage, 1861: 2 Silbergroschen).

Etwa zeitgleich folgte von dem Autorenteam Quietmeyer-Münkel-Gölitz „Kinderheimath – Erstes Lesebuch“ (183 Seiten), dessen Fortsetzungen von 1850 und 1851 dann aber ohne Golitz veröffentlicht wurde.

Lehrer Ernst Quietmeyer brachte ein weiteres Buch heraus, und zwar im Jahre 1850 im Eigenverlag (E. Quietmeyer-Verlag) „Quietmeyers Schul- und Hausfreund – Deutsches Lesebuch“. Als Lesebuch für Volksschulen sollte der „Schul- und Hausfreund“, wie der Herausgeber in seinem Vorwort vom 1. August 1850 ausführte, „die allseitige Bildung des Geistes- und Gemüthsleben der Kinder“ (Seite III) fördern.[145]

Nach seinem Rücktritt aus Gesundheitsgründen von seinem Lehramt an der Stadttöchterschule wurde Quietmeyer zunächst Kassenbeamter der Stadt Hannover, dann Buchhalter bei der neu gegründeten Hannoverschen Bank und anschließend Buchhalter bei der Peiner Eisenhütte. Wegen seiner geplanten Übersiedelung nach Wolfenbüttel kündigte er seine Stellung bei letzterer zum 1. April 1863. Schließlich führte ihn sein beruflicher Werdegang aber nach Celle, wo er erster Rendant (Sparkassenleiter) der Spar- und Leihkasse für das Amt Celle, der heutigen Kreissparkasse, von 1864 bis zu seiner Pensionierung 1887, wurde.

Über Quietmeyers Tod verlautete in den „Rheinischen Blätter für Erziehung und Unterricht“ von Friedrich Adolph Wilhelm Diesterweg, Band 112 (1897), auf Seite 272: „Am 29. Juni starb in Celle Lehrer Ernst Quietmeyer, früher Lehrer zu Hannover, darauf Rendant der Spar- und Leihkasse des Landkreises Celle, bekannt durch Herausgabe von Lesebüchern für Töchter- und Bürgerschulen.“

Die in diesem Buch aufgeführten Todesfälle beziehen sich auf das Jahr 1896.

Von Quietmeyers Wirken in Celle erfahren wir in den Celleschen Anzeigen vom 19. September 1868:

Celle, den 12. September 1868.

Bekanntmachung.

Diejenigen, welche mit den Landstraßenbeiträgen für das 2te Halbjahr 1867 noch im Rückstande sind, werden hierdurch aufgefordert, dieselben in der Zeit vom 20. October bis 10. November d. J., und zwar an denselben Tagen, welche als zur Hebung der neuen Beiträge bestimmt, vom Rechnungsführer Herrn Quietmeyer, gemäß unserer Bekanntmachung in den Celleschen Anzeigen vom 11. d. Mts., bezeichnet werden, an den Wegeverbands=Rechnungsführer, Rendanten Quiemeyer hieselbst einzuzahlen, als sonst die Anmahnung, resp. Einziehung derselben auf ihre Kosten verfügt werden wird.

Königlich Preußisches Amt.
v. Pfuel.

145 Karl Kehr nennt das Buch in seiner „Geschichte der Methodik des deutschen Volksschulunterrichts“, Band 1-3 (1889), auf Seite 217: *Quietmeyer, Ernst: „Schul- und Hausfreund. Deutsches Lesebuch. 30 Aufl. Mit Rücksicht auf die ‚Allgem. Bestimmungen' vollständig umgearbeitet[1]). I. Teil. (Vorschule.) Hannover 1873.“[2]) – II. Teil (Lesebuch.) 1874[3]).*

Matthias Blazek

Heimatkundler.

Veröffentlichungen:

Dörfer im Schatten der Müggenburg, 1997.
L'Histoire des Sapeurs-Pompiers de Fontainebleau, 1999.
Ahnsbeck, 2003.
75 Jahre Sportverein Nienhagen von 1928 e.V., 2003.
Dorfgeschichte Wiedenrode, 2004.
Die Geschichte der Bezirksregierung Hannover im Spiegel der Verwaltungsreformen, 2004.
Dorfchronik Nienhof, 2005.
Schillerslage, 2005.
75 Jahre Ortsfeuerwehr Wienhausen, 2005.
Hexenprozesse – Galgenberge – Hinrichtungen – Kriminaljustiz im Fürstentum Lüneburg und im Königreich Hannover, 2006.
Das niedersächsische Bandkompendium 1963-2003, 2006.
Das Löschwesen im Bereich des ehemaligen Fürstentums Lüneburg von den Anfängen bis 1900, 2006.
Das Kurfürstentum Hannover und die Jahre der Fremdherrschaft 1803-1813, 2007.
75 Jahre Niedersächsische Landesfeuerwehrschule Celle 1931-2006, 2007.
Celle – Neu entdeckt, 2007.
Geschichten und Ereignisse um die Celler Neustadt, 2008.
Die Hinrichtungsstätte des Amtes Meinersen, 2008.
Haarmann und Grans – Der Fall, die Beteiligten und die Presseberichterstattung, 2009.
Carl Großmann und Friedrich Schumann – Zwei Serienmörder in den zwanziger Jahren, 2009.
Helmerkamp – unser Dorf, 2009.
Unter dem Hakenkreuz: Die deutschen Feuerwehren 1933-1945, 2009.
Wathlingen – Geschichte eines niedersächsischen Dorfes, Band 3, 2009.
100 Jahre Musikzug der Freiwilligen Feuerwehr Eldingen 1910-2010, 2010.
Scharfrichter in Preußen und im Deutschen Reich 1866-1945, 2010.
Die Geschichte des Feuerwehrwesens im Landkreis Celle, 2010.
Im Schatten des Klosters Wienhausen – Dörfliche Entstehung und Entwicklung im Flotwedel, ausgeführt und erläutert am Beispiel der Ortschaften Bockelskamp und Flackenhorst, 2010.
Die Geschichte der Grund- und Hauptschule Neustadt 1885-2010, 2010.
40 Jahre Kindergarten in Großmoor, 2010.

Zahlreiche weitere Aufsätze und Quellenveröffentlichungen zur niedersächsischen Landesgeschichte.

Matthias Blazek

Im Schatten des Klosters Wienhausen

Dörfliche Entstehung und Entwicklung im Flotwedel,
ausgeführt und erläutert am Beispiel
der Ortschaften Bockelskamp und Flackenhorst

ISBN 978-3-8382-0157-3
154 S., Paperback, € 15,90

Erhältlich in jeder Buchhandlung
oder direkt bei

ibidem

Bockelskamp und Flackenhorst finden sich als vereinzelt liegende Ortsteile der Gemeinde Wienhausen zwischen der Bundesstraße 214 und der Aller in der Nähe von Celle.

Matthias Blazek beschreibt in seinem Werk anschaulich und auf Grundlage zahlreicher historischer Urkunden die Entwicklung der beiden Ortschaften, die erstmals 1233 urkundlich erwähnt wurden – nämlich in den Akten des Klosters Wienhausen, in dessen wirtschaftlichem und sozialen Umfeld sie sich bereits damals befanden, was auch und gerade in der Jahrhunderte währenden Abgabenpflicht gegenüber dem Kloster manifest wird.

In der Geschichte der in Hinblick auf die Anzahl der Einwohner über die Jahrhunderte ungewöhnlich stabilen Ortschaften finden sich interessante Fakten, erstaunliche Anekdoten und bemerkenswerte Beispiele für Bürgersinn – wie er sich zum Beispiel in der Schulgründung der renitenten Flackenhorster zeigt, die trotz eines ablehnenden Bescheids 1699 kurzentschlossen ihre eigene Schule für die damals 14 Schulkinder gründeten.

Der Journalist und Historiker Matthias Blazek versteht es wie kein Zweiter, den Leser mit lebendig, spannend und zugleich authentisch vorgetragener Regionalhistoriographie in seinen Bann zu schlagen. Durch die Einbettung in die größere politische und wirtschaftliche Entwicklung wird die Regionalentwicklung auch zum Spiegel eines Teils der Geschichte Mitteleuropas. – "Wer nicht weiß, woher er kommt, der weiß auch nicht, wohin er geht!"

***ibidem*-Verlag**
Melchiorstr. 15
D-70439 Stuttgart
info@ibidem-verlag.de

www.ibidem-verlag.de
www.ibidem.eu
www.edition-noema.de
www.autorenbetreuung.de

Zeitfracht Medien GmbH
Ferdinand-Jühlke-Straße 7
99095 Erfurt, Deutschland
produktsicherheit@kolibri360.de